Fricke / Märker / Otto

Erbrecht
von A bis Z

Erbrecht einmal ganz anders

Hier wird nicht „in Paragraphen" gesprochen. An die Stelle des sonst üblichen Juristendeutsch tritt ein erzählerischer Stil. Die Autoren, Rechtsanwälte einer renommierten Anwaltskanzlei in Freiburg, haben sich vorgenommen, die schwierigen Fragen des Erbrechts zu entwirren. Zahlreiche Fallbeispiele aus der beruflichen Praxis sorgen für zusätzliche Lebendigkeit und Anschaulichkeit. Leserinnen und Leser erkennen, dass die Juristerei alles andere als eine „trockene" Angelegenheit ist.

Über hundert Begriffe werden so abgehandelt, dass keine relevante Frage des Erbrechts unbeantwortet bleibt. Ein ausführliches Stichwortverzeichnis mit zahlreichen Einzelbegriffen erleichtert ein rasches Auffinden. Kurzum: Wer bei Fricke/Märker/Otto nachliest, ist nicht nur informiert, sondern weiß auch Bescheid.

Erbrecht von A bis Z

Eine Darstellung
ohne Juristendeutsch

von Dr. Weddig Fricke (†)
Dr. Klaus Märker
Christian Otto
Rechtsanwälte in Freiburg i. Br.

Sechste
– neu bearbeitete und erweiterte –
Auflage

Verlag Karl Alber

Sechste – neu bearbeitete und erweiterte – Auflage

© VERLAG KARL ALBER
in der Verlag Herder GmbH, Freiburg / München 2020
Alle Rechte vorbehalten
www.verlag-alber.de

Satz: SatzWeise, Bad Wünnenberg
Herstellung: CPI books GmbH, Leck

Printed in Germany

ISBN 978-3-495-48810-2

Inhalt

Vorwort	9
Abschichtung	13
Adoption	14
Anfechtung des Testaments	16
Annahme und Ausschlagung der Erbschaft	19
Auflage	26
Auseinandersetzung unter Miterben	28
Ausgleich von Vorempfängen	28
Auskunft über den Nachlass	30
Auslegung des Testaments	34
Ausschluss von der Erbfolge	35
Bankkonto im Todesfall	36
Befreite Vorerbschaft	37
„Behinderten"-Testament	37
Berliner Testament	37
Beschränkte Erbenhaftung	37
Bestattung und Grabpflege	38
DDR-Erbrecht	40
Digitaler Nachlass	40
„Dreißigster"	41
Drei-Zeugen-Testament	41
„Drittes Geschlecht"	41
Dürftigkeit des Nachlasses	42
Dürftigkeitseinrede	42
„Ehe für alle"	43
Ehegattentestament	44
Ehescheidung und Erbfall	66
Eingetragene Lebenspartnerschaft	69
Eintritt des Erbfalls	69

Inhalt

Enterbung	71
Erbauseinandersetzung, Erbteilung	71
Erbe	72
Erbengemeinschaft	73
Erbfall	76
Erbfolge	76
Erblasser	77
Erbrecht in der ehemaligen DDR	77
Erbrecht in der eingetragenen Lebenspartnerschaft	77
Erbschaft	78
Erbschaftskauf	80
Erbschaft- und Schenkungsteuer	81
Erbschein	91
Erbteil	93
Erbunwürdigkeit	93
Erbvertrag	94
Erbverzicht	98
Ersatzerbschaft	98
Europäische Erbrechtsverordnung	99
Europäisches Nachlasszeugnis	101
Fideikommiss	102
Gemeinschaftliches Testament	103
Gesellschaftsrecht im Erbfall	103
Gesetzliche Erbfolge	108
Grabpflege	112
Haftung des Erben	113
Haustiere als Erben	118
Heimgesetz und Erbfall	118
„Heimträger"-Testament	121
Höferecht	122
Insolvenzverfahren über den Nachlass	124
Internationales Erbrecht	124
Kunst im Nachlass	126
Lebenspartnerschaft unter Gleichgeschlechtlichen	127
Lebensversicherungen	127
Letztwillige Verfügung	133
Miterbe	134

Inhalt

Nacherbe	135
Nachlass	135
Nachlassgericht	135
Nachlasskonto	136
Nachlasspfleger	136
Nachlassverbindlichkeiten	137
Nachlassverwaltung	137
Nichteheliches Kind als Erbe	137
Nichteheliche Lebensgemeinschaft im Erbfall	140
Notarielles Testament	142
Nottestament	142
Öffentliches Testament	144
Patientenverfügung	145
Pflichtteil (Pflichtteilsberechtigte, Pflichtteilsanspruch)	152
Pflichtteilsentziehung, Pflichtteilsbeschränkung	163
Pflichtteilsergänzungsanspruch	163
Schenkung auf den Todesfall	173
Sittenwidriges Testament	174
Sozialhilfeempfänger als Erbe	176
Teilungsanordnung	181
Teilungsverbot	182
Teilungsversteigerung	183
Testament, Testamentserrichtung (→ Ehegattentestament)	186
Testamentseröffnung	192
Testamentsvollstrecker, Testamentsvollstreckung	192
Testierfähigkeit	198
Testierfreiheit	199
Totenfürsorge	201
Übergabevertrag, Übertragungsvertrag	202
Überschuldung des Nachlasses	202
Unternehmensnachfolge, Unternehmertestament	202
Verfügung von Todes wegen	215
Verjährung im Erbrecht	215
Vermächtnis	217
Vollmacht über den Tod hinaus	221
„Voraus"	223
Vorausvermächtnis	224

Inhalt

Vorempfänge 225
Vor- und Nacherbschaft 225
Vorweggenommene Erbfolge 231
Waffen im Nachlass 236
Zugewinnausgleich im Erbrecht 237

Namens- und Sachregistern 243

Vorwort zur 1. Auflage

Das Erbrecht hat in den letzten Jahren wie kein anderes Rechtsgebiet an Bedeutung gewonnen. Nachdem infolge des Zweiten Weltkrieges häufig ein vollständiger Verlust der privaten Vermögen eingetreten war, wurden in der Nachkriegszeit erhebliche private Vermögenswerte geschaffen. Vermögen in einem Umfang von mehreren Billionen Mark werden in den kommenden Jahren im Wege des Erbganges an die nächste Generation fallen. Erbrechtliche Fragen, etwa hinsichtlich einer testamentarischen Verfügung oder hinsichtlich der Rechtsverhältnisse nach Eintritt eines Erbfalles, rücken daher für viele Menschen in den Blickpunkt des Interesses.

Zum Thema Erbrecht liegt ein umfangreiches juristisches Schrifttum vor, überwiegend von guter Qualität. Hinzukommen zahlreiche kleine Broschüren, die zur Information eines interessierten Laienpublikums erschienen sind. Gleichwohl weisen die Publikationen in zweifacher Hinsicht eine Lücke auf: Das juristische Schrifttum wendet sich in erster Linie an Studierende der Rechtswissenschaft oder an ausgebildete Juristinnen und Juristen, die ihr Fachwissen vertiefen wollen, während die für den interessierten Laien herausgegebenen Broschüren vielleicht den Überblick vermissen lassen, den gerade dieser Personenkreis im Sinne einer leicht nachschlagbaren, raschen und vor allen Dingen gut verständlichen Information wünscht. Wir streben mit diesem Wörterbuch an, diese Lücke zu schließen. Wir haben uns bei unserem Nachschlagewerk vorwiegend an Fragen orientiert, die im praktischen Rechtsalltag besonders häufig auftauchen. Auf die Erörterung von Detailfragen und Spezialproblemen, die eigentlich nur den Fachmann interessieren, wurde bewusst verzichtet. Auch haben wir bei der Bearbeitung auf diejenigen Problemstellungen besonderen Wert gelegt, die nach unserer beruflichen Erfahrung als Anwälte für den Rechtsuchenden am häufigsten von Interesse sind.

Vorwort zur 1. Auflage

Es ist unser Anliegen, in erster Linie den juristischen Laien anzusprechen, der in einer leicht verständlichen Sprache ohne „Juristendeutsch" einen Überblick über die wichtigsten erbrechtlichen Fragen erhalten soll. Darüber hinaus wenden wir uns aber auch an solche Leser, die aus beruflichen Gründen einen Bezug zu der Materie haben und in einem Nachschlagewerk rasch die gewünschte Antwort auf eine im Berufsalltag konkret anstehende Frage finden. Wir denken dabei vor allem an Steuerberater, Bank- und Versicherungskaufleute, aber auch an junge Juristen als Berufsanfänger, die einen vor allem praxisbezogenen Umgang mit dem Erbrecht suchen. Kandidaten der juristischen Staatsexamina vermittelt das Buch, so meinen wir, einen leicht fassbaren Wissensstoff, dessen Kenntnis und Beherrschung unter Zuhilfenahme des Gesetzestextes eine gute Note im Prüfungsfach „Erbrecht" gewährleisten dürfte.

Freiburg im Breisgau, Sommer 1996   *Dr. Weddig Fricke*
                                            Dr. Klaus Märker
                                            Christian Otto

Vorwort zur 6., überarbeiteten Auflage

Wie alle Vorauflagen hat auch die fünfte Auflage des vorliegenden Wörterbuchs eine durchweg positive Resonanz gefunden. Änderungen im Steuerrecht, mehrere Entscheidungen des Bundesverfassungsgerichts, die zum Erb- und Pflichtteilsrecht ergangen sind, sowie kleinere und größere Gesetzesänderungen haben uns veranlasst, abermals eine vollständige Überarbeitung des Buches vorzunehmen. Ausdrücklich zu nennen ist die Europäische Erbrechtsverordnung sowie auf nationaler Ebene die gesetzliche Regelung zur Patientenverfügung. Die vor allem in Baden-Württemberg bedeutendste Änderung erfolgte im Gerichtswesen. Die Badischen Notariate bestehen seit Anfang 2018 nicht mehr. Die Notare sind nunmehr freiberuflich tätig. Ferner wurden die Nachlassgerichte, die Teil der Notariate waren, den Amtsgerichten zugeordnet. Es besteht daher nun auch insoweit eine einheitliche Rechtslage im gesamten Bundesgebiet.

Die vorliegende Auflage ist die dritte Neubearbeitung des Buches, die wir ohne unseren im Jahr 2006 verstorbenen Seniorpartner vorgenommen haben. Sein Credo, juristische Zusammenhänge so darzustellen, dass sie auch dem Laien verständlich sind, ist uns Verpflichtung und Ansporn, über entsprechende kritische Rückmeldungen freuen wir uns.

Das Manuskript wurde von Frau Marlene Krämer sorgfältig korrekturgelesen. Dafür möchten wir an dieser Stelle danken.

Freiburg im Breisgau, Sommer 2020 *Dr. Klaus Märker*
Christian Otto

A

Abschichtung

Die sogenannte Abschichtung ist ein im Wesentlichen von der Rechtsprechung entwickeltes Verfahren, mit welchem Erbteilung oder Erbauseinandersetzung vereinfacht werden kann. Durch eine Abschichtungsvereinbarung wird die Anzahl der Erben in einer Erbengemeinschaft verringert. Der Abgeschichtete scheidet aus der Erbengemeinschaft aus. Sein Anteil am Nachlass wächst den anderen verbleibenden Miterben an. Beispiel: Der Erblasser verstirbt und wird von seinen drei Kindern beerbt. Im Nachlass befindet sich eine Eigentumswohnung und Bargeld. Eines der Kinder möchte möglichst rasch aus der Erbengemeinschaft ausscheiden, weil es in den USA lebt. Die drei Kinder vereinbaren daher im Rahmen einer Abschichtung das Ausscheiden des in den USA lebenden Kindes aus der Erbengemeinschaft. Dafür erhält es einen bestimmten Geldbetrag als Abfindung. Der Nachlass wird dann lediglich unter den beiden verbleibenden Kindern aufgeteilt. Das bedeutet allerdings nicht, dass in der Erbengemeinschaft immer wenigstens zwei Miterben verbleiben müssen, um eine Abschichtung vornehmen zu können. Auch eine 2-Personen-Erbengemeinschaft kann in dieser Form abgeschichtet werden.

Die Abschichtung hat sich wegen ihrer Formfreiheit in der Rechtspraxis eingebürgert. Eine Abschichtungsvereinbarung bedarf grundsätzlich keiner Form. Sie kann sogar mündlich abgeschlossen werden, was allerdings, schon aus Gründen einer etwaigen späteren Beweisbedürftigkeit, nicht zu empfehlen ist. Befinden sich Immobilien im Nachlass, ist eine Schriftform immer erforderlich. Auch müssen in diesem Fall die Unterschriften auf der Abschichtungsvereinbarung von einem Notar beglaubigt werden, um den Grundbuchvollzug zu ermöglichen. Die Abschichtung führt allerdings nicht dazu, dass der Ausscheidende seine Stellung als Erbe vollständig verliert. Auf die verbleibenden Erben geht nur die Nachlassbeteiligung über, nicht aber die formale Erbenstellung. Deshalb wird ein erteilter Erbschein nach der Abschichtung nicht unrichtig. Der Ausscheidende haftet nach außen hin auch weiter für die Nachlassverbindlichkeiten. Das allerdings stellt keine Besonderheit dar. Grundsätzlich müssen vor einer Erbauseinandersetzung die Schulden des Nachlasses beglichen werden. Setzen die Erben die Erbengemeinschaft vorher auseinander, können sie sich dadurch natürlich nicht der Schulden entledigen. Im Rahmen einer Abschichtung wird üblicherweise vereinbart, dass der Ausscheidende einen Abfindungsbetrag erhält und die in der Erbengemeinschaft Verbleibenden den Ausgeschiedenen von den Nachlassverbindlichkeiten freistellen.

Adoption

Derjenige, der ein Kind adoptieren will, muss einen entsprechenden Antrag an das Familiengericht stellen. Dieser Antrag muss bei persönlicher Anwesenheit des Adoptierenden notariell beurkundet werden, er kann sich bei der Beurkundung also nicht beispielsweise von seinem mit notarieller Generalvollmacht ausgestatteten Ehepartner vertreten lassen.

Der erste (offizielle) Schritt bei einer Adoption ist also der, dass man sich an das Sekretariat eines Notars wendet und dort einen Termin zwecks Protokollierung des Adoptionsantrags vereinbart. Der notariell protokollierte Antrag ist dann dem Familiengericht zuzuleiten. In dem Antrag sollten möglichst schon alle Tatsachen und Gründe aufgeführt sein, die es dem Familiengericht erlauben, die Annahme auszusprechen. Die Amtshandlung des Notars ist eine lediglich vorbereitende Handlung. Auch wird der Notar sich weigern, einen Adoptionsantrag zu protokollieren, wenn er sieht, dass die gesetzlichen Voraussetzungen für eine Adoption offensichtlich nicht erfüllt sind. Den Beteiligten ist daher anzuraten, dass sie sich, bevor sie den Protokollierungstermin beim Notar vereinbaren, erst einmal darüber informieren, ob die beabsichtigte Adoption Aussicht auf Erfolg hat. Die weiteren Voraussetzungen für die Zulässigkeit einer Adoption sind hier nicht darzustellen, weil es lediglich um die erbrechtlichen Wirkungen einer Adoption geht.

Bei einer Adoption („Annahme als Kind", wie es im Gesetz heißt) unterscheidet man zwischen einer Adoption *Minderjähriger* und einer Adoption *Volljähriger*.

Das *minderjährig* adoptierte Kind wird nicht nur mit dem/den Adoptierenden, sondern auch mit dessen/deren Verwandten und Verschwägerten verwandt bzw. verschwägert. Nimmt ein Ehepaar ein minderjähriges Kind an oder adoptiert ein Ehepartner das minderjährige Kind des anderen Ehepartners, so erhält das Kind die Stellung eines gemeinschaftlichen Kindes. Es wird mit seinen Adoptiveltern gradlinig im ersten Grad verwandt.

Mit der Adoption eines *Minderjährigen* erlöschen (bis auf wenige, hier nicht interessierende Ausnahmen) die bisherigen Verwandtschaftsverhältnisse des Kindes. Gegenüber seinen leiblichen Verwandten verliert das Kind seinen Erb- und Pflichtteilsanspruch. Dem Adoptivkind steht im Rahmen der →gesetzlichen Erbfolge beim Tod des Annehmenden oder dessen Verwandten ein *Erbrecht* zu. Ist es testamentarisch enterbt worden (→Enterbung), so hat es einen → *Pflichtteilsanspruch*.

Die Adoption *Volljähriger* unterscheidet sich von der Adoption Minderjähriger vor allem in ihren *Auswirkungen*. Im Gegensatz zum minderjährig adoptierten Kind verliert der volljährig Adoptierte *nicht* das Verwandtschaftsverhältnis zu seinen leiblichen Verwandten. Der volljährig Adoptierte ist in *doppelter* Hinsicht erbberechtigt: Er wird durch die Adoption erbberechtigt gegenüber dem *Annehmenden*, behält aber sein Erbrecht gegenüber seinen sämtlichen leiblichen Verwandten. Auch ein *Pflichtteilsrecht* hat er somit nicht nur gegenüber dem/den Annehmenden, sondern auch gegenüber seinen leiblichen Eltern bzw. gegenüber seinen leiblichen Großeltern.

Andererseits aber wird ein Verwandtschaftsverhältnis beim volljährig Adoptierten nur zu dem *Annehmenden* begründet, nicht hingegen – im Gegensatz zum minderjährig Adoptierten – zu den Verwandten des Annehmenden. Der volljährig Adoptierte wird also nicht gesetzlicher Erbe der Eltern des Annehmenden, er hat ihnen gegenüber auch kein Pflichtteilsrecht. Das zwischen dem Adoptierten und dem Annehmenden begründete Verwandtschaftsverhältnis wirkt sich zwar nicht auf die Verwandten des Annehmenden, wohl aber auf die Abkömmlinge des Adoptierten aus: Die *Abkömmlinge* des Adoptierten nämlich werden mit dem Annehmenden verwandt, folglich sind sie diesem gegenüber auch erb- und pflichtteilsberechtigt.

Eine Besonderheit gilt für ein Kind, das *vor* dem *1.1.1977* adoptiert wurde. Dieses bleibt gegenüber seinen leiblichen Verwandten erbberechtigt, sofern es zum Zeitpunkt der Adoption minderjährig, am 1.1.1977 jedoch volljährig war. Gegenüber seinen leiblichen Eltern und Voreltern bleibt es pflichtteilsberechtigt. Beispiel: Ein Ehemann adoptierte 1965 das 1958 geborene nichteheliche Kind seiner Ehefrau. Da dieses Kind am 1.1.1977 bereits volljährig war, bleibt es gegenüber seinem leiblichen Vater bzw. dessen Eltern erb- und pflichtteilsberechtigt.

Anfechtung des Testaments

Die Anfechtung eines → Testaments erfolgt meistens (oder wird erwogen) von den Angehörigen des → Erblassers, die mit dem Inhalt des Testaments nicht einverstanden sind und die, wenn sie das Testament *erfolgreich* anfechten, als Erben zum Zuge kommen, sei es aufgrund → gesetzlicher Erbfolge, sei es aufgrund einer Erbeinsetzung in einem (infolge der Anfechtung dann wieder gültigen) früheren Testament.

Die Anfechtung eines Testaments kommt grundsätzlich nur dann in Betracht, wenn der Inhalt des Testaments nicht dem entspricht, was der Erblasser tatsächlich gewollt hat. Darum bleibt, das darf man nicht verkennen, eine *erfolgreiche* Testamentsanfechtung immer nur eine verschwindende Ausnahme. Denn wenn der Erblasser bei der Testamentserrichtung keinen Formfehler begangen hat und das Testament auch nicht sitten- oder gesetzwidrig ist (→ Testierfreiheit), dann ist zunächst davon auszugehen, dass das Testament auch dem wahren Willen des Erblassers entspricht.

Eine Anfechtung des Testaments ist möglich, wenn der Anfechtende darlegen und beweisen kann, dass der Erblasser bei Testamentserrichtung über den Inhalt der Erklärung im *Irrtum* war oder eine Erklärung dieses Inhalts überhaupt *nicht abgeben* wollte. Damit aber nicht genug: Es muss auch bewiesen werden, dass der Erblasser bei *Kenntnis* der Sachlage *anders* testiert hätte. Mit anderen Worten: Eine Anfechtung ist selbst dann nicht möglich, wenn zwar feststeht, dass der Erblasser sich in einem Irrtum befand oder dass er eine Erklärung dieses Inhalts überhaupt nicht abgeben wollte, er aber bei richtiger und voller Kenntnis der Umstände *dennoch* so – wie geschehen – testiert hätte. Es müssen also die *Motive* des Erblassers erforscht werden.

Bei der Testamentsanfechtung wegen Irrtums ist – im Gegensatz zur sonstigen Anfechtung von Willenserklärungen – ein Irrtum im Motiv immer von Bedeutung. Eine Anfechtung ist daher möglich, wenn der Erblasser durch die irrige Annahme oder die irrige Erwartung des Eintritts oder Nichteintritts eines Umstandes zu der testamentarischen Verfügung bestimmt wurde oder er einen Pflichtteilsberechtigten (→ Pflichtteil) übergangen hat, dessen Vorhandensein ihm bei Errichtung des Testaments nicht bekannt war. Beispiel für die erste Alternative: Der Erblasser ging irrtümlich davon aus, dass sein Sohn verstorben sei und vererbte *deswegen* sein Vermögen einer gemeinnützigen Organisation. Beispiel für die zweite Alternative: Der verwitwete Erblasser bedenkt bei der Testamentserrichtung nicht, dass er einmal wieder heiraten könnte und übergeht dadurch seinen späteren Ehepartner. Oder: Ein kinderloser Junggeselle hat sein Patenkind zum Erben eingesetzt. Später heiratet er doch noch, zeugt mit seiner Frau ein Kind und stirbt dann. An das vor Jahren zugunsten seines Patenkindes errichtete Testament hatte er überhaupt nicht mehr gedacht. Oder: Ein Ehemann hatte seine beiden Kinder zu Erben eingesetzt. Die Ehe wird später geschieden, er heiratet erneut, und auch aus der neuen Ehe gehen Kinder hervor. Bei einem Autounfall kommt der Mann ums Leben; eine Änderung des während der ersten Ehe errichteten Testaments ist versehentlich unterblieben, so dass allein die Kinder aus erster Ehe testamentarische Erben sind. Auch hier können die zweite Ehefrau und die Kinder aus zweiter Ehe das Testament anfechten. Oder: Hatte der Erblasser bei Testamentserrichtung nicht daran gedacht oder gar nicht gewusst, dass er ein →nichteheliches Kind hat, dann kann das nichteheliche Kind das Testament anfechten. Die testamentarisch eingesetzten Erben müssten gegen die Anfechtung einwenden, dass der Erblasser das nichteheliche Kind, welches nun die Anfechtung betreibt, auch bei Kenntnis der Sachlage von der Erbfolge ausgeschlossen hätte, und diese Behauptung müssten die testamentarisch eingesetzten Erben beweisen. Wenn ihnen dieser Beweis gelingt, würde das nichteheliche Kind mit seiner Anfechtung zwar nicht durchdringen, es könnte dann aber immer noch den ihm zustehenden *Pflichtteil* geltend machen.

Selbstverständlich liegt auch dann ein Irrtum im Motiv und damit ein Anfechtungsgrund vor, wenn der Erblasser aufgrund einer *arglistigen Täuschung* zu der Verfügung bestimmt wurde. Beispiel: Einer seiner Söhne gaukelt ihm wahrheitswidrig vor, dass er aufgrund eines erlittenen Schicksalsschlages verarmt sei, woraufhin der Vater für diesen Sohn eine größere Erbquote bestimmt als für seine anderen Kinder. Eine Anfechtung ist ferner dann möglich, wenn der Erblasser bei Errichtung des Testaments *bedroht* oder *erpresst* wurde. Beispiel: Einer der Söhne wohnt mit seiner Familie im Hause des *pflegebedürftigen* Vaters. Die Ehefrau des Sohnes hatte sich vertraglich zur Pflege ihres Schwiegervaters verpflichtet, wofür sie und ihr Mann eine großzügige Gegenleistung (jahrelanges mietfreies Wohnen) erhalten hatten. Als der Sohn und seine Ehefrau merken, dass es mit dem Vater bald zu Ende gehen werde, verlangen sie, dass dieser sie testamentarisch zu seinen alleinigen Erben einsetzt. Sie drohen ihm an, dass, wenn er ihrem Verlangen nicht nachkommen werde, sie jegliche Pflegeleistung einstellen und sie auch ihren Kindern den Kontakt mit dem Großvater untersagen würden. Der Vater gibt der Drohung seines Sohnes und seiner Schwiegertochter nach und ändert sein Testament dahingehend, dass er seine anderen Kinder auf den Pflichtteil setzt. (Klammerbemerkung: Wer sich als Erbberechtigter so verhält wie der vorerwähnte Sohn und die Schwiegertochter, setzt sich überdies der Gefahr aus, dass er insgesamt als *erbunwürdig* (→Erbunwürdigkeit) angesehen wird und somit von der Erbschaft überhaupt nichts erhält.)

Wer ein Testament anfechten will, muss dies innerhalb *eines Jahres* nach Kenntnis des Anfechtungsgrundes tun. Die Anfechtung erfolgt durch eine formlose Erklärung gegenüber dem Nachlassgericht dann, wenn die Einsetzung eines Erben, der testamentarische Ausschluss eines gesetzlichen Erben, die Einsetzung eines Testamentsvollstreckers oder die Aufhebung einer Testamentsvollstreckung angefochten werden soll. In allen anderen Fällen erfolgt die Anfechtung gegenüber demjenigen, der durch die Verfügung von Todes wegen begünstigt worden ist, also beispielsweise gegenüber dem Vermächtnisnehmer.

Der wohl häufigste Fall einer „Testamentsanfechtung" ist *keine* Anfechtung im rechtlichen Sinne, sondern das Streitigmachen einer →Erbschaft oder eines →Vermächtnisses mit dem Hinweis, der Erblasser sei bei Errichtung des Testaments nicht mehr testierfähig (→Testierfähigkeit) gewesen. Mit Recht werden an die Testierfähigkeit strenge Anforderungen gestellt; Änderungen, die plötzlich in hochgradig verwirrtem Zustand (mitunter auf dem Sterbebett) vorgenommen werden, müssen kritisch beurteilt werden.

In solchen Fällen beruft sich derjenige, der dem Testamentserben die Erbschaft streitig macht, nicht darauf, dass das Testament anfechtbar sei, sondern er verweist in Wirklichkeit auf die *Nichtigkeit* des Testaments.

Annahme und Ausschlagung der Erbschaft

Einer „Annahme" der Erbschaft bedarf es nicht, denn die Erbschaft geht automatisch auf den →Erben über. Dies gilt für die →gesetzliche Erbfolge ebenso wie für die Erbfolge aufgrund eines →Testaments oder eines →Erbvertrags. Das gesamte Vermögen des →Erblassers geht unmittelbar auf den oder die Erben über (sog. „Selbsterwerb"). Man kann die Erbschaft darüber hinaus aber auch noch „annehmen". Eine Annahme liegt vor, wenn der Erbe irgendwie zu verstehen gibt, dass er Erbe sein und die Erbschaft behalten will. Hat man das getan, dann kann man sie nicht mehr ausschlagen. Eine Annahme kann auch durch eine stillschweigende Erklärung (durch schlüssige Handlung) erfolgen; sie braucht also nicht *ausdrücklich* oder gar *förmlich* erklärt zu werden. In der Beantragung eines

→ *Erbscheins* wird grundsätzlich eine Annahmeerklärung zu erblicken sein.

Die Annahmeerklärung (ausdrücklich oder stillschweigend) gilt allerdings als nicht erfolgt, wenn der Erbe glaubte, im Rahmen der →gesetzlichen Erbfolge Erbe geworden zu sein, während er in Wirklichkeit durch Testament zum Erben berufen worden war (oder umgekehrt).

Als angenommen gilt die Erbschaft spätestens dann, wenn sie nicht innerhalb der für die Ausschlagung vorgesehenen Frist *ausgeschlagen* wird. Die Ausschlagung kann nur innerhalb einer Frist von sechs Wochen erfolgen. Die Frist beginnt zu dem Zeitpunkt, in welchem der Erbe von dem ihn betreffenden →Eintritt des Erbfalls Kenntnis erlangt. Ist jemand durch Testament zum Erben eingesetzt, läuft die Frist ab der Benachrichtigung von der →Testamentseröffnung. Wenn der Erblasser seinen letzten Wohnsitz im *Ausland* gehabt hat oder der Erbe sich bei Beginn der Frist im Ausland aufgehalten hat, dann beträgt die Ausschlagungsfrist sechs Monate.

Die Ausschlagung muss in öffentlich beglaubigter *(notarieller)* Form oder zu Protokoll der Geschäftsstelle beim →*Nachlassgericht* erfolgen.

Auch der Nacherbe (→Vor- und Nacherbschaft), der →Ersatzerbe und der →Vermächtnisnehmer können das ihnen Zugedachte ausschlagen. Beim Nacherben gilt die Besonderheit, dass er bereits bei Eintritt des *Vorerbfalls* ausschlagen kann; für ihn beginnt die *Frist* zur Ausschlagung aber erst mit dem Nacherbfall.

Ein *Vermächtnis* kann ohne Frist und formlos ausgeschlagen werden, solange es nicht angenommen ist. Die Ausschlagung eines Vermächtnisses erfolgt durch Erklärung *gegenüber dem Erben*, wenn der Erbe mit dem Vermächtnis belastet ist. Denkbar ist aber auch, dass nicht ein Erbe mit einem Vermächtnis belastet ist, sondern auch ein Vermächtnisnehmer kann wiederum mit einem Vermächtnis belastet sein; in einem solchen Fall muss diesem gegenüber die Ausschlagung erklärt werden.

Der Erbe oder ein Vermächtnisnehmer kann die Annahme und die Ausschlagung einer Erbschaft bzw. eines Vermächtnisses wegen Irrtums, arglistiger Täuschung oder widerrechtlicher Drohung anfechten. Die Anfechtung des Erben muss innerhalb einer Frist von sechs Wochen ab Kenntnis des Anfechtungsgrundes erfolgen, ausnahmsweise innerhalb von sechs Monaten, wenn der Erblasser seinen letzten Wohnsitz im Ausland gehabt hat oder der Erbe bei Beginn der Frist im Ausland war.

Etwas zu erben, bedeutet nicht immer einen Vorteil; denn mit dem Erbfall gehen auch alle Schulden und sonstigen Verbindlichkeiten des Erblassers auf den Erben über, und dafür haftet dieser grundsätzlich mit seinem eigenen Vermögen. Groß ist daher oft der Schreck des Erben, wenn er erkennt, dass der Nachlass überschuldet, die Frist zur Ausschlagung der Erbschaft aber verstrichen ist oder er durch vorschnelle Beantragung eines Erbscheins zum Ausdruck gebracht hat, dass er die Erbschaft annehmen will. Sein Schreck legt sich allerdings wieder, wenn er vom Notar oder von einem sachkundigen Rechtsanwalt erfährt, dass er seine Haftung (→Haftung des Erben) *beschränken* kann.

Wird die Erbschaft ausgeschlagen, so fällt sie demjenigen zu, der erben würde, wenn der Ausschlagende zur Zeit des Erbfalls nicht existiert hätte. Beispiel: Der Erblasser hinterlässt seine Ehefrau und zwei aus der Ehe hervorgegangene minderjährige Kinder. Die Ehefrau hatte er testamentarisch zur alleinigen Erbin eingesetzt. Wegen Überschuldung des Nachlasses schlägt die Ehefrau die Erbschaft aus. Dadurch werden die Kinder zu Erben berufen, denn durch die Ausschlagung wird die Angelegenheit rechtlich so gesehen, als habe die Ehefrau zur Zeit des Erbfalls nicht existiert. Natürlich muss die Mutter darauf achten, dass nach ihr auch die Kinder ausschlagen. Als gesetzliche Vertreterin obliegt es ihr, die Ausschlagung für die minderjährigen Kinder zu erklären. Hierzu bedarf sie mitunter der Genehmigung des Familiengerichts, nämlich dann, wenn sie *neben* dem Kind (oder mehreren Kindern) zur Erbin berufen und nicht aufgrund testamentarischer Verfügung zur Alleinerbin eingesetzt war.

Schlägt auch der jeweils als nächster Berufene die Erbschaft aus und lassen sich schließlich keine Erben mehr ermitteln, dann erbt letztlich das *Bundesland* (Landesfiskus), in dem der Erblasser seinen letzten Wohnsitz hatte. Der Landesfiskus kann dann nicht mehr ausschlagen, er haftet auch für die Schulden des Erblassers, jedoch nur mit dem vorhandenen Nachlass.

Eine Ausschlagung kann auch dann erwogen werden, wenn der Erbe durch Vermächtnisse oder Auflagen derart belastet ist, dass das, was ihm verbleibt, in keinem Verhältnis zu dem Zeit- und Arbeitsaufwand steht, der durch die Annahme der Erbschaft verursacht wird.

Gehört der Erbe zum Kreis der → *Pflichtteilsberechtigten*, dann wird er unter Umständen die Überlegung anstellen, ob es nicht vorteilhaft für ihn sein könnte, die Erbschaft auszuschlagen und stattdessen den → *Pflichtteil* geltend zu machen. Der Pflichtteilsberechtigte kann freilich nicht in allen Fällen gefahrlos ausschlagen. Vielmehr bewirkt die Ausschlagung ihrem Grundsatz nach, dass der Ausschlagende nicht nur sein *Erbrecht*, sondern auch sein *Pflichtteilsrecht* verliert. Ein echtes Wahlrecht steht dem Pflichtteilsberechtigten nur dann zu, wenn er aufgrund eines → *Testaments* oder einer sonstigen → Verfügung von Todes wegen (also *nicht* bei → gesetzlicher Erbfolge!) Erbe geworden ist. Ferner muss die Erbenstellung durch die Einsetzung eines → Nacherben, die Ernennung eines → Testamentsvollstreckers oder durch eine → Teilungsanordnung beschränkt bzw. durch → Vermächtnisse oder → Auflagen beschwert sein. Wenn beispielsweise ein *Pflichtteilsberechtigter* durch Testament nicht zum Vollerben, sondern lediglich zum *Vorerben* (→ Vor- und Nacherbschaft) bestimmt worden ist, könnte dies ein solcher Umstand sein, der ihn zur Erbausschlagung (in diesem Falle also zur Ausschlagung der Vorerbschaft) veranlasst. Seine Ausschlagung hätte zur Folge, dass der Nacherbe „nachrückt" und schon jetzt zum Vollerben wird. Der pflichtteilsberechtigte Vorerbe könnte nach erfolgter Ausschlagung gegenüber dem ehemaligen Nacherben, der durch die Ausschlagung Vollerbe geworden ist, seinen Pflichtteil geltend machen. Als Vorerbe hätte er nur die *Nutzungen* aus der Erbschaft ziehen können, und zwar mit der Verpflichtung, die Erbschaft als solche dem Nacherben zu *erhalten*. Beispielsweise müsste er, wenn sich im Nachlass eine Eigentumswohnung oder ein Haus befindet, u. U. sämtliche Reparaturen daran auf seine Kosten durchführen lassen. Hingegen hätte er aufgrund seiner Ausschlagung nunmehr eine Forderung gegen den Erben auf Auszahlung seines Pflichtteils, ohne mit der Erbschaft selbst noch irgendetwas zu tun zu haben.

Beispiel: Der verwitwete Erblasser hat seinen volljährigen Sohn (der Sohn ist das einzige Kind des Erblassers) zum Vorerben eingesetzt, und zwar nur zu *zwei* Dritteln seines Nachlasses. Das weitere Drittel sollen die erstehelichen Kinder seiner verstorbenen Frau erben, die auch zu Nacherben hinsichtlich der Vorerbschaft seines Sohnes eingesetzt sind. Der Sohn steht nun vor der Frage, ob er zwei Drittel des väterlichen Erbes mit allen Beschränkungen eines Vorerben annehmen möchte oder ob er stattdessen die Erbschaft ausschlagen und den Pflichtteil geltend machen will. Macht er den Pflichtteilsanspruch geltend, dann erhält er einen Geldanspruch in Höhe des *hälftigen* väterlichen Nachlasses, ist aber dafür von den Beschränkungen des Vorerben frei. (Vermutlich wird er sich für die Ausschlagung der Erbschaft und Geltendmachung des Pflichtteils entscheiden.)

Für Erbfälle vor dem 1.1.2009 ist zusätzlich Folgendes zu beachten: Hier konnte der Pflichtteilsberechtigte nur dann gefahrlos ausschlagen, wenn – zusätzlich zu den vorgenannten Voraussetzungen – der ihm hinterlassene Erbteil die *Hälfte* des gesetzlichen Erbteils (also den Pflichtteil) *überstieg*. War der hinterlassene Erbteil also kleiner oder genauso hoch wie der Pflichtteil, und hatte der Erblasser in solchen Fällen *zusätzlich* auch noch eine der vorerwähnten Beschränkungen bzw. Beschwerungen angeordnet (Nacherbfolge, Testamentsvollstreckung, Teilungsanordnungen, Vermächtnisse oder Auflagen), so *entfielen* diese Beschränkungen bzw. Beschwerungen kraft Gesetzes. In einem solchen Fall hatte der Pflichtteilsberechtigte einen *Aufstockungsanspruch* bis zur Höhe seines vollen Pflichtteils.

Beispiel: Der verwitwete Erblasser hatte seinem volljährigen Sohn (der Sohn ist auch in diesem Beispiel das einzige Kind des Erblassers) testamentarisch einen Erbteil von *einem* Drittel hinterlassen und zusätzlich noch Testamentsvollstreckung angeordnet. Über die anderen zwei Drittel hatte er anderweitig verfügt. Da der testamentarisch zugewandte Erbteil von nur *einem* Drittel *unter* dem Pflichtteil lag, galt die Testamentsvollstreckung *insoweit* als nicht angeordnet. (Sie blieb allerdings hinsichtlich des übrigen Nachlasses bestehen.) Zusätzlich konnte der Sohn noch ein Sechstel Aufstockung als sogenannten *Zusatzpflichtteil* (auch „Pflichtteilsrest" genannt) verlangen, damit er insgesamt auf einen Anteil am Nachlass kommt, der seinem Pflichtteilsanspruch (Hälfte des Nachlasswertes) entspricht. Auch der Zusatzpflichtteil unterliegt nicht der Testamentsvollstreckung. Schlug in diesem Beispielsfall der Sohn die Erbschaft aus, dann entfiel von vornherein schon einmal sein ihm testamentarisch zugedachter Erbteil von einem Drittel, und er konnte insoweit anstelle des weggefallenen Erbes auch keinen Pflichtteil mehr beanspruchen. Es bliebe ihm dann nur der Zusatzpflichtteil von einem Sechstel.

Diese wahrhaft komplizierte Regelung wurde durch die Erbrechtsreform des Jahres 2009 beseitigt. Nach geltendem Recht hat der pflichtteilsberechtigte Erbe immer dann, wenn sein Erbe in der beschriebenen Weise belastet ist, die Möglichkeit, die Erbschaft auszuschlagen.

In einer ganz *besonderen* Rechtsposition im Zusammenhang mit der Frage nach einer etwaigen Ausschlagung einer Erbschaft befindet sich der längerlebende *Ehepartner*, der mit dem Erblasser im gesetzlichen Güterstand der *Zugewinngemeinschaft* gelebt hat. Dieser hat in jedem Fall die Wahl, die Erbschaft anzunehmen oder auszuschlagen und stattdessen den Pflichtteil (den sogenannten „kleinen Pflichtteil") und *außerdem* den → Zugewinnausgleich zu verlangen, was sich im Einzelfall durchaus als vorteilhaft erweisen kann. (Eine etwa zu seinen Gunsten abgeschlossene →Lebensversicherung könnte der Ehepartner noch daneben beanspruchen.) Der Höhe nach erwirbt der Ehepartner dann zwar möglicherweise weniger (möglicherweise aber auch mehr), als wenn er es bei seiner Erbquote beließe; der Vorteil einer Ausschlagung der Erbschaft bei gleichzeitiger Geltendmachung des kleinen Pflichtteils sowie des Zugewinns könnte aber allemal darin bestehen, dass man mit den gemeinsamen Kindern (oder sonstigen Verwandten des verstorbenen Ehepartners) nicht in einer *Erbengemeinschaft* leben und die Mühe und den eventuellen Ärger einer Auseinandersetzung dieser Erbengemeinschaft nicht auf sich nehmen muss. Auch hat man dann die Gewissheit, niemals für die *Schulden* des verstorbenen Ehepartners zu haften, deren wahre Höhe sich womöglich erst zu einem späteren Zeitpunkt herausstellt.

Beim längerlebenden, im gesetzlichen Güterstand der Zugewinngemeinschaft verheiratet gewesenen Ehepartner spielt es – im Gegensatz zu anderen Pflichtteilsberechtigten – auch keine Rolle, ob er aufgrund *gesetzlicher* Erbfolge oder aufgrund einer *Verfügung von Todes wegen* Erbe geworden ist. Er kann, ohne seinen Pflichtteilsanspruch zu verlieren, die Erbschaft also auch dann ausschlagen, wenn er Erbe aufgrund gesetzlicher Erbfolge geworden ist.

Jedenfalls: Hat der verstorbene Ehepartner einen *hohen* Zugewinn erzielt, kann der längerlebende Ehepartner durch Ausschlagung der Erbschaft und anschließender Geltendmachung des Zugewinnausgleichsanspruchs plus Geltendmachung des (kleinen) Pflichtteils sich möglicherweise wirtschaftlich besser stellen, als wenn er die Erbschaft annimmt.

Beispiel: Der Ehemann stirbt, ohne ein Testament gemacht zu haben. Er wird beerbt von seiner Ehefrau und seinen beiden Kindern. Im Verlauf der Ehe hatte der Verstorbene einen Zugewinn von 50.000 € erzielt. Im Nachlass befindet sich außer diesen 50.000 € kein sonstiges Vermögen. Die Ehefrau ihrerseits hat keinen Zugewinn erzielt. Somit erbt sie aufgrund gesetzlicher Erbfolge 25.000 € und die beiden Kinder je 12.500 €. Schlägt sie die Erbschaft aus, dann kann sie die Hälfte des effektiven Zugewinns verlangen, den der Mann erzielt hat, also 25.000 €. Außerdem steht ihr als „kleiner Pflichtteil" ein Achtel an dem um den Zugewinnausgleich reduzierten Nachlass zu (ein Achtel aus 25.000 €). Sie bekäme also nochmals 3.125 €, somit insgesamt 28.125 € anstatt 25.000 €, wenn sie die Erbschaft annehmen würde.

Eine ganz andere Frage natürlich bleibt es, ob der längerlebende Ehepartner von einer derartigen (auf rein materialistischen Erwägungen beruhenden) Möglichkeit Gebrauch machen will oder es doch lieber beim „Normalfall" belässt und die Erbschaft annimmt. Nur: Wenn beispielsweise der verstorbene Ehemann gemeint haben sollte, er könne seiner Frau ein Schnippchen schlagen, indem er sie testamentarisch enterbt und statt ihrer die Kinder oder eine neue Lebenspartnerin zu seinen alleinigen Erben einsetzt, dann geht seine Rechnung möglicherweise nicht auf. Denn durch die Geltendmachung des Zugewinns plus kleinem Pflichtteil erhält die Frau u. U. mehr, als wenn der Mann sie nicht durch ein Testament enterbt hätte.

Auflage

Das „Privileg" des längerlebenden Ehepartners gegenüber anderen Pflichtteilsberechtigten gilt aber nur – dies sei nochmals hervorgehoben –, wenn er im *gesetzlichen* Güterstand der *Zugewinngemeinschaft* verheiratet war. Bestand ein *vertragsmäßiger* Güterstand (Gütertrennung oder Gütergemeinschaft), dann unterscheidet sich die Rechtsposition des längerlebenden Ehepartners nicht von der anderer Pflichtteilsberechtigter.

Auflage

Unter einer Auflage versteht man eine in einer →Verfügung von Todes wegen getroffene Anordnung des Erblassers, welche dem →Erben oder dem →Vermächtnisnehmer eine bestimmte Verpflichtung auferlegt. Wird der *Erbe* mit einer Auflage beschwert, so steht dem durch die Auflage *Begünstigten kein Anspruch auf Erfüllung* zu. Wird hingegen der *Vermächtnisnehmer* mit einer Auflage beschwert, könnte der Erbe vom Vermächtnisnehmer die Erfüllung der Auflage verlangen. Der Erblasser testiert beispielsweise folgendermaßen: „Erbin soll mein Patenkind Sabine sein. Sabine ist verpflichtet, meine behinderte Cousine Theresa wenigstens einmal in der Woche zu besuchen und mit ihr bei schönem Wetter kleinere Ausflüge zu unternehmen." Theresa hat keinen Anspruch auf Erfüllung gegenüber Sabine. Anders wäre es, wenn Sabine lediglich Vermächtnisnehmerin, ein anderer aber Erbe wäre. Der Erbe könnte dann die Erfüllung der Auflage von Sabine verlangen. (Wenn allerdings die Erfüllung der Auflage im *öffentlichen Interesse* liegt, hat die zuständige *Behörde* Anspruch auf Erfüllung auch gegenüber dem Erben.)

Der Erblasser kann in den meisten Fällen nicht von der vollen Gewissheit ausgehen, dass sein letzter Wille auch wirklich erfüllt wird – es sei denn, er greift zu einer Hilfskonstruktion und testiert in der Weise, dass der Erbe oder der Vermächtnisnehmer die erbrechtliche Zuwendung erst dann erhalten soll, wenn er die Auflage erfüllt hat. In einem solchen Fall freilich wird man nicht mehr von einer bloßen Auflage, sondern von einer *Bedingung* sprechen.

Wer *sicherstellen* will, dass nach seinem Tod eine von ihm testamentarisch angeordnete Auflage auch wirklich erfüllt wird, sollte zweckmäßigerweise eine →Testamentsvollstreckung anordnen. Der Testamentsvollstrecker nämlich ist kraft seines Amtes verpflichtet, den Willen des Erblassers durchzusetzen und folglich für die Erfüllung der Auflage zu sorgen.

Häufig wird mittels einer Auflage die Verpflichtung zur *Grabpflege* angeordnet oder die Anweisung erteilt, in welcher Weise die Bestattung erfolgen soll. Weitere Beispiele für eine Auflage sind, dass der Erbe oder ein Vermächtnisnehmer für das regelmäßige Lesen einer Messe Sorge tragen muss oder verpflichtet wird, eine Büste des Erblassers aufzustellen. Durch eine Auflage kann z. B. auch angeordnet werden, dass bestimmte Nachlassgegenstände nur an eine genannte Person veräußert werden dürfen. Auch das Schicksal von Manuskripten, Veröffentlichung von Briefen etc. kann mittels Auflage geregelt werden. Ferner: Ein Erbe oder ein Vermächtnisnehmer kann die Auflage erhalten, die ihm zugewendete Geldsumme nur für bestimmte Zwecke zu verwenden, also beispielsweise ein Blindenheim zur Finanzierung sanitärer Anlagen, ein Seniorenheim zum Ausbau der Pflegestation, eine Pfarrgemeinde zur Restaurierung der Orgel, eine Umweltorganisation zur Verwendung für eine besondere Aufgabe.

Nichtig wäre eine Auflage dann, wenn sie gegen die guten Sitten verstößt. Beispiel: Die Auflage, einen beleidigenden Zeitungsartikel über eine bestimmte Person zu schreiben.

Nicht als Auflagen gelten – was häufig in privatschriftlichen Testamenten zu lesen ist – bloße Wünsche, Vorstellungen und Anregungen des Erblassers, weil ihnen die *Verpflichtungsabsicht* fehlt. Beispielsweise testiert der Erblasser folgendermaßen: „Ich gehe von der Erwartung und festen Hoffnung aus, dass meine Erben sich ohne Beauftragung eines Rechtsanwalts einigen." Oder: „Ich halte es für selbstverständlich, dass mein als Erbe eingesetzter Sohn immer liebevoll zu seiner Familie ist und es insbesondere mit der ehelichen Treue sehr genau nimmt." Selbstverständlich werden die Erben im ersterwähnten Fall nicht daran gehindert, einen Rechtsanwalt mit der Wahrnehmung ihrer Interessen zu beauftragen, und im zweiterwähnten Fall kann der Sohn nicht an einem Seitensprung gehindert werden, jedenfalls nicht unter erbrechtlichem Aspekt.

Auseinandersetzung unter Miterben
→ Erbengemeinschaft

Ausgleich von Vorempfängen

Abkömmlinge (Kinder, Enkel, Urenkel) müssen, sofern sie entsprechend der *gesetzlichen* Erbfolge erben, bestimmte Zuwendungen, die sie früher vom →Erblasser erhalten haben, bei der Erbauseinandersetzung ausgleichen. Eine Ausgleichung findet grundsätzlich auch statt, wenn der Erblasser ein Testament errichtet hat, in welchem er die Abkömmlinge auf dasjenige als Erben eingesetzt hat, was ihnen nach der gesetzlichen Erbfolge zustünde.

Unter die ausgleichungspflichtigen Vorempfänge fallen:

Die *Ausstattung*, die ein Abkömmling anlässlich der Eheschließung oder zur Erlangung einer Lebensstellung erhalten hat, sofern nicht der Erblasser dabei oder in einem →Testament oder einer sonstigen →Verfügung von Todes wegen etwas anderes angeordnet hat. Unter den Begriff der Ausstattung fällt aufgrund der BGH-Rechtsprechung *nicht* die einer Tochter gewährte *Aussteuer*, es sei denn, die Aussteuer übersteigt die Kosten einer angemessenen Berufsausbildung, oder sie ist neben einer Berufsausbildung gewährt worden. Laufende *Zuschüsse* zum Lebensunterhalt, die der Erblasser einem Abkömmling hat zukommen lassen, oder die Kosten für eine Berufsausbildung sind nur dann ausgleichspflichtig, wenn sie das den Vermögensverhältnissen des Erblassers entsprechende Maß überstiegen haben.

Ferner ausgleichspflichtig sind alle *anderen* Zuwendungen, die der Erblasser *bei der Zuwendung* als ausgleichspflichtig *bezeichnet* hat. Es genügt hier also nicht, wenn bezüglich dieser *anderen* Zuwendungen die Ausgleichspflicht lediglich im Testament angeordnet wird. Es ist ratsam, sich die Ausgleichspflicht im Zusammenhang mit der Zuwendung von dem Abkömmling schriftlich bestätigen zu lassen.

Die ausgleichspflichtige Zuwendung wird bei der Erbauseinandersetzung auf den →Erbteil angerechnet. Die Ausgleichung selbst erfolgt in mehreren (komplizierten) Berechnungsschritten. Maßgebend für die Wertberechnung ist der Zeitpunkt, zu dem die Zu-

Ausgleich von Vorempfängen

wendung erfolgte; spätere Wertsteigerungen (z. B. Vermehrung des Geldes durch Zinsen, Umwandlung einer geschenkten Wiese in Bauland) sind ohne Bedeutung. Zu dem Wert des als Vorempfang gewährten Gegenstandes kommt dann allerdings noch hinzu, dass die konkrete *Geldentwertung* berücksichtigt werden muss. Zur Berechnung dient dabei der vom Statistischen Bundesamt regelmäßig veröffentlichte *Verbraucherpreisindex* . Man spricht in diesem Zusammenhang von der *„Indexierung"* des Wertes des Vorempfangs. Der Erblasser hat allerdings auch die Möglichkeit, bei der Zuwendung den anzurechnenden Betrag bindend festzulegen. Die Ausgleichspflicht kann für den Ausgleichspflichtigen schlimmstenfalls bedeuten, dass er bei der Erbauseinandersetzung leer ausgeht; in keinem Fall muss er von seinem Vorempfang wieder etwas hergeben und den Nachlass auffüllen.

Die Miterben (Abkömmlinge) sind untereinander verpflichtet, →*Auskunft* darüber zu erteilen, was sie vorher vom Erblasser erhalten haben. Auch der mit der Auseinandersetzung beauftragte →Testamentsvollstrecker kann Auskunft verlangen. Hat ein Miterbe Zweifel an der Richtigkeit oder Vollständigkeit der Auskunft, so kann er verlangen, dass der Auskunftspflichtige die Richtigkeit und Vollständigkeit vor dem Amtsgericht seines Wohnsitzes an Eides statt versichert. Der Auskunftspflichtige setzt sich somit, wenn er falsche Angaben macht, nicht nur der Gefahr einer Strafverfolgung wegen Betrugs, sondern auch wegen eines Eidesdelikts aus.

Außer dieser Ausgleichung von Vorempfängen gibt es auch noch einen Ausgleich „in umgekehrter Richtung": Ein Abkömmling, der durch *unentgeltliche* Mitarbeit im Haushalt, Beruf oder Geschäft des Erblassers in erheblichem Maß zur *Erhaltung* oder *Vermehrung* des Vermögens beigetragen hat, kann dafür bei der Erbauseinandersetzung von seinen Geschwistern als Miterben einen Ausgleichsbetrag verlangen.

Ein solcher Ausgleichsanspruch steht dem Abkömmling ferner dann zu, wenn er den Erblasser längere Zeit gepflegt hat, ohne dafür eine entsprechende Gegenleistung erhalten zu haben. Speziell mit diesem Ausgleichsanspruch hat man es in der Praxis häufig zu tun: Eines der Kinder macht nach dem Tode der Eltern oder des längerlebenden Elternteils geltend, dass es diese/diesen unentgeltlich gepflegt habe.

Für Erbfälle, die sich vor dem 1.1.2009 ereignet haben, besteht für die Anrechnung von Pflegeleistungen eine weitere Voraussetzung: Eine Anrechnung kommt nur in Betracht, wenn die Pflege unter Verzicht auf berufliches Einkommen des Pflegenden erbracht wurde. Die Erbrechtsreform des Jahres 2009 hat diese Voraussetzung aufgegeben. Es war im Gesetzgebungsverfahren der Reform überlegt worden, auch die Höhe des auszugleichenden Betrages gesetzlich zu regeln. Es war erwogen worden, insoweit die Beträge anzusetzen, die nach den sozialrechtlichen Sätzen der verschiedenen Pflegestufen vorgesehen sind. Eine solche Regelung hätte die Berechnung erleichtert. Leider wurde sie im Laufe des Gesetzgebungsverfahrens wieder gestrichen.

Auskunft über den Nachlass

Häufig hat derjenige, der → Erbe wird, keine Kenntnis darüber, was sich im → Nachlass befindet, ob es sich um einen wertvollen oder wertlosen, möglicherweise sogar überschuldeten Nachlass (→ Haftung des Erben) handelt. Er weiß oft auch nicht, welche einzelnen Gegenstände zum Nachlass gehören und welche *nicht* in den Nachlass fallen.
– Beispiel Nr. 1: Ein kinderlos verstorbener Erblasser hinterlässt ein Testament vom 26.7.1999, in welchem er seinen Neffen zum Alleinerben eingesetzt hat. Der Neffe beantragt und erhält einen → Erbschein, löst alsdann den Haushalt des Onkels auf, lässt dessen Eigentumswohnung auf seinen Namen umschreiben, und von dem im Nachlass befindlichen Geld kauft er sich ein teures Auto, macht eine Weltreise und begleicht seine Schulden bei der Bank. Ein halbes Jahr später erfährt ein Freund des Erblassers von dessen Tod. Er erinnert sich eines Umschlags, den der Erblasser ihm zur Aufbewahrung übergeben hatte. In dem Umschlag befindet sich neben anderen Dokumenten ein Testament vom 12.2.2015, in welchem der Erblasser das Testament vom 26.7.1999 widerruft,

Auskunft über den Nachlass

weil er von seinem Neffen enttäuscht sei. Erbe solle der Deutsche Tierschutzbund sein.
- Beispiel Nr. 2: Ein verwitweter Erblasser hat bis zu seinem Tod in einer →nichtehelichen Lebensgemeinschaft mit seiner Partnerin zusammengelebt. Beerbt wird er, da er kein →Testament gemacht hat, von seinem Sohn. Der gesamte Nachlass und alle relevanten Papiere befinden sich im Besitz der Lebenspartnerin des Erblassers. Nur diese kennt sich, da der Sohn keinen Kontakt mehr zum Vater hatte, in den Vermögensverhältnissen des Erblassers aus; nur sie weiß, welche Gegenstände des Haushalts dem Erblasser gehört haben und welche ihr gehören.
- Beispiel Nr. 3: Zwei (schon etwas betagte) Schwestern betreiben einen Modesalon. Die eine der Schwestern hat sich aus Gesundheitsgründen aus dem aktiven Berufsleben zurückgezogen, sie ist jedenfalls nicht mehr im Geschäft tätig. Die andere Schwester kommt bei einem Verkehrsunfall ums Leben. Beerbt wird sie von ihrem Sohn. Die Schwester nun, die sich aus dem Berufsleben schon zurückgezogen hatte, nimmt den Unfalltod ihrer Schwester (verständlicherweise) zum Anlass, in das Geschäftsleben und in den Modesalon zurückzukehren, denn nur sie kennt sich im Betrieb aus. Der Sohn und Erbe der Verstorbenen hat keinerlei Kenntnis über das, was zum Geschäftsbetrieb gehört (Warenlager, Bankkonten etc.); darüber weiß nur die jetzt wieder im Geschäft tätige Schwester Bescheid.
- Beispiel Nr. 4: Eine verwitwete Erblasserin stirbt in Karlsruhe, wo sie auch ihren Wohnsitz hatte. Sie wird beerbt von ihren drei Söhnen, von denen der eine ebenfalls in Karlsruhe wohnt, die beiden anderen aber im norddeutschen Raum. Der Sohn aus Karlsruhe nun, der auch einen Schlüssel zur Wohnung der Mutter hat, begibt sich in die Wohnung und „schafft dort Ordnung". Er nimmt die Dokumente, das Bargeld, eine Briefmarkensammlung sowie einige wertvolle Bilder und wertvolles Geschirr an sich. Seine Brüder, die nicht wissen, was die Mutter im Einzelnen besessen hat, haben ein gewisses Misstrauen, ob der Karlsruher Bruder nicht eventuell Gegenstände an sich genommen hat, die er ihnen bei der Erbauseinandersetzung vorenthält.

Auskunft über den Nachlass

Im ersten Beispiel war der Neffe sogenannter *Erbschaftsbesitzer*. Derjenige, der sich für den Erben *hält* und die Erbschaft faktisch im Besitz hat, ohne in Wahrheit Erbe zu sein, wird Erbschaftsbesitzer genannt. Der Erbschaftsbesitzer hat dem wahren Erben Auskunft zu erteilen. Er muss dem Erben ein Verzeichnis über sämtliche zum Nachlass gehörenden Gegenstände vorlegen und die Richtigkeit und Vollständigkeit des Verzeichnisses u. U. sogar an *Eides statt* versichern. Aber damit nicht genug: Der Erbschaftsbesitzer muss ferner auch Auskunft darüber geben, was aus den einzelnen Nachlassgegenständen geworden ist, beispielsweise also über den Verkauf einer zum Nachlass gehörenden Münzsammlung oder über die Verwendung des aus dem Nachlass stammenden Geldes. Die Auskunft über den Verbleib der Nachlassgegenstände kann u. U. auch dazu verpflichten, über die Verwaltung des Nachlasses detailliert Rechenschaft abzugeben, einschließlich der Vorlage aller insoweit relevanten Belege.

Im zweiten Beispiel war die Lebenspartnerin *nicht* Erbschaftsbesitzerin geworden, denn sie hat sich nicht für die Erbin *gehalten*. Aber auch sie ist dem Erben gegenüber zur Auskunftserteilung über den Nachlass verpflichtet. Denn überhaupt alle Personen, die sich zur Zeit des Erbfalls mit dem Erblasser in einer häuslichen Gemeinschaft befunden haben, trifft eine Auskunftspflicht. Das sind nicht nur Familienangehörige oder Partner einer nichtehelichen Lebensgemeinschaft, sondern auch sonstige Personen, die wegen ihrer räumlichen oder persönlichen Verbindung zum Erblasser die Möglichkeit hatten, mehr oder weniger genaue Kenntnis über den Verbleib von Nachlassgegenständen zu erlangen, also beispielsweise Hausangestellte, Pflegepersonal usw. Ihre Pflicht zur Auskunftserteilung ist jedoch gegenüber jener modifiziert, die den *Erbschaftsbesitzer* trifft.

Im dritten Beispiel war die in den Geschäftsbetrieb zurückgekehrte Schwester weder Erbschaftsbesitzerin, denn sie wusste, dass ihr Neffe Erbe geworden war, noch gehörte sie dem im zweiten Beispiel genannten Personenkreis an. Gleichwohl ist auch sie dem Erben gegenüber zur Auskunftserteilung verpflichtet, denn sie hat Gegenstände, die zum Nachlass gehören, in Besitz genommen, bevor der Erbe den Besitz tatsächlich ergriffen hat.

Auskunft über den Nachlass

Das vierte Beispiel unterscheidet sich von den anderen Beispielen insofern, als sich hier nicht ein *Erbe* und ein *Nichterbe* gegenüberstehen, sondern dass die Betroffenen *Miterben* (→ Erbengemeinschaft) sind. Die Frage, die sich in diesem Zusammenhang stellt, ist die, ob auch die beiden Brüder aus Norddeutschland gegenüber ihrem in Karlsruhe wohnenden Bruder einen Auskunftsanspruch haben. Hierzu ist folgendes zu sagen: Grundsätzlich haben Miterben untereinander *keinen* Auskunftsanspruch, und zwar deswegen, weil jeder Miterbe sich im Grunde über den Bestand des Nachlasses selbst informieren kann: Aufgrund des → Erbscheins, der ihn als Miterben ausweist, kann er sich beispielsweise an die Banken wenden und dort die Kontostände erfragen, und er kann beim Grundbuchamt Aufschluss über vorhandenes Immobiliarvermögen erhalten. Die einen einzelnen Miterben treffende *Versagung* des Auskunftsanspruchs geht aber nicht so weit, dass andere Miterben, die über den Umfang der Erbschaft Bescheid wissen, sich einfach in Stillschweigen hüllen oder einer konkret an sie gerichteten Frage, die sich auf einen Nachlassgegenstand bezieht, mit dem Hinweis begegnen können, sie seien zur Auskunftserteilung nicht verpflichtet. Trotz des Umstandes also, dass Miterben untereinander keine Auskunftspflicht trifft, haben sie im Verhältnis zueinander doch eine *Mitwirkungspflicht*. Diese Mitwirkungspflicht bedeutet, dass sie den sich in Unkenntnis befindlichen Miterben in die Lage versetzen müssen, dass dieser sich die begehrte Auskunft bei der zuständigen Stelle selbst einholen kann. Ein Miterbe also, der – im Gegensatz zu einem anderen Miterben – beispielsweise allein vom Bestehen einer bestimmten Bankverbindung etwas weiß oder dem allein bekannt ist, dass sich im Nachlassvermögen ein Grundstück befindet, muss seinem auskunftsersuchenden Miterben die Bankverbindung als solche bzw. den Ort mitteilen, wo sich das Grundstück befindet. Nähere Erkundigungen können dann von dem so informierten Miterben selbst eingeholt werden.

Im gewählten Beispiel Nr. 4 allerdings liegt noch eine Situation *besonderer* Art vor: Hier besteht eine Auskunftspflicht des Karlsruher Miterben, weil dieser sich in den Besitz bestimmter Nachlassgegenstände gesetzt hat, noch bevor die übrigen Miterben ihrerseits Besitz erlangen konnten. Bezogen auf solche Fälle schreibt das Gesetz sowieso eine Auskunftsverpflichtung vor (vgl. Beispiel Nr. 3). Dasselbe gilt auch immer dann, wenn einer der Miterben mit dem Erblasser in häuslicher Gemeinschaft gelebt hat (vgl. Beispiel Nr. 2).

Zur Auskunftsverpflichtung des Erben gegenüber einem *Pflichtteilsberechtigten* siehe → Pflichtteil.

Auslegung des Testaments

Häufig sind Testamente, die ohne fachkundige Beratung errichtet wurden, unverständlich, widersprüchlich oder mehrdeutig. Solche Testamente müssen *ausgelegt* werden.

Bei der Auslegung ist der aus *allen Umständen* sich ergebende *wahre* Wille des Erblassers zu erforschen, wobei die Umstände durchaus auch *außerhalb* des Testaments liegen können. Allerdings muss dieser Wille immer noch eine zumindest geringe *Andeutung* im Testament selbst haben. Auf den *Wortlaut* des Testaments kommt es bei der Erforschung des Erblasserwillens nicht entscheidend an. Es ist von der Vorstellungswelt und dem Sprachgebrauch des Erblassers auszugehen.

Berühmt ist der Fall, den der Professor den Studierenden erzählt: Ein Erblasser hatte seinem Neffen „die Bibliothek" vermacht. Eine Bibliothek besaß der Erblasser aber nicht, sondern nur ein paar im Wert unbedeutende Bücher. Jedoch: Was der Neffe erhielt, war der Bestand des *Weinkellers*, in welchem wertvolle Provenienzen lagerten. Im häuslichen Umgangston nämlich pflegte der Erblasser seinen Weinkeller als „Bibliothek" zu bezeichnen.

Wenn der Erblasser, dessen Hauptvermögensgegenstand sein lastenfreies Einfamilienhaus ist, bestimmt, dass dieses Haus seine Ehefrau bekommen soll, wohingegen der eine Sohn die wertvollen Gemälde, der andere Sohn alle Musikinstrumente erhalten soll, dann geht man davon aus, dass die Ehefrau *Universalerbin* geworden ist, die beiden Söhne aber → Vermächtnisnehmer sind. Sollten freilich die Gemälde und die Musikinstrumente jeweils in etwa denselben Wert haben wie das Einfamilienhaus, dann nimmt man an, dass sowohl die Ehefrau als auch die beiden Söhne Erben geworden sind und dass der Erblasser eine → Teilungsanordnung getroffen hat.

Ausschluss von der Erbfolge

Wenn der Erblasser bestimmt: Meiner Ehefrau „vermache" ich die Miteigentumshälfte an unserem Haus, unsere Tochter „erbt" das Klavier, so ist die Tochter doch nur als Vermächtnisnehmerin anzusehen, hingegen die Ehefrau als Erbin, sofern das Haus bzw. die Miteigentumshälfte am Haus das hauptsächliche Vermögen des Erblassers darstellt. Auch wenn der Erblasser nicht sein ganzes Vermögen, sondern einen *Bruchteil* davon einer Person zuwendet, wird man in der Regel davon ausgehen können, dass diese Person Erbe und nicht Vermächtnisnehmer ist. Handelt es sich bei der Zuwendung hingegen um *bestimmte* Vermögensgegenstände oder um eine *bestimmte* Geldsumme, dann liegt in der Regel ein Vermächtnis vor. Wenn freilich die bestimmten Vermögensgegenstände oder die bestimmte Geldsumme den *Hauptteil* des Nachlasses ausmachen, dann wiederum sind die Bedachten als Erben anzusehen.

Das Gesetz selbst liefert einige Auslegungsregeln: Werden z. B. die „Verwandten" eingesetzt, so sind damit im Zweifel diejenigen Personen gemeint, die im Falle des Eintritts der →gesetzlichen Erbfolge Erben geworden wären. Werden die „Armen" eingesetzt, dann ist im Zweifel der örtliche Träger der Sozialhilfe als bedacht anzusehen. Ist ein städtisches Krankenhaus zum Erben eingesetzt, dann gilt die Stadt als Erbin, aber unter der →Auflage, die Erbschaft ausschließlich für das Krankenhaus zu verwenden.

Die Notwendigkeit, ein Testament *auszulegen*, ist in jedem Fall eine missliche Angelegenheit, die oft auch Unzufriedenheit produziert. Es sei daher dringend empfohlen, dass derjenige, der ein Testament zu errichten gedenkt, eine Rechtsberatung durch einen *Notar* oder fachkundigen *Rechtsanwalt* einholt.

Ausschluss von der Erbfolge
→Enterbung

B

Bankkonto im Todesfall

Praktisch jeder Erblasser verfügt über ein Bankkonto. Tritt der →Erbfall ein, ist es für den Erben wichtig, alsbald auch über das Konto verfügen zu können – allein schon deswegen, weil die Bestattungskosten beglichen werden müssen. Natürlich muss die Bank sich Gewissheit darüber verschaffen, wer nunmehr verfügungsberechtigt ist. In der Regel wird sie die Vorlage eines →Erbscheins oder die Vorlage eines mit einem Eröffnungsvermerk versehenen *notariellen* Testaments bzw. eines →Erbvertrages verlangen. Häufig geben sich die Banken aber auch damit zufrieden, dass ein vom Nachlassgericht eröffnetes *privatschriftliches* Testament vorgelegt wird, insbesondere dann, wenn es sich um einen nahen Familienangehörigen, beispielsweise den längerlebenden Ehepartner, handelt, der in dem Testament als Erbe bezeichnet ist, und es obendrein nur um relativ geringfügige Kontenbeträge (bis etwa 5.000 €) geht.

Hat der Erblasser →Testamentsvollstreckung angeordnet, ist es ausschließlich der Testamentsvollstrecker, dem die Verfügungsbefugnis zusteht. In einem solchen Fall wird die Bank die Vorlage eines Testamentsvollstreckerzeugnisses fordern.

Verlangt die Bank einen Erbschein, muss erst das u. U. langwierige *Erbscheinsverfahren* durchgeführt werden, bis eine Verfügung über das Konto möglich ist, es sei denn, dass derjenige, der Verfügungen treffen will, sich auf eine →Vollmacht über den Tod hinaus berufen kann. Die Bank kann nicht unbedingt auf der Vorlage eines Erbscheins bestehen. Der Bundesgerichtshof hat entschieden, dass die Erbfolge auch anderweitig bewiesen werden kann. Beim Nachweis der Rechtsnachfolge ist auch den berechtigten Interessen des oder der Erben an einer möglichst raschen und kostengünstigen Abwicklung des Nachlasses Rechnung zu tragen. Deshalb ist es ausreichend, wenn in klaren Erbfolgefällen das nachlassgerichtliche Eröffnungsprotokoll mit dem Testament vorgelegt wird, welches die Erbfolge ausweist. Liegt kein Testament vor, kann der Bank die gesetzliche Erbfolge durch entsprechende Abstammungsdokumente nachgewiesen werden.

Ehepartner allerdings sind häufig Inhaber eines sogenannten *Oder-Kontos* oder eines *Und-Kontos*. Um ein Oder-Konto handelt es sich, wenn beide Ehepartner ein gemeinsames Konto haben und beide (jeder für sich) verfügungsberechtigt sind. Um ein Und-Konto handelt es sich, wenn nur beide gemeinsam verfügungsberechtigt sind. Stirbt nun einer der Ehepartner, ist der andere Ehepartner berechtigt, über das *gesamte* Konto zu verfügen. Sollte der längerlebende Ehepartner allerdings *nicht* Erbe oder *nicht alleiniger* Erbe geworden sein, können die tatsächlichen Erben bzw. Miterben (beispielsweise die Kinder) die Verfügungsbefugnis widerrufen. Dazu reicht eine einfache Erklärung gegenüber der Bank aus, wobei der Widerruf aber nur dann von der Bank zu beachten ist, wenn der Widerrufende seine Erbenstellung zumindest *glaubhaft* gemacht hat.

Befreite Vorerbschaft
→ Vor- und Nacherbschaft

„Behinderten"-Testament
→ Sozialhilfeempfänger als Erbe

Berliner Testament
→ Ehegattentestament

Beschränkte Erbenhaftung
→ Haftung des Erben

Bestattung und Grabpflege

Ist jemand gestorben, dann muss er auf einem speziellen Gelände – grundsätzlich auf dem von der Gemeinde dafür vorgesehenen Friedhof – bestattet werden. (Das Privileg, Angehörige auf dem *eigenen* Grundstück bestatten zu dürfen – etwa in einer zu einem Schloss oder einer Burg gehörenden Grabstätte –, spielt in der Praxis keine nennenswerte Rolle.)

Das Recht und die Pflicht, für die „standesgemäße" Bestattung eines Verstorbenen zu sorgen, steht ausschließlich den nächsten Angehörigen zu. In der Regel sind die nächsten Angehörigen auch die *Erben* des Verstorbenen. Aber: Nicht immer und keineswegs zwangsläufig sind die nächsten Angehörigen auch die Erben. Der Verstorbene kann durchaus auch jemand anderen zum Erben bestimmt haben. Dennoch sind immer nur die nächsten Angehörigen und nicht der Erbe (bzw. die Erben) für die Bestattung zuständig.

Das Recht und die Pflicht, für die Bestattung Sorge zu tragen, ist die *eine* Seite der Angelegenheit, die *andere* Seite ist die Frage, wer die *Kosten* der Bestattung zu tragen hat: Die Bestattungskosten hat immer der *Erbe* zu tragen. Wenn die nächsten Angehörigen also nicht auch gleichzeitig die Erben sind, dann können sie von dem Erben Ersatz der „standesgemäß" aufgewendeten Kosten verlangen. Was zu den Bestattungskosten gehört, ist im Einzelnen umstritten. Manche Juristen vertreten die Meinung, mit der Herrichtung des Grabes und der Trauerfeier sei der Beerdigungsakt abgeschlossen, so dass die Aufwendungen für den Unterhalt und die Pflege der Grabstätte nicht mehr zu den Bestattungskosten gehören, dass also, wenn solche Kosten von dem nicht zu den Erben zählenden Angehörigen oder von Dritten (beispielsweise Freunden, Vereinskameraden u. dergl.) aufgewendet worden sind, dafür *keine* Erstattung von den Erben verlangt werden kann. Eine andere Meinung geht dahin, dass die Erben noch für die Dauer von *einem Jahr* die Grabpflegekosten tragen müssen, oder auch so lange, wie die → Erbauseinandersetzung noch nicht erfolgt ist.

Ganz anders verhält es sich allerdings dann, wenn der Verstorbene noch zu seinen Lebzeiten eine *Anordnung* über seine Grabpflege getroffen hat. Wenn er beispielsweise mit der Gemeinde einen

Grabpflegevertrag abgeschlossen hat, dann geht die vertragliche Pflicht zur Tragung der Grabpflege selbstverständlich als Nachlassverbindlichkeit auf die *Erben* über. Eine Nachlassverbindlichkeit ist auch dann begründet, wenn der Verstorbene den Erben die Grabpflege in seinem Testament zur → Auflage gemacht oder vorgesehen hat, dass ein bestimmter Betrag aus dem Nachlass für die Pflege des Grabes verwendet werden soll. Wird die vom Erblasser angeordnete Auflage vom Erben nicht erfüllt, so gibt es dagegen allerdings keine Handhabe, es sei denn, der Erblasser hat die Grabpflege durch Anordnung einer → Testamentsvollstreckung sichergestellt.

Von der *privatrechtlichen* Pflicht zur Tragung der Bestattungskosten ist die *öffentlich-rechtliche* Pflicht zur Tragung von Grabpflegekosten zu unterscheiden. Hier ist der Fall angesprochen, dass man zu *Lebzeiten* von der *Gemeinde* eine Grabstätte erwirbt. Der Erwerb einer Grabstätte gewährt das Nutzungsrecht, dort eine menschliche Leiche zu bestatten oder eine Aschenurne beizusetzen. Der Erwerber ist verpflichtet, diese Grabstätte ab dem Zeitpunkt des Erwerbs gärtnerisch in Ordnung zu halten. In der Regel wird die Dauer der Grabpflegepflicht durch die *Friedhofsordnung* festgelegt; es bestehen *Mindestbenutzungszeiten*. In Baden-Württemberg beträgt die Mindestbenutzungszeit 15 Jahre.

Die Friedhofsordnungen regeln des Weiteren, dass die *Angehörigen* zur Grabpflege verpflichtet sind. Das öffentliche Bestattungsrecht weist die Grabpflege also nicht dem Erben, sondern den *Angehörigen* zu. Der Erbe haftet nur dann für die Grabpflege, wenn der Erblasser noch zu Lebzeiten durch einen Vertrag mit der Gemeinde eine entsprechende Verbindlichkeit begründet oder durch eine → Verfügung von Todes wegen dem Erben die Kostentragungspflicht auferlegt hat.

D

DDR-Erbrecht

Das ehemalige Erbrecht der DDR spielt in der Praxis nahezu keine Rolle mehr. Wir verweisen insoweit auf die Ausführungen in der 5. Auflage. Der Text kann im Bedarfsfall über die Autoren bezogen werden.

Digitaler Nachlass

Zur Erbschaft gehört auch der sog. digitale Nachlass. Damit sind alle Ansprüche gemeint, die sich aus Nutzungsverträgen mit Betreibern sozialer Netzwerke im Internet ergeben, in erster Linie der gesamte elektronische Datenbestand. Beim Tod des Kontoinhabers eines sozialen Netzwerks geht ein solcher Nutzungsvertrag auf dessen Erben über. Das bedeutet, dass der Erbe Zugang zu den gesamten Informationen und den Daten hat, die der Erblasser irgendwie im Internet hinterlässt. Das hat der Bundesgerichtshof in einem Grundsatzurteil entschieden. Er hat allerdings auf die Möglichkeit hingewiesen, dass die Netzbetreiber in ihren Verträgen mit den Nutzern die Unvererblichkeit dieses Informationen- und Datenbestandes vereinbaren können. Man wird hier die weitere Rechtsentwicklung abwarten müssen, insbesondere zu der Frage, ob derartige Unvererblichkeitsklauseln in den Nutzerverträgen wirksam vereinbart werden können.

„Dreißigster"

Beim sogenannten „Dreißigsten" handelt es sich um die Verpflichtung des Erben, den Familienangehörigen des Erblassers, die zur Zeit des Todes des Erblassers zu dessen Haushalt gehört und von ihm Unterhalt bezogen haben, in den ersten 30 Tagen nach Eintritt des Erbfalls den gleichen Unterhalt zu gewähren, wie der Erblasser es getan hat, und ihnen die Benutzung der Wohnung und der Haushaltsgegenstände zu gestatten. Rechtlich gesehen handelt es sich hier um ein vom Gesetz angeordnetes → Vermächtnis.

Drei-Zeugen-Testament
→ Nottestament

„Drittes Geschlecht"

Das Bundesverfassungsgericht hat in einem Beschluss vom 10.10.2017 zwei Vorschriften des Personenstandsgesetzes insoweit als mit dem Grundgesetz für unvereinbar erklärt, soweit diese Vorschriften einen Zwang zur Angabe des Geschlechts begründen und dabei Personen, deren Geschlechtsentwicklung Varianten aufweisen, keinen positiven Geschlechtseintrag ermöglichen. In der Zwischenzeit hat der Gesetzgeber die Vorgaben des Bundesverfassungsgerichts umgesetzt und die Möglichkeit geschaffen, dass Personen, die eine derartige Variante der Geschlechtsentwicklung aufweisen, sich im Personenstandsregister als „divers" eintragen lassen können. Das Bundesverfassungsgericht hat damit – neben den beiden Geschlechtern männlich und weiblich – ein „drittes Geschlecht" kreiert. Ob und welche erbrechtlichen Konsequenzen sich daraus ergeben können, ist noch unklar.

Dürftigkeit des Nachlasses

Bei einem *überschuldeten* Nachlass wird auf Antrag eine →Nachlassverwaltung oder ein →Insolvenzverfahren über den Nachlass nur dann durchgeführt, wenn wenigstens so viel Aktivvermögen vorhanden ist, dass die Verfahrenskosten damit abgedeckt werden können. Sofern das Aktivvermögen dazu nicht ausreicht, es also „mangels Masse" nicht zur Nachlassverwaltung oder zum Nachlassinsolvenzverfahren kommt, hat der Erbe das Recht, den Nachlassgläubigern die sogenannte *Einrede der Dürftigkeit des Nachlasses* entgegenzuhalten. Einer besonderen gerichtlichen Ermächtigung bedarf es dazu nicht. Erhebt der Erbe die Dürftigkeitseinrede, ist er verpflichtet, den Gläubigern den Nachlass zu ihrer Befriedigung *herauszugeben*. (Die Erbrechtspraktiker sprechen in diesem Zusammenhang gern vom sogenannten „Gerümpelwurf".) Der Erbe ist aber dabei nicht verpflichtet, für eine gleichmäßige Befriedigung der Nachlassgläubiger Sorge zu tragen. Der Gläubiger, der zuerst kommt, wird auch zuerst befriedigt.

Es kommt freilich auch vor, dass ein an sich nicht überschuldeter Nachlass durch eine Vielzahl von →Vermächtnissen und →Auflagen „dürftig" wird: Der Erblasser hat mehr verteilen wollen, als er hinterlassen hat. Der Erbe kann in einem solchen Fall die Erfüllung der Vermächtnisse und Auflagen verweigern, soweit der Nachlass dazu nicht ausreicht. Der zugrunde liegende Gedanke ist der, dass Vermächtnisse und Auflagen naturgemäß dann nicht zum Tragen kommen können, wenn dem Erben nach Abzug der allgemeinen →Nachlassverbindlichkeiten nichts mehr aus dem Nachlass verblieben ist. Der Erbe soll nicht mit seinem Eigenvermögen für die Anordnungen einstehen, die der Erblasser getroffen hatte, ohne über ausreichende Mittel zur Ausführung zu verfügen.

(Siehe auch →Haftung des Erben)

Dürftigkeitseinrede
→Dürftigkeit des Nachlasses

E

„Ehe für alle"

Mit dem am 1.10.2017 in Kraft getretenen „Gesetz zur Einführung des Rechts auf Eheschließung für Personen gleichen Geschlechts" hat der Gesetzgeber die sog. „Ehe für alle" eingeführt. Der Begriff ist freilich etwas irreführend. Gemeint ist, dass seit dieser Zeit auch Personen gleichen Geschlechts eine Ehe auf Lebenszeit eingehen können. Gleichzeitig wurde eine Vorschrift in das Personenstandsrecht aufgenommen, wonach Gleichgeschlechtliche, die bereits in einer Lebenspartnerschaft leben, diese in eine Ehe umwandeln können. Das Gesetz wurde freilich mit „heißer Nadel" gestrickt. Viele Wirkungen wurden vom Gesetzgeber überhaupt nicht bedacht. Gleichgeschlechtliche Paare können jedenfalls ab dem 1.10.2017 lediglich noch heiraten, genauso wie heterosexuelle Paare. Sie können also keine „Lebenspartnerschaft" mehr eingehen. Ferner können sie nur noch gemeinsam ein Kind adoptieren. Das war zuvor anders geregelt gewesen. So bestand bei Gleichgeschlechtlichen die Möglichkeit einer sog. „Sukzessivadoption". Das bedeutet: Zunächst hat einer der Partner ein Kind adoptiert und im Anschluss daran der zweite dieses Kind als das (schon adoptierte) Kind seines Partners. Das ist jetzt nicht mehr möglich. Auch andere Vorschriften des Familienrechts passen (noch) nicht für die „Ehe für alle". Wird ein Kind in eine Ehe geboren, gilt dieses Kind als ehelich, unabhängig davon, wer der Vater ist. Das Kind wird von Gesetzes wegen mit beiden Elternteilen verwandt. Ist der Ehemann nicht der Vater, kann die Ehelichkeit angefochten werden. Bei gleichgeschlechtlichen Ehepartnern funktioniert das nicht, wie der Bundesgerichtshof erst vor kurzem entschieden hat. Ein Ehegatte eines lesbischen Ehepaares hatte ein Kind bekommen, das aufgrund gemeinsamen Entschlusses beider und durch medizinisch assistierte künstliche Befruchtung mit Spendersamen einer Samenbank gezeugt worden war. Im Geburtenregister wurde die Gebärende als Mutter eingetragen; die Eintragung eines weiteren Elternteils erfolgte nicht. Der andere Ehegatte beantragte daraufhin, im Personenstandsregister ebenfalls als „Mutter" eingetragen zu werden. Das hat das Standesamt abgelehnt – zu Recht, wie der Bundesgerichtshof entschieden hat. Dieses Kind ist somit nur mit der gebärenden Mutter verwandt. Der andere Ehegatte müsste es adoptieren. Die erbrechtlichen Auswirkungen sind immens: Würde beispielsweise bei einem gemeinsamen Unfall zuerst die eigentliche Mutter versterben, ohne ein Testament errichtet zu haben, würde das Kind alleiniger Erbe. Würde dann das Kind versterben, würde nicht etwa der andere Ehegatte zum Erben berufen sein. Vielmehr würden die Verwandten der gebärenden Mutter Erben sein. Derzeit soll jedoch eine Gesetzesänderung in Planung sein, die diesen Fall erfassen und anderweitig regeln soll.

Ehegattentestament

 I. Formvorschriften beim privatschriftlichen Ehegattentestament 45
 II. Modell: Berliner Testament 45
  1. Pflichtteilsansprüche der Kinder 47
  2. Ersatzerbenregelung 49
  3. Vererbung des Immobilienvermögens an die Kinder . 49
  4. Verfügungsverbot bei noch „unreifen" Kindern . . . 51
  5. Freistellungsklausel für den längerlebenden Ehepartner 52
  6. Wiederverheiratung des längerlebenden Ehepartners. 53
  7. Gemeinsamer Unfalltod 54
  8. Steuerliche Auswirkungen 55
 III. Andere Modelle 56
 IV. Bindungswirkung im Hinblick auf die sogenannte Wechselbezüglichkeit 57
  1. Möglichkeit der gemeinsamen Abänderung 57
  2. Abänderung zu Lebzeiten des anderen Ehepartners?

3. Verstärkte Bindung nach dem Tod eines Ehepartners.   57
    a) Beseitigen der Bindungswirkung durch
       Ausschlagen der Erbschaft   60
    b) Die Anwartschaft der Schlusserben   61
    c) Anfechtungsmöglichkeit   61
V. Unwirksamwerden bei Ehescheidung   64

I. Formvorschriften beim privatschriftlichen Ehegattentestament

Das Ehegattentestament stellt eine Privilegierung bei der Errichtung eines → Testaments dar. Wird, wie sehr häufig, beim Ehegattentestament (dasselbe gilt für das Testament im Rahmen einer → Lebenspartnerschaft zwischen Gleichgeschlechtlichen) die Form des *privatschriftlichen* Testaments gewählt, muss das Testament nur von *einem* der Ehepartner *handschriftlich* niedergeschrieben werden. *Unterschrieben* werden muss es aber von *beiden* Ehepartnern. Zweckmäßig ist es, dass beide auch noch Ort und Datum anfügen. Wird ein Ehegattentestament erst sozusagen „in letzter Minute" errichtet, also etwa im fortgeschrittenen Stadium einer Krankheit des einen Ehepartners, dann ist es eine problematische Frage, inwieweit derjenige Ehepartner, der das Testament niedergeschrieben hat, dem anderen Ehepartner bei dessen Unterschriftsleistung eine gewisse *Schreibhilfe* geben darf, weil dieser vielleicht so geschwächt ist, dass ihm sogar die Unterschriftsleistung schwer fällt. Eine Schreibhilfe *kann* zulässig sein, sie darf aber nicht so weit gehen, dass sich die Unterschrift praktisch als die Unterschrift desjenigen darstellt, der die Schreibhilfe geleistet hat. Natürlich kann ein Ehegattentestament auch in der Form des notariellen Testaments errichtet werden.

II. Modell: Berliner Testament

Der typische Inhalt eines Ehegattentestaments ist folgender: Alleiniger Erbe soll zunächst der längerlebende Ehepartner sein. Die Kinder sollen erst dann erben, wenn der längerlebende Ehepartner seinerseits verstorben ist. Die Kinder sollen sogenannte *Schlusserben* werden. Wenn so testiert wird, dann spricht man von einem „Berliner Testament" – der wohl häufigsten Form des Ehegattentestaments: Der längerlebende Ehepartner soll in seinen Verfügungen über den Nachlass keinerlei Beschränkungen unterliegen. Er soll so frei sein, dass er das vom verstorbenen Ehepartner ererbte Vermögen notfalls verbrauchen kann, so dass, wenn der Schlusserbfall eintritt, die Kinder gegebenenfalls „leer ausgehen". (So weit wird es der längerlebende Ehepartner in der Regel nicht kommen lassen – im Gegenteil: durch kluge und sparsame Haushaltung wird das Vermögen meistens noch vermehrt.)

Indem die Ehepartner sich zunächst zu alleinigen, unbeschränkten Erben einsetzen, lassen sie sich u. a. von der Überlegung leiten, dass niemals vorhergesagt werden kann, welche Schicksalsschläge sich ereignen können. Es kann die Situation eintreten, dass der längerlebende Ehepartner dringend darauf angewiesen ist, das gesamte Vermögen zu verwerten, beispielsweise dann, wenn er zum Pflegefall wird, in ein gehobenes Pflegeheim gehen möchte und die Rente, die er bezieht, nicht zur Kostendeckung ausreicht.

Aber auch dann, wenn solche dramatischen Fälle nicht eintreten, soll der längerlebende Ehepartner nicht in die – mitunter demütigende – Lage kommen, die Kinder um *Erlaubnis* bitten zu müssen, wenn er diese oder jene Verfügung über den Nachlass treffen will. Man muss bedenken, dass man es meistens nicht nur mit den eigenen Kindern zu tun hat, sondern auch mit *Schwiegerkindern* (und womöglich deren Verwandten), die ihren Einfluss geltend machen wollen. Und wenn es sich um minderjährige Kinder handelt, mit denen der längerlebende Ehepartner – weil kein Testament vorliegt – sich in einer Erbengemeinschaft befindet, dann muss dieser die Genehmigung des Familiengerichts einholen, sofern er Verfügungen über den Nachlass (beispielsweise Verkauf der Eigentumswohnung oder Bestellung einer Grundschuld) treffen will. Das Familiengericht aber wird die Genehmigung in vielen Fällen versagen. Kurzum, es sollte bei dem bleiben, wie es auch zuvor gewesen ist: Wenn die Kinder etwas haben wollen, dann sollen sie sich an die Mutter oder an den Vater wenden, und nicht umgekehrt sollte sich die Mutter oder der Vater an die Kinder wenden müssen. (Dass nach dem

Ehegattentestament

Tod des erstversterbenden Ehepartners die als Schlusserben eingesetzten Kinder schon recht ausgeprägte *Anwartschaften* haben, die von dem zum Alleinerben bestimmten Ehepartner zu beachten sind, wird unter IV, 3 b) noch gesondert ausgeführt.)

1. Pflichtteilsansprüche der Kinder

Setzen sich die Ehepartner zwecks gegenseitiger wirtschaftlicher Absicherung zu alleinigen Erben ein, so bedeutet dies, dass die Kinder beim Tode des erstversterbenden Elternteils zunächst nicht Erben sind, denn Erben (Schlusserben) sollen sie ja erst beim Tode des letztversterbenden Elternteils werden. Diese „vorläufige Enterbung" wird von den meisten Kindern als durchaus natürlich und gerecht empfunden. Es gibt aber auch Kinder, die da anders denken. Sie wollen nicht warten, bis der längerlebende Elternteil verstorben ist, sie wollen schon *jetzt*, nach dem Tode des erstverstorbenen Elternteils, etwas haben. *Jetzt* wollen sie bauen, *jetzt* wollen sie größere Anschaffungen machen, *jetzt* wollen sie reisen und im Urlaub nicht sparen müssen. Bis der längerlebende Elternteil einmal stirbt und sie von der Erbschaft etwas haben, können noch viele Jahre, vielleicht sogar Jahrzehnte vergehen. Dann, so sagen sie sich und so argumentieren sie, sind wir selbst schon alte Leute. „In Deiner Familie", so hat einmal in unserer Gegenwart eine Tochter zu ihrer Mutter ganz unverblümt gesagt, „werden sie alle sehr alt. Opa ist mit 88, Oma mit 92 gestorben."

Die Kinder könnten, obwohl es der erklärte Wunsch der Eltern ist, dass das Vermögen des vorverstorbenen Elternteils ungeschmälert an den längerlebenden Elternteil fällt, diesem gegenüber *Pflichtteilsansprüche* geltend machen. Der Pflichtteil kann nur in extremen Ausnahmefällen entzogen werden. Wird der Pflichtteil geltend gemacht, so kann dies für den längerlebenden Ehepartner bedeuten, dass er in akute Liquiditätsschwierigkeiten gerät.

Es gibt freilich eine Möglichkeit, dem Kind, welches erwägt, beim Tode des erstversterbenden Elternteils Pflichtteilsansprüche geltend zu machen, den Anreiz für ein solches Unterfangen zu nehmen. Dies geschieht dadurch, dass man eine kleine Klausel in das Ehegattentestament aufnimmt, welche die antiquiert klingende Bezeichnung

„Gehorsamsklausel" trägt: Es wird testamentarisch verfügt, dass ein Kind, welches (dem Willen der Eltern zuwider) beim Tode des erstversterbenden Elternteils Pflichtteilsansprüche gegen den längerlebenden Elternteil geltend macht, bei der Schlusserbfolge von der Erbschaft ausgeschlossen ist und dann später ebenfalls nur den Pflichtteil erhält.

Im „Normalfall" wird eine solche Klausel die beabsichtigte Wirkung nicht verfehlen. Bei größerem Vermögen allerdings und bei vorhandener Sorge der Eltern, dass seitens eines der Kinder tatsächlich Pflichtteilsansprüche geltend gemacht werden könnten, sollte man sich mit dieser einfachen „Gehorsamsklausel" nicht begnügen. Nicht auszuschließen nämlich ist bei bestimmten Fallkonstellationen die Gefahr, dass das Kind, das darauf verzichtet, Pflichtteilsansprüche geltend zu machen, gegenüber einem anderen Kind, welches Pflichtteilsansprüche geltend macht, trotz der Wirkung der „Gehorsamsklausel" benachteiligt wird. Empfehlenswert könnte es daher sein, statt der einfachen „Gehorsamsklausel" die sogenannte *„Jastrowsche Klausel"* zu wählen. Diese Klausel besagt: Jedes Kind erhält laut testamentarischer Verfügung ein *Vermächtnis* in Höhe seines gesetzlichen Erb- bzw. Pflichtteils auf Ableben des erstversterbenden Elternteils. Diese Vermächtnisse fallen freilich nur dann an, wenn Pflichtteilsansprüche geltend gemacht werden, und zwar fallen sie zugunsten *derjenigen* Kinder an, die *keinen* Pflichtteil verlangen. Fällig allerdings werden diese Vermächtnisse erst beim Eintritt des *zweiten* Erbfalls, also beim Tode des längerlebenden Elternteils, und bis dahin sind sie – so verfügen es die Eltern – gut zu verzinsen, beispielsweise mit 5 Prozent. Beim ersten Erbfall erhält das „ungehorsame" Kind zwar den Pflichtteil, dagegen ist nichts auszurichten. Aber: Tritt dann der zweite Erbfall ein, wird die Erbmasse um den Betrag geschmälert, den die Vermächtnisse zugunsten der „gehorsamen" Kinder einschließlich angelaufener Zinsen darstellen. Die Vermächtnisse sind nämlich als *Nachlassverbindlichkeiten* abzuziehen. Die Folge davon ist, dass der Pflichtteil im zweiten Erbfall entsprechend geringer ausfällt, wovon die „gehorsamen" Kinder, die den Pflichtteil nach dem Tode des längerlebenden Elternteils gegenüber ihren „ungehorsamen" Geschwistern erfüllen müssen, profitieren. Eine Jastrowschen Klausel sollte nur nach vorheriger rechtlicher Beratung in ein Testament aufgenommen werden. Zum einen ist eine exakte, rechtlich eindeutige Formulierung von Wichtigkeit. Weiter sollten aber auch die sonstigen Folgen der Klausel bedacht werden, insbesondere, dass wegen der eventuell anfallenden Vermächtnisse der Gestaltungsspielraum des längerlebenden Ehepartners eingeschränkt sein kann.

2. Ersatzerbenregelung

Bedacht werden muss, dass eines der zu Schlusserben eingesetzten Kinder vorversterben oder mit den Eltern oder dem längerlebenden Elternteil durch einen gemeinsamen Unfall ums Leben kommen könnte. In einem solchen Fall gibt es zwar eine gesetzliche Auslegungsregel, die besagt, dass die Kinder des vorverstorbenen Kindes an dessen Stelle treten. Allerdings erstreckt sich nach der neuen Rechtsprechung des Bundesgerichtshofs die Bindungswirkung, die für die Einsetzung der Kinder gilt, nicht auf die Enkelkinder als Ersatzerben. Die Ehepartner sollten daher unbedingt eine *ausdrückliche Ersatzerbenregelung* treffen, die meistens – entsprechend der gesetzlichen Auslegungsregel – so zu gestalten ist, dass an die Stelle des vorverstorbenen Kindes in erster Linie dessen Kinder (Enkelkinder des Erblassers) treten und, sofern das Kind kinderlos verstorben ist, dessen Erbteil den übrigen Kindern (Geschwistern des vorverstorbenen Kindes) zufällt. Noch sinnvoller könnte es u. U. sein, die Enkelkinder für den Fall, dass ein Kind vorverstorben sein sollte, nicht zu Ersatzerben zu bestimmen, sondern sie stattdessen mit einem *Vermächtnis* zu bedenken, das sich in seiner Höhe am *Wert* ihrer Erbquote orientiert. Denn es könnte zu einer Verzettelung oder gar zu Unfrieden führen, wenn Onkel und Tanten in einer Erbengemeinschaft mit Nichten und Neffen leben.

3. Vererbung des Immobilienvermögens an die Kinder

Bestimmt man – wie in den meisten Fällen –, dass die Kinder zu gleichen Teilen als Schlusserben berufen sein sollen, dann steht man mitunter vor der etwas schwierigen Frage, wie, wenn Immobilienvermögen zum Nachlass gehört, dieses unter den Kindern zu

Ehegattentestament

verteilen ist und wie eine Ausgleichszahlung an diejenigen Kinder zu erfolgen hat, die entweder *kein* Immobilienvermögen oder Immobilienvermögen von *geringerem* Wert erhalten.

Man könnte eine sogenannte *Teilungsanordnung* vornehmen, in der man bestimmt, in welcher Weise die Immobilien oder andere Nachlassgegenstände unter den Erben aufzuteilen sind und wie der interne Ausgleich in Form von *Ausgleichszahlungen* zu erfolgen hat. Teilungsanordnungen sind aber problematisch, denn zum Zeitpunkt der Testierung ist es schwer, den Verkehrswert der Immobilie, bezogen auf den Zeitpunkt des Schlusserbfalls, zu bestimmen. Und der Wert des Geldes, das man als Ausgleichsgeld vorsieht, ist noch weniger zu bestimmen. Die Kinder, die erbrechtlich gleich behandelt werden sollten, können über die Frage der Gleichbehandlung möglicherweise in Streit miteinander geraten.

Besonders dann, wenn mehrere Immobilien zum Nachlass gehören, die man unter den Kindern als Schlusserben testamentarisch aufteilen möchte, empfiehlt es sich, es zwar beim Grundsatz zu belassen, wonach die Kinder zu gleichen Teilen erben, dann jedoch im Wege eines sogenannten *Vorausvermächtnisses* zu verfügen, wer im Einzelnen welche Immobilie bekommen soll. Zwar mag dann das eine Kind etwas besser bedacht sein als das andere bzw. als die anderen; aber man vermeidet, dass es unter den Kindern später einmal Streit über die Höhe der zu zahlenden Ausgleichsgelder gibt.

Eine Überlegung ganz anderer Art ist folgende: Man hofft, dass die Kinder sich in dieser oder jener Form über die Verteilung des Immobilienvermögens schon irgendwie einigen werden, und wenn nicht, dann ist es eben auch nicht zu ändern. Aus dieser Überlegung heraus überlässt man es den Kindern selbst, wie sie das Immobilienvermögen einmal unter sich aufteilen. Die Kinder haben vielleicht ganz andere Interessen in Bezug auf Immobilien als die Eltern. Wenn sie sich dann untereinander einigen, wer von ihnen beispielsweise das Elternhaus und wer ein zum Nachlass gehörendes Renditehaus übernimmt, dann ist das wahrscheinlich die beste Lösung. Es braucht dann nur noch festgelegt zu werden, wie die Höhe des zu zahlenden Ausgleichsgeldes zu ermitteln ist. Dazu empfiehlt es sich, die testamentarische Anordnung zu treffen, dass ein von einem Testamentsvollstrecker zu bestimmender *vereidigter Sachverständiger* die Verkehrswert- bzw. Ertragswertschätzung vornimmt. Auf der Basis dieses Gutachtens muss dann das Kind, welches Immobilienvermögen übernimmt, die Zahlung des Ausgleichsgeldes an seine Geschwister durchführen. Um einen zusätzlichen Anreiz zur Übernahme von Immobilienvermögen durch die Kinder oder wenigstens durch eines der Kinder zu schaffen, könnte man festlegen, dass der Ausgleichsbetrag nicht auf einmal gezahlt werden muss, sondern beispielsweise in mehreren Jahresraten. Oder man könnte – im Hinblick auf die Schwankungen auf dem Immobilienmarkt – sogar bestimmen, dass sich das zu zahlende Ausgleichsgeld nicht aus dem vollen Verkehrswert bemessen soll, sondern beispielsweise nur aus 70 % des ermittelten Wertes.

Man könnte dann weiter bestimmen, dass, wenn die Kinder sich hinsichtlich der Übernahme von Immobilienvermögen nicht einigen (sei es, weil mehrere von ihnen die Immobilie für sich haben wollen, sei es, weil keines der Kinder Immobilienvermögen übernehmen möchte), der *Testamentsvollstrecker* nach Einholung eines Verkehrswertgutachtens das Immobilienvermögen bestmöglich veräußert und den Veräußerungserlös den Schlusserben zu gleichen Teilen (bzw. zu den festgelegten Erbquoten) zur Verfügung stellt.

4. Verfügungsverbot bei noch „unreifen" Kindern

Gehört zum Nachlass Immobilienvermögen oder z.B. ein wertvoller Anteil an einer Handelsgesellschaft, dann kann es auch empfehlenswert sein, den Kindern ein Teilungsverbot aufzuerlegen, solange sie noch nicht ein bestimmtes Alter (beispielsweise Vollendung des 25. oder 28. Lebensjahres) erreicht haben. Denn bei jungen Leuten, denen plötzlich ein Vermögen zufällt, ohne dass sie die nötige Reife haben, besteht die Gefahr eines allzu leichtfertigen Umgangs mit diesem Vermögen. Auch könnten sie leicht irgendwelchen Beeinflussungen erliegen.

Haben die Ehepartner noch kleinere oder *minderjährige* Kinder, dann bedürfen diese, wenn beide Elternteile (beispielsweise durch einen Unfall) versterben, eines *Vormundes*. Man sollte daher im Ehegattentestament aufnehmen, wer in einem solchen Fall die Vormundschaft (in der Regel ein naher Verwandter) übernehmen soll.

Ehegattentestament

Daneben kann es sich empfehlen, eine *Testamentsvollstreckung* anzuordnen. Der Testamentsvollstrecker als neutrale Person hätte eine mehr *sachbezogene* Funktion und Verpflichtung gegenüber dem Kindesvermögen, während dem Vormund eine Aufgabenstellung im mehr *persönlichen* Bereich zufällt. Die Vermögensverwaltung sollte nicht in den Händen des Vormundes liegen, damit zu keinem Zeitpunkt auch nur der *Anschein* einer Interessenkollision auftritt. Freilich sollten Testamentsvollstrecker und Vormund eng zusammenarbeiten; der Testamentsvollstrecker ist dem Vormund rechenschaftspflichtig.

5. Freistellungsklausel für den längerlebenden Ehepartner

In Anbetracht des großen gegenseitigen Vertrauens, das die Ehepartner einander durch die Errichtung des vorstehend beschriebenen gemeinsamen Testaments ohnehin entgegenbringen, bedeutet es im Grunde nur noch einen kleinen Schritt, wenn sie sich im Testament des Weiteren gegenseitig die Freiheit einräumen, dass es dem *längerlebenden* Partner *einseitig* gestattet sein soll, die für die Kinder vorgesehenen Erbquoten *abzuändern* und sie *anders* zu regeln oder statt der Kinder beispielsweise die *Enkelkinder* als Schlusserben einzusetzen. Denn es könnte der Fall eintreten, dass eines der Kinder sich in einer wirtschaftlichen Situation befindet, die es gerecht erscheinen lässt, dieses Kind *mehr* oder auch *weniger* zu bedenken als die anderen Kinder. Oder es könnte passieren, dass eines oder mehrere Kinder sich ungehörig oder lieblos gegenüber dem längerlebenden Elternteil verhalten, so dass es nur recht und billig wäre, wenn dies wenigstens erbrechtliche Konsequenzen für das Kind hat. Häufig tritt der umgekehrte Fall ein, dass eines der Kinder sich in besonderer Weise des längerlebenden Elternteils *annimmt*, ihn vielleicht zu sich in die Familie holt, ihn dort pflegt usw., während die anderen Kinder dieses Opfer nicht auf sich nehmen wollen oder können. Dem längerlebenden Ehepartner wird es sicherlich eine Genugtuung sein, wenn er dann die Freiheit hat, dieses eine Kind erbrechtlich zu bevorzugen.

In einem ganz eng umgrenzten Rahmen kann der längerlebende Ehepartner die Erbeinsetzung der Kinder sogar einseitig *annullieren*

Ehegattentestament

oder die Quoten *unterschiedlich* gestalten, auch wenn ihm im Testament kein solcher Vorbehalt eingeräumt worden ist: Bei Verschwendung, Überschuldung oder besonders schweren persönlichen Verfehlungen des Kindes.

6. Wiederverheiratung des längerlebenden Ehepartners

Die in der Form des sogenannten *Berliner Testaments* testierenden Ehepartner sollten sich bewusst sein, dass eine Testierung dieser Art auf einem fast unbegrenzten gegenseitigen Vertrauen beruht. Sie sollten wechselseitig in aller Nüchternheit bedenken, dass der längerlebende Ehepartner sich *wiederverheiraten* könnte. Gegen eine Wiederverheiratung als solche ist natürlich nichts zu sagen. Aber: Niemand ist davor gefeit, eine *falsche Partnerwahl* zu treffen. Dann aber ist die Gefahr nicht von der Hand zu weisen, dass das geerbte Vermögen zum *Nachteil der Kinder* aufgezehrt wird. Hier kann es sich empfehlen, eine sogenannte *Wiederverheiratungsklausel* in das Testament aufzunehmen, welche besagt, dass der längerlebende Ehepartner seine Erbenstellung durch die Wiederverheiratung zwar nicht verliert, dass er aber von da ab bei seinen Verfügungen, bezogen auf das vom erstverstorbenen Ehepartner ererbte Vermögen, in bestimmtem Umfang eingeschränkt ist und Verfügungen über das insgesamt vorhandene Vermögen nur noch dann vornehmen darf (sofern nicht die Zustimmung der Schlusserben vorliegt), wenn hierfür eine dringende wirtschaftliche Notwendigkeit besteht. Um entscheiden zu können, ob eine solche Notwendigkeit vorliegt, sollte ein *Testamentsvollstrecker* eingesetzt werden, welcher in Erfüllung des Erblasserwillens insbesondere auch die Interessenlage der Schlusserben im Auge hat. Es sollte angeordnet werden, dass bei der Beantwortung der Frage, ob eine dringende wirtschaftliche Notwendigkeit vorliegt, der längerlebende Ehepartner und der Testamentsvollstrecker übereinstimmender Meinung sein müssen, wobei es ganz selbstverständlich so ist, dass, wenn die Kinder mit der Verfügung einverstanden sind, kein Grund für den Testamentsvollstrecker besteht, seine Zustimmung zu versagen.

Statt dieser Konstruktion der Einsetzung eines Testamentsvollstreckers könnte man die Wiederverheiratungsklausel auch folgendermaßen gestalten: Ab dem Zeitpunkt der Wiederverheiratung bzw. Eingehung einer nichtehelichen Lebensgemeinschaft ist der längerlebende Ehepartner nicht mehr *Voll*erbe bezüglich des vom erstverstorbenen Ehepartner geerbten Vermögens, sondern *Vor*erbe, wohingegen die Kinder *Nach*erben *dieses* Vermögens (das ursprünglich eigene Vermögen des längerlebenden Ehepartners wird bei dieser Konstellation selbstverständlich nicht erfasst!) werden. Dies bedeutet, dass der sich wieder bindende Ehepartner zwar nach wie vor alle *Nutzungen* aus dem vom vorverstorbenen Ehepartner ererbten Vermögen hat, dass ihm ein Eingriff in die *Substanz* des ererbten Vermögens aber verwehrt ist, so dass diese den Kindern erhalten bleibt. Der Nachteil einer solchen Testierung könnte allerdings darin liegen, dass auch derjenige längerlebende Ehepartner, der überhaupt nicht die Absicht hat, sich jemals wieder an einen anderen Partner zu binden, einen Erbschein erhält, in welchem (einschränkend) auf eine „bedingte Nacherbfolge" hingewiesen wird. Auch im Grundbuch würde ein entsprechender Vermerk erscheinen. Zwar hindert ein solcher Vermerk den längerlebenden Ehepartner, solange er ungebunden geblieben ist, nicht, über ein zum Nachlass gehörendes Grundstück nach freiem Belieben zu verfügen; ein potentieller Käufer aber könnte wegen eines solchen Vermerks vor dem Kauf zurückschrecken, weil er befürchtet, dass er nach dem Tode des Verkäufers eines Tages mit irgendwelchen Ansprüchen der ursprünglichen Schlusserben konfrontiert wird.

Außer den vorgenannten beiden Konstruktionen der Einsetzung eines Testamentsvollstreckers oder der Anordnung einer Vor- und Nacherbschaft gibt es durchaus noch erwägenswerte andere Rechtskonstruktionen, beispielsweise die, dass die Kinder bei Wiederverheiratung des längerlebenden Ehepartners ein ihrem gesetzlichen Erbteil entsprechendes *Vermächtnis* erhalten, welches wahlweise bei Erreichung eines bestimmten Lebensalters der Kinder oder beim Tode des längerlebenden Ehepartners ausgezahlt wird.

7. Gemeinsamer Unfalltod

Oftmals wird in Ehegattentestamenten auch die Situation des gleichzeitigen Versterbens geregelt. Die Ehepartner könnten beispielsweise durch einen *gemeinsamen Unfall* ums Leben kommen, bei dem der eine sofort tot ist, der andere einige Stunden später verstirbt. Bei derartigen Situationen ist es wenig sinnvoll, den Ehepartner zum Erben einzusetzen, wenn dieser den anderen nur um wenige Stunden oder Tage überlebt. Ein effektiv gleichzeitiges Versterben kommt selten vor. Versterben Eheleute aber beispielsweise bei einem Unfallereignis und kann nicht mehr festgestellt werden, wer von beiden den anderen überlebt, wird von Gesetzes wegen vermutet, das beide gleichzeitig verstorben sind. Versterben beide Eheleute gleichzeitig, kann keiner den anderen beerben. Es sollte dann für diesen Fall geregelt werden, dass die im Testament bedachten Schlusserben von jedem der Ehegatten als *Ersatzerben* eingesetzt sind. Will man im Testament eine Regelung treffen, wonach der Letztversterbende nicht Erbe sein soll, wenn er den Erstversterbenden aufgrund eines gemeinsamen Unfallereignisses nur kurz überlebt (sog. „Katastrophenklausel"), führt das regelmäßig zum Vorliegen einer Vor- und Nacherbschaft. Der überlebende Ehegatte wird kurzzeitig Vorerbe, die eingesetzten Schlusserben sind zu Nacherben eingesetzt.

8. Steuerliche Auswirkungen

Bei größeren Vermögen, die sich gerade in letzter Zeit durch die zunehmende Werterhöhung von Immobilien bei vielen eingestellt hat, sollte auch die erbschaftssteuerliche Seite bei der Abfassung eines Ehegattentestaments bedacht werden. Denn das typische Berliner Testament führt im Normalfall dazu, dass auf Ableben des erstversterbenden Ehegatten die steuerlichen Freibeträge (→ Erbschaftssteuer) der Kinder nicht ausgenutzt werden. Außerdem kann das Vermögen des Erstversterbenden gleich zweimal besteuert werden, nämlich beim ersten Erbfall, wenn es auf den überlebenden Ehegatten übergeht und beim zweiten Erbfall, wenn es als Teil des Vermögens des Überlebenden an die Kinder weitergegeben wird. Man sollte daher in diesen Fall überlegen, den Kindern schon beim ersten Erbfall etwas zuzuwenden, wobei natürlich das Ziel nicht aus den Augen gelassen werden sollte, den überlebenden Ehegatten hinreichend abzusichern. Es ist in diesen Fällen eine Abwägung, ob man einerseits ganz auf die Bedürfnisse der Ehegatten füreinander achtet oder ob man andererseits eine steueroptimierte Lösung anstrebt.

III. Andere Modelle

Neben dem „Berliner Testament", der häufigsten Form eines Ehegattentestaments, können die Ehepartner natürlich auch in ganz anderer Weise testieren. Auch für das Ehegattentestament gilt das Prinzip der *Testierfreiheit*. Wenn die Ehepartner meinen, den Längerlebenden von ihnen nicht so absichern zu müssen, dass er über das vom erstverstorbenen Ehepartner ererbte Vermögen frei verfügen kann (die Absicherung kann entbehrlich sein, wenn der Ehepartner über beträchtliches Eigenvermögen verfügt oder entsprechend hoch durch Lebensversicherungen abgesichert ist), so können sie sich statt zu gegenseitigen *Vollerben* auch lediglich zu gegenseitigen *Vorerben*, die Kinder aber zu *Nacherben* einsetzen. Auch in einem solchen Fall käme der längerlebende Ehepartner in den faktischen Besitz der Erbschaft; die *Substanz* des Vermögens könnte er aber nicht angreifen.

Nicht selten ist auch folgender Fall: Der Ehemann hat noch Kinder aus einer oder mehreren früheren Verbindungen, ohne dass zwischen diesen Kindern und seiner Ehefrau ein näherer Kontakt besteht. Verständlicherweise legt die Ehefrau Wert darauf, dass, falls sie als Erste sterben sollte, diese Kinder nichts aus *ihrer* Erbschaft erhalten. Das wäre jedoch dann der Fall, wenn die Ehepartner sich gegenseitig zu Erben eingesetzt hätten und die Ehefrau zuerst verstürbe. Denn nach dem Tode des längerlebenden Ehemanns könnten dann dessen Kinder Pflichtteilsansprüche geltend machen, bei deren Berechnung auch das Vermögen zugrunde gelegt würde, das der Mann von seiner zuvor verstorbenen Frau geerbt hatte. In solchen Fällen kann man im Ehegattentestament so testieren, dass zwar der Mann seine Frau als Erbin einsetzt, umgekehrt aber die Frau nicht ihren Mann, sondern andere nahestehende Angehörige, also in erster Linie wohl gemeinsame Kinder, wenn solche aus der Ehe hervorgegangen sein sollten. Dem Mann wird sie einen *Nieß-*

brauch an dem von ihr vererbten Vermögen einräumen. Der Mann wäre dann auf jeden Fall insoweit versorgt, als er das volle, uneingeschränkte Wohnrecht am Hause behielte, ihm auch die Mieten aus dem im Eigentum der Ehefrau gestandenen Mehrfamilienhaus zuflössen usw. Der Mann hätte aber kein von der Frau ererbtes *Eigentum*, so dass seine Kinder aus erster Ehe oder nichteheliche Kinder bei seinem Tode keine Pflichtteilsansprüche durchsetzen könnten, die auch den Wert des von der Ehefrau hinterlassenen Vermögens einschlössen. Dasselbe Ergebnis ließe sich erreichen, wenn die Ehefrau ihren Mann zum *Vorerben* – zweckmäßigerweise zum *befreiten* Vorerben – einsetzt und die gemeinsamen Kinder zu *Nacherben* bestimmt.

IV. Bindungswirkung im Hinblick auf die sogenannte Wechselbezüglichkeit

1. Möglichkeit der gemeinsamen Abänderung

Ist ein Ehegattentestament errichtet, dann kann es selbstverständlich von *beiden* Ehepartnern *gemeinsam* jederzeit ergänzt, geändert oder wieder aufgehoben werden. Es ist sogar empfehlenswert, dass die Ehepartner ihr Testament von Zeit zu Zeit daraufhin überprüfen, ob es noch dem aktuellen Stand ihrer Intentionen entspricht. Auch eine Änderung der gesetzlichen Vorschriften, wie beispielsweise durch das Nichtehelichenrecht oder Adoptionsrecht, kann eine Überprüfung notwendig machen. Mehrfache Änderungen allerdings können das Testament unklar und widersprüchlich machen. Da empfiehlt es sich, das Testament insgesamt neu zu fassen und die früheren Testamente zu vernichten.

2. Abänderung zu Lebzeiten des anderen Ehepartners?

Ein Ehepartner *allein* kann eine Änderung des gemeinsam errichteten Ehegattentestaments nicht mehr ohne Weiteres vornehmen – jedenfalls insoweit nicht, als es sich um Verfügungen handelt, die im Verhältnis der sogenannten „*Wechselbezüglichkeit*" zu Verfügungen des anderen stehen. Wechselbezüglichkeit bedeutet: Die in einem Ehegattentestament getroffenen Verfügungen sind derart miteinander verknüpft, dass sie sich gegenseitig *bedingen*, d. h. dass jeder Ehepartner *seine* Verfügung im Hinblick auf die Verfügung des *anderen* Ehepartners getroffen hat.

Beispiel: Die Eheleute haben sich gegenseitig zu Alleinerben eingesetzt und ihre beiden gemeinsamen Kinder als Schlusserben zu gleichen Teilen bestimmt. Wegen der Wechselbezüglichkeit kann nun nicht etwa einer der beiden Ehepartner einseitig seine Verfügung ändern (sei es noch zu Lebzeiten des anderen Ehepartners oder sei es nach dessen Tod) und unterschiedliche Erbquoten für die Kinder festlegen oder statt der beiden Kinder andere Personen zu Schlusserben bestimmen.

In einem Ehegattentestament werden naturgemäß nur ganz wenige der gemeinsam getroffenen Regelungen von der Wechselbezüglichkeit ausgenommen sein; es sind diejenigen Regelungen, die nicht den eigentlichen „Kern" des Ehegattentestaments betreffen. Uns ist in der Praxis auch noch kein Fall begegnet, dass ein Ehepartner hinter dem Rücken des anderen eine einseitige Testamentsänderung vorgenommen und nach dem Tod des anderen die Meinung vertreten hätte, zu der Änderung sei er berechtigt gewesen, weil das, was er geändert hat, nicht von der Wechselbezüglichkeit erfasst gewesen sei. Warum, so würde man fragen, hat er die beabsichtigte Änderung dann nicht mit seinem Ehepartner besprochen? Allenfalls wäre daran zu denken, dass er geltend macht, ein Gespräch mit dem anderen sei wegen dessen geistigen Zustandes auch hinsichtlich des relativ unwichtigen Punktes im Testament, den er einseitig im Hinblick auf die fehlende Wechselbezüglichkeit geändert hat, nicht mehr möglich gewesen. In der Praxis jedenfalls taucht die Frage, ob eine einseitige Änderung mangels Wechselbezüglichkeit möglich ist, in der Regel erst nach dem Tode des anderen Ehepartners auf.

Kurzum: Hinsichtlich der *wechselbezüglichen* Verfügungen könnte eine Änderung nur nach einem vorherigen Widerruf in Form einer *notariellen Erklärung* erfolgen, die dem anderen Ehepartner zugehen muss. Dies hätte dann zur Folge, dass damit automatisch auch die Verfügungen des anderen Ehepartners unwirksam würden. Es ist somit ausgeschlossen, dass einer der Ehepartner heimlich und

Ehegattentestament

hinter dem Rücken des anderen ein Testament errichtet, das von den im Ehegattentestament *gemeinsam* getroffenen Verfügungen abweicht. Ebenso wenig kann ein Ehegattentestament dadurch unwirksam gemacht werden, dass es von einem der Ehepartner heimlich vernichtet oder etwa im Zorn vor den Augen des anderen zerrissen wird.

In diesem Zusammenhang folgendes Beispiel aus unserer anwaltlichen Praxis:

Ein Ehepaar hatte vor längerer Zeit ein Ehegattentestament errichtet, in welchem sich die Partner gegenseitig zu Alleinerben, die gemeinsamen Kinder zu Schlusserben nach dem Tode des Längerlebenden von ihnen eingesetzt haben. Die Kinder aus der ersten Ehe des Mannes sollten nur den Pflichtteil bekommen. Dieses Ehegattentestament wird im Schließfach der Bank aufbewahrt. Nach einem Ehestreit geht der Mann an das Schließfach, entnimmt das Testament und vernichtet es. Die Ehefrau ahnt von diesem Vorgang nichts. Bald darauf verstirbt der Mann. Als die Ehefrau das Ehegattentestament aus dem Bankschließfach holen will, findet sie darin nur eine einsame Büroklammer vor. Nunmehr treten die Kinder aus der ersten Ehe des Mannes auf den Plan. Sie behaupten, ein Ehegattentestament sei nicht errichtet worden, und wenn ein solches jemals errichtet worden sein sollte, dann sei es von den Eheleuten gemeinsam widerrufen worden, indem sie es vernichtet hätten, weil sie ein anders lautendes Testament errichten wollten, wozu es dann aufgrund des plötzlichen Todes ihres Vaters nicht mehr gekommen sei. Folglich sei die gesetzliche Erbfolge eingetreten, was bedeutet, dass sie, die Kinder aus der ersten Ehe ihres Vaters, ebenso Erben geworden seien wie die Kinder aus dessen zweiter Ehe und die zweite Ehefrau. Es stellt sich die Frage, ob die Kinder aus erster Ehe mit ihrer Argumentation durchdringen und die Ehefrau das Nachsehen hat. Um das Ergebnis vorwegzunehmen: Sie dringen *nicht* durch. Vielmehr bleibt es dabei, wie es die Eheleute in ihrem gemeinschaftlich verfassten Testament bestimmt hatten, demzufolge der Längerlebende von ihnen der alleinige Erbe des anderen ist. Der Ehemann konnte dieses Testament nicht einseitig widerrufen, indem er die Testamentsurkunde heimlich und ohne Zustimmung seiner Ehefrau vernichtete. Zunächst zwar ist die Ehefrau in einer misslichen Situation, weil sie die Testamentsurkunde nicht präsentieren kann, denn die hatte ihr Mann vernichtet. Was sie aber präsentieren kann, ist eine *Kopie* jenes Testaments. Damit ist der Beweis erbracht, dass ein gemeinschaftliches Ehegattentestament besagten Inhalts einmal errichtet worden war. Die Kinder aus erster Ehe müssten nunmehr beweisen, dass das Testament mit dem übereinstimmenden Willen beider Eheleute widerrufen wurde. Da dieser Beweis nicht geführt werden kann, kann die verwitwete Ehefrau ihre Alleinerbschaft durchsetzen.

3. Verstärkte Bindung nach dem Tod eines Ehepartners

Mit dem Tode des erstversterbenden Ehepartners erlischt das Änderungs- oder Widerrufsrecht des längerlebenden Ehepartners –, wenn man von den wenigen Ausnahmen absieht, in denen eine bestimmte Verfügung von der Wechselbezüglichkeit ausgenommen ist. Bedeutsamstes Beispiel: Es gibt Fälle, in denen ein Ehepartner einseitig sogar einen *anderen* als den im Ehegattentestament vorgesehenen *Schlusserben* bestimmen kann, weil man annimmt, dass die gemeinsam vorgesehene Schlusserbfolge nicht unter die Wechselbezüglichkeit der getroffenen Verfügungen fällt. Dies wird dann angenommen, wenn zwischen dem Erstverstorbenen und dem Schlusserben keine Verwandtschaft und auch kein Verhältnis bestand, das man als „nahestehend" bezeichnen kann.

Weiteres Beispiel: U. U. ist es möglich, dass der längerlebende Ehepartner noch einseitig eine *Teilungsanordnung* trifft, mit welcher einem der Schlusserben – freilich ohne Benachteiligung des anderen Schlusserben – ein bestimmter Vermögensgegenstand zugewendet wird.

Grundsätzlich aber tritt mit dem Tod des erstversterbenden Ehepartners eine absolute *Bindung* des längerlebenden Ehepartners an die Bestimmungen des Ehegattentestaments ein. Diese Konsequenz ergibt sich daraus, dass man von der Vorstellung ausgeht, dass jeder der Ehepartner seine testamentarische Verfügung im Vertrauen auf den Bestand der testamentarischen Verfügung des anderen getroffen hat. Denn: Mit dem Tode des einen Ehepartners entfällt dessen Möglichkeit, an einer Testamentsänderung mitzuwirken, so dass der Längerlebende ebenfalls keine Möglichkeit haben soll, im Rahmen der Wechselbezüglichkeit irgendwelche Änderungen vorzunehmen.

a) Beseitigen der Bindungswirkung durch Ausschlagen der Erbschaft

Die Bindungswirkung könnte der längerlebende Ehepartner nur auf eine einzige Weise beseitigen: Er müsste die Erbschaft ausschlagen. Schlägt er sie aus, treten die nach der gesetzlichen Erbfolge nächstberufenen Erben an seine Stelle, beispielsweise die Kinder. Es ist also nicht etwa so, dass, wenn der in einem Ehegattentestament eingesetzte längerlebende Ehepartner die Erbschaft ausschlägt, eine Situation eintritt, als sei das Ehegattentestament insgesamt gegenstandslos mit der Folge, dass dann vom Eintritt der gesetzlichen Erbfolge auszugehen und der längerlebende Ehepartner nach erfolgter Ausschlagung der *testamentarischen* Erbschaft nunmehr als *gesetzlicher* Erbe einzustufen wäre. Was er mit der Ausschlagung erreicht hat, beschränkt sich darauf, dass er nicht mehr an das Ehegattentestament gebunden ist, sondern seinerseits frei testieren kann.

b) Die Anwartschaft der Schlusserben

Daneben ist aber auch noch eine Bindungswirkung ganz anderer Art zu beachten, welcher der längerlebende Ehepartner in engen Grenzen gegenüber den *Schlusserben* (in der Regel also gegenüber den zu Schlusserben eingesetzten Kindern) jedenfalls dann unterliegt, wenn ihm im Ehegattentestament nicht ausdrücklich die Freiheit eingeräumt ist, dass er die Schlusserbenbestimmung noch einseitig abändern kann: In analoger Anwendung der Regeln beim → *Erbvertrag* hat die Rechtsprechung den Grundsatz entwickelt, dass (ebenso wie der Vertragspartner und Begünstigte eines Erbvertrags) nach dem Tod des einen Ehepartners auch der in einem Ehegattentestament eingesetzte Schlusserbe eine *Anwartschaft* auf die (spätere) Erbschaft erhält, die der Anwartschaft des Vertragspartners und Begünstigten eines Erbvertrags vergleichbar ist. Dies bedeutet: *Schenkungen*, die der längerlebende Ehepartner in der Absicht vornimmt, die Anwartschaft des durch das Ehegattentestament begünstigten Schlusserben zu beeinträchtigen oder gar zu vereiteln, geben dem Schlusserben das Recht, bei Eintritt des Schlusserbfalls die Schenkung von dem Beschenkten herauszuverlangen, soweit dieser die Schenkung nicht seinerseits gutgläubig verbraucht hat.

(Merke an dieser Stelle: Nur wirkliche *Schenkungen* sind es, denen die Bindungswirkung entgegenstehen kann, nicht der *Verbrauch* der Erbschaft durch den längerlebenden Ehepartner in seiner Eigenschaft als Vollerbe. Der längerlebende Ehepartner ist also durchaus berechtigt, das geerbte Vermögen ebenso wie sein originär eigenes Vermögen zu Lebzeiten zu verbrauchen, so dass bei seinem Tod der Schlusserbe leer ausginge. Beim Stichwort „Erbvertrag" haben wir dazu ein anschauliches Fallbeispiel angeführt.)

Auch dann, wenn der längerlebende Ehepartner eine Schenkung vornimmt, wird eine *Beeinträchtigungsabsicht* dann nicht angenommen, wenn mit der Schenkung ein sogenanntes „*lebzeitiges Eigeninteresse*" verfolgt wird. Vom Vorliegen eines Eigeninteresses wird man beispielsweise dann ausgehen können, wenn der längerlebende Ehepartner sein Vermögen einer Person überträgt, von der er sich Pflegeleistungen erhofft, oder wenn er über sein Vermögen oder Teile seines Vermögens beispielsweise zugunsten eines Blindenheims verfügt, weil die Sehkraft seiner Augen nachlässt und er davon ausgeht, dass er demnächst um Aufnahme in diesem Blindenheim nachsuchen muss.

Eine Beeinträchtigungsabsicht ist auch immer dann zu verneinen, wenn es sich um sogenannte „Anstandsschenkungen" handelt. Anstandsschenkungen sind – bezogen auf das Gesamtvermögen – Schenkungen kleineren Wertumfangs, bei denen der längerlebende Ehepartner sich moralisch verpflichtet fühlt (und objektiv sich moralisch verpflichtet fühlen darf), einer Person etwas zu schenken, die sich seiner in besonderer Weise angenommen hat oder der er sich in anderer Weise verpflichtet fühlt. Beispiel: Die Witwe, die durch ein Ehegattentestament an die Schlusserbfolge gebunden ist, schenkt einer Bekannten oder Freundin ein Schmuckstück aus ihrer Schmuckschatulle als Dank dafür, dass diese Person laufend Besorgungen für sie erledigt oder ihr als Gesellschafterin zur Seite steht, mit ihr Spazierfahrten unternimmt und dergleichen. Oder sie schenkt beispielsweise einem Patenkind oder der Tochter eines Patenkindes zur Kommunion oder Konfirmation einen Armreif.

Ehegattentestament

Andererseits: Die Bindungswirkung, welcher der längerlebende Ehepartner unterliegt, wird von der Rechtsprechung absolut extensiv interpretiert: Soweit sich aus dem Ehegattentestament keine abweichenden Umstände ergeben, insbesondere kein anders lautender Wille des erstverstorbenen Ehepartners festgestellt wird, kann, wenn eine Schlusserbenregelung zugunsten gemeinsamer Kinder getroffen wurde („Berliner Testament"), der längerlebende Ehepartner nicht einmal über solche Gegenstände frei verfügen, die erst *nach* der Errichtung des Ehegattentestaments in sein Eigentum gelangt sind. Hierunter fallen sogar solche Gegenstände, an die zum Zeitpunkt der Testamentserrichtung noch gar nicht gedacht werden konnte, beispielsweise ein Lottogewinn oder eine Erbschaft, die dem längerlebenden Ehepartner lange Zeit nach dem Tod des erstverstorbenen Partners zugefallen ist. Die Bindungswirkung an das alte Ehegattentestament geht sogar so weit, dass der längerlebende Ehepartner, der später eine neue Ehe eingeht, über sein nach der Wiederverheiratung mit Hilfe seines neuen Ehepartners erworbenes Vermögen nicht zugunsten des neuen Ehepartners oder zugunsten der aus der neuen Ehe hervorgegangenen Kinder testieren kann. Mit anderen Worten: Wenn er mit seinem früheren, inzwischen verstorbenen Ehepartner ein gemeinschaftliches Testament errichtet hatte, welches vorsieht, dass die aus dieser Ehe hervorgegangenen Kinder Schlusserben des längerlebenden Ehepartners werden sollen, dann haben diese Kinder eine Anwartschaft auch auf dasjenige Vermögen, welches der längerlebende Ehepartner erst später erwirbt. Liegt ein Ehegattentestament mit einer Schlusserbenregelung vor, dann kann der neue Ehepartner also nicht Erbe desjenigen werden, den er geheiratet hat, denn dessen Erbe fällt aufgrund der eingetretenen Bindungswirkung an die in dem früheren Testament vorgesehenen Schlusserben. Der neue Ehepartner wäre somit gut beraten, wenn er sich vor Eingehung der Ehe erkundigt, ob derjenige, den er heiratet, überhaupt frei testieren kann, andernfalls sich für ihn beim Tod seines Partners ein böses Erwachen einstellen könnte.

Es geht sogar noch weiter, was wiederum an einem Beispiel erläutert werden soll: Ein Witwer, der mit seiner ersten Ehefrau ein Ehegattentestament errichtet hatte, in welchem sich die Eheleute gegenseitig zu Alleinerben und ihre gemeinsamen Kinder zu Schlusserben eingesetzt hatten, heiratet wieder. Aus der zweiten Ehe gehen mehrere Kinder hervor. Nun wird dieser Ehemann zum zweiten Mal Witwer, weil seine zweite Frau tödlich verunglückt. Die zweite Frau hinterlässt ein Vermögen, welches ihr Ehemann erbt. Dieses geerbte Vermögen kann der Ehemann nun nicht an die Kinder aus der zweiten Ehe vererben, sondern seine alleinigen Erben können wegen des in erster Ehe errichteten Testaments mit Schlusserbenregelung immer nur die Kinder aus der ersten Ehe sein.

Liegt ein Ehegattentestament mit einer Schlusserbenregelung zugunsten der erstehelichen Kinder vor, dann kann der neue Ehepartner zwar nicht Erbe desjenigen werden, den er geheiratet hat, denn dessen Erbe fällt aufgrund der eingetretenen Bindungswirkung an die in dem früheren Testament benannten Schlusserben. Ganz leer geht der neue Ehepartner aber doch nicht aus: Allemal hat er einen *Pflichtteilsanspruch*, in der Regel also (jedenfalls beim gesetzlichen Güterstand) einen Anspruch auf ein Achtel des Nachlasswertes. Und zusätzlich kann er die entstandenen *Zugewinnausgleichsansprüche* (→ Zugewinnausgleich im Erbrecht) geltend machen.

c) Anfechtungsmöglichkeit
Außerdem: Der sich wiederverheiratende längerlebende Ehepartner, der durch die Bestimmungen im Ehegattentestament, welches er mit seinem ersten Ehepartner errichtet hat, gebunden ist, könnte das alte Ehegattentestament *anfechten*. Voraussetzung für ein solches Anfechtungsrecht ist allerdings, dass der längerlebende Ehepartner, der sich jetzt wiederverheiraten will, geltend machen kann, bei der Abfassung des alten Ehegattentestaments habe man an die Möglichkeit einer Wiederverheiratung des längerlebenden Ehepartners nicht gedacht. In diesem Zusammenhang kommt daher der bereits behandelten Wiederverheiratungsklausel eine zusätzliche Bedeutung zu: Enthält nämlich das Ehegattentestament eine Regelung für den Fall der Wiederverheiratung, dann ist eine Anfechtung ausgeschlossen. Aus dem alten Testament ergibt sich dann nämlich zwingend, dass es nach dem Willen der damals Testierenden auch dann gelten soll, wenn der Längerlebende sich erneut verheiratet.

Konnte die Anfechtung wirksam erfolgen, unterliegt der sich wiederverheiratende längerlebende Ehepartner nicht mehr den Bindungswirkungen des alten Testaments, er ist in der Testierung nunmehr frei. Die Anfechtung kann allerdings nur innerhalb einer Frist von einem Jahr ab Eheschließung mit dem neuen Partner erfolgen. Versäumt er diese Frist – wer denkt als Jungvermählter schon an den Lauf von Fristen! –, ist die Bindung an das frühere Ehegattentestament endgültig eingetreten.

Die Anfechtung hätte zur Folge, dass der Wiederverheiratete so behandelt wird, als würde kein Ehegattentestament aus seiner vorangegangenen Ehe existieren. Er wäre also auch nicht Alleinerbe seines erstverstorbenen Ehepartners geworden, sondern es wäre die gesetzliche Erbfolge eingetreten. Der Betreffende kann also nicht einerseits seine eigene testamentarische Verfügung anfechten, andererseits aber den Nachlass seines verstorbenen Ehepartners behalten. Die Anfechtung läuft vielmehr immer darauf hinaus, dass das *gesamte* Ehegattentestament aus der Welt geschafft ist.

Anfechtungsberechtigt im Falle einer Wiederverheiratung wäre nicht nur der Ehepartner, der seinen ersten Ehepartner überlebt hat und dann wieder heiratet. Auch der *neue Ehepartner* könnte in seiner Eigenschaft als nunmehr neu hinzugekommener Pflichtteilsberechtigter das alte Ehegattentestament des anderen anfechten, wobei die Folgen der Anfechtung dieselben wären wie die Folgen einer Anfechtung des *Ehepartners*, der sein altes Ehegattentestament anficht. Aber: *Ausüben* könnte der neue Ehepartner sein Anfechtungsrecht erst dann, wenn der andere *verstorben* ist. Das Anfechtungsrecht des neuen Ehepartners setzt also voraus, dass er den anderen überlebt hat. Es kommt für ihn aber noch eine zweite Hürde hinzu: Geltend machen könnte er sein Anfechtungsrecht nur dann, wenn zum Zeitpunkt des Todes des anderen dessen Anfechtungsrecht noch nicht erloschen war. Da dessen Anfechtungsrecht nach einem Jahr ab Eheschließung erlischt, kann der neue Ehepartner das Anfechtungsrecht also nur ausüben, wenn der andere innerhalb des ersten Jahres der neuen Ehe verstorben ist.

V. Unwirksamkeit bei Ehescheidung

Das Ehegattentestament steht und fällt mit dem Bestand der Ehe. Es wird automatisch unwirksam, sobald die Ehe *geschieden* ist oder – sofern die *Voraussetzungen* für eine Ehescheidung *vorliegen* – entweder der Erblasser den *Scheidungsantrag* gestellt oder er dem vom anderen Partner gestellten Scheidungsantrag *zugestimmt* hat. Nur *ausnahmsweise* bleibt ein Ehegattentestament auch im Falle einer Scheidung bzw. bei formal berechtigter Stellung eines Scheidungsantrags ganz oder teilweise wirksam, und zwar dann, wenn im konkreten Fall davon auszugehen ist, dass das Scheitern der Ehe auf das Ehegattentestament insgesamt oder auf bestimmte Verfügungen in diesem Testament (beispielsweise Begünstigung der Kinder) *keinen Einfluss* haben soll. Man wird, um das herauszufinden, den *Willen* der Testierenden zum Zeitpunkt der Testamentserrichtung erforschen müssen, etwa durch Zeugenbefragung. Das Vorliegen eines solchen Ausnahmefalls müsste jedenfalls von dem Ehepartner, der sich darauf beruft, bewiesen werden.

Ehescheidung und Erbfall

In Deutschland wird derzeit rund ein Drittel aller Ehen geschieden. Die Scheidungsquote stieg bis etwa zum Jahr 2005 kontinuierlich an und ist seitdem, ebenfalls kontinuierlich, leicht rückläufig. Die durchschnittliche Ehedauer beträgt knapp 15 Jahre. Ein gewisser „Trend" geht dahin, dass auch viele Menschen, die schon seit zwei oder drei Jahrzehnten miteinander verheiratet sind, sich aus dem Eheverbund lösen. Nicht immer werden bei der Durchführung des Scheidungsverfahrens auch die *erbrechtlichen Konsequenzen* mitbedacht.

Dem Ehepartner steht ein besonderes *gesetzliches* Erbrecht zu. Gesetzlicher Erbe wird der Ehepartner grundsätzlich nur, wenn er zum Zeitpunkt des Erbfalls noch mit dem Erblasser verheiratet war. Aber auch dann, wenn die Ehe zum Zeitpunkt des Erbfalls noch nicht geschieden ist, greift das gesetzliche Erbrecht dann *nicht* ein, wenn zum Zeitpunkt des Erbfalls die Scheidungsvoraussetzungen vorlagen und der Erblasser die Scheidung rechtswirksam *beantragt* hatte oder wenn umgekehrt der andere Ehepartner den Scheidungsantrag gestellt und der Erblasser dem *zugestimmt* hatte.

Hatte der Erblasser seinen Ehepartner durch ein Testament bedacht, wird das Testament bezüglich der Begünstigung des Ehepartners *im Zweifel* unwirksam, wenn die vorerwähnten Voraussetzungen des Ausschlusses von der gesetzlichen Erbfolge vorliegen. Das Testament wird aber nicht hinsichtlich der anderen darin getroffenen Verfügungen, beispielsweise Begünstigung der Kinder, unwirksam. Hat aber der Ehemann in einem Testament vorgesehen, dass er seine Ehefrau und seine Kinder zu seinen Erben einsetzt, wird im Zweifel nur die Verfügung zugunsten der Ehefrau unwirksam, nicht jedoch die zugunsten der gemeinsamen Kinder.

Anders verhält es sich, wenn die Ehepartner ein →Ehegattentestament errichtet hatten, in welchem sie sich zu gegenseitigen Erben und die gemeinsamen Kinder als Schlusserben nach dem Tode des Längerlebenden von ihnen eingesetzt hatten. Bei einem Ehegattentestament wird im Zweifel das *ganze* Testament unwirksam, wenn die vorerwähnten Voraussetzungen des Ausschlusses von der gesetzlichen Erbfolge vorliegen. Unwirksam werden also auch die zugunsten der gemeinsamen Kinder getroffenen Verfügungen – es sei denn, man kann von einem sogenannten „Aufrechterhaltungswillen" des Erblassers ausgehen, was bedeutet, dass auch bei einem Ehegattentestament die zugunsten des anderen Ehepartners oder die zugunsten der gemeinsamen Kinder getroffenen Verfügungen trotz Vorliegens der vorerwähnten Voraussetzungen bestehen bleiben sollen. Das Vorliegen eines solchen „Aufrechterhaltungswillens" müsste allerdings *nachgewiesen* werden.

Dass im Falle einer Scheidung die im Testament zugunsten des anderen Ehepartners getroffenen Verfügungen nicht mehr gelten sollen, entspricht dem „Normalfall". Ebenso „normal" aber ist es, dass die gemeinschaftlichen Kinder durch die Scheidung nicht in ihrer späteren Erberwartung beeinträchtigt werden sollen. Diese beiden Faktoren lassen sich durch eine einfache Klarstellung (sei es durch rechtzeitige Aufnahme in das ursprüngliche Testament, sei es durch eine testamentarische Neugestaltung) leicht regeln.

In vielen Fällen nun sind die Fronten zwischen den Ehepartnern nach erfolgter Scheidung so sehr verhärtet, die Gemüter so von Bitterkeit erfüllt, dass man wirklich *alle* Möglichkeiten ausschließen will, die den geschiedenen Ehepartner doch noch an der Erbschaft teilhaben lassen könnten. Beispiel: Eine vermögende Ehefrau aus einer Unternehmerdynastie (tatsächlich handelte es sich um eine Gesellschafterin des Gewürzherstellers Ostmann), deren Ehemann sie regelmäßig mit jüngeren Frauen betrog, ließ sich scheiden. Mit der Scheidung verlor der Ehemann auch seinen Geschäftsführerposten in der Gesellschaft. Gemeinsam hatte das Paar eine Tochter. Nach der Scheidung konsultierte die Ehefrau ihren Rechtsanwalt. Sie wollte wissen, ob sie ihr Testament nach der erfolgten Ehescheidung ändern müsse, um eine Teilhabe ihres geschiedenen Mannes am Nachlass auszuschließen. Der Rechtsanwalt gab Entwarnung: Durch die Scheidung sei die Erbeinsetzung des Ehemannes von Gesetzes wegen unwirksam geworden. Und nun passierte Folgendes: Die Ehefrau kam bei einem Autounfall ums Leben. In dem Unfallauto saß auch die Tochter, die kurze Zeit nach der Mutter ihren Verletzungen erlag. Die Tochter war damit für kurze Zeit Erbin der Mutter geworden, anschließend wurde der geschiedene Ehemann alleiniger Erbe der Tochter. Das Gesellschaftsvermögen der Ehefrau fiel damit an den geschiedenen Mann.

Ein solches Ergebnis kann verhindert werden, indem das Kind im Testament zum *Vorerben* (in der Regel zum „befreiten" Vorerben) eingesetzt wird und zu Nacherben entweder die Kinder des Kindes bestimmt werden oder, wenn es solche nicht gibt, beispielsweise Verwandte des Testierenden oder auch eine gemeinnützige Institution.

Im Falle einer Ehescheidung muss auch ein etwa bestehendes Bezugsrecht von *Lebensversicherungen* (→ Lebensversicherung) in die Überlegungen einbezogen werden. Ist das Bezugsrecht in einem Lebensversicherungsvertrag widerruflich, entspricht es häufig dem Willen des Versicherungsnehmers, dass im Falle der Scheidung der geschiedene Ehepartner nicht mehr bezugsberechtigt sein soll. Allein durch die Scheidung ändert sich aber nichts am Bezugsrecht. Allerdings hat der Bundesgerichtshof für diesen Fall eine Rechtsprechung entwickelt, wonach der geschiedene Ehepartner im Zweifel die von der Versicherungsgesellschaft erlangte Versicherungssumme an die Erben auf deren Verlangen herausgeben muss. Der Bundesgerichtshof hat dies damit begründet, dass im Scheitern der Ehe eine sogenannte *Störung der Geschäftsgrundlage* liegt, so dass der bezugsberechtigte geschiedene Ehepartner keinen rechtfertigenden Grund mehr aufweisen kann, die Lebensversicherungssumme auch endgültig zu behalten.

Eingetragene Lebenspartnerschaft
→ Lebenspartnerschaft zwischen Gleichgeschlechtlichen

Eintritt des Erbfalls

Immer wenn ein Mensch stirbt, tritt der sogenannte *Erbfall* ein. Hatte der Verstorbene eine → Verfügung von Todes wegen getroffen, dann erben die darin genannten Personen. Wenn keine Verfügung von Todes wegen getroffen wurde, tritt die → gesetzliche Erbfolge ein. Irgendjemand erbt immer. Lassen sich keine Verwandten feststellen, dann erbt der Staat, genauer gesagt: das Bundesland, in dem der Erblasser zum Zeitpunkt des Erbfalls seinen Wohnsitz hatte.

Die erste rechtlich bedeutsame Frage, die sich beim Eintritt eines Erbfalls stellt, ist also die, ob ein Testament vorhanden ist. Jeder, der ein Testament im Besitz hat, ist verpflichtet, es unverzüglich abzuliefern, nachdem er vom Tod des Erblassers Kenntnis erhalten hat, und zwar bei dem Nachlassgericht, in dessen Bezirk der Erblasser seinen letzten Wohnsitz hatte. (Natürlich kann er es auch bei jedem anderen Nachlassgericht oder auch beim nächsten Bürgermeisteramt abliefern. Das Testament wird dann von dort aus an das zuständige Nachlassgericht weitergeleitet.)

Hatte der Erblasser Versicherungen auf den Todesfall abgeschlossen, müssen die Versicherungsgesellschaften schnellstmöglich benachrichtigt werden. In den Versicherungsverträgen sind oft kurze Benachrichtigungsfristen vorgesehen.

Der Erbe bzw. die Erben werden sich an denjenigen wenden, der – ohne Erbe oder Miterbe zu sein – bestimmte Nachlassgegenstände in Besitz genommen hat, also insbesondere an denjenigen, mit dem der Erblasser zuletzt in häuslicher Gemeinschaft gelebt hat oder an den, der Zutritt zur Wohnung des Erblassers hatte. Diese Personen müssen dem Erben auf sein Verlangen hin Auskunft darüber erteilen, was sie über den Verbleib von Nachlassgegenständen wissen (→ Auskunft über den Nachlass). Der Erbe kann verlangen, dass die Richtigkeit dieser Angaben an Eides statt versichert wird, wenn Grund zu der Annahme besteht, dass die Auskunft nicht richtig oder nicht vollständig ist. Macht der Betreffende falsche oder unvollständige Angaben, dann kann er u. U. nicht nur wegen Betrugs, sondern gegebenenfalls auch wegen eines Eidesdelikts belangt werden.

Hatte der Erblasser zur Miete gewohnt, dann endet das Mietverhältnis durch den Tod nicht automatisch, es kann aber sowohl vom Vermieter gegenüber dem Erben als auch von dem Erben gegenüber dem Vermieter im Rahmen der vom Vertrag oder vom Gesetz vorgesehenen Fristen gekündigt werden. Eine Besonderheit besteht für den Fall, dass der Erblasser die Wohnung gemeinsam mit seinem Ehepartner oder Lebenspartner gemietet hatte. Dann nämlich kann der Partner vom Vermieter verlangen, dass das Mietverhältnis mit ihm *allein* fortgesetzt wird. Auch dann, wenn der Erblasser alleiniger Mieter war, aber mit seinem Partner oder anderen Familienangehörigen einen gemeinsamen Hausstand geführt hat, steht dem Vermieter ein Kündigungsrecht nur im Rahmen der allgemeinen Kündigungsschutzvorschriften zu.

Steuerschulden des Erblassers gehen auf die Erben über. Die Steuerschulden können die Erben selbstverständlich als Nachlassverbindlichkeiten absetzen. Dazu zählen sowohl die alten, noch offenen Steuerschulden als auch diejenigen Steuerschulden, die noch nicht festgesetzt, aber noch zu Lebzeiten des Erblassers in dessen entstanden sind. Die Einkommensteuerpflicht des Erblassers endet mit dessen Tod, so dass nur die bis dahin auf das Einkommen des Erblassers entfallenden Steuern festzusetzen sind.

Enterbung

Aus dem Grundsatz der → Testierfreiheit folgt, dass der Erblasser sogar nächste Angehörige übergehen kann, mit anderen Worten: er kann sie *enterben*.

Wer durch eine → Verfügung von Todes wegen (entweder durch ein → Testament oder einen → Erbvertrag) eine → Erbfolge bestimmt, die von der → gesetzlichen Erbfolge abweicht, bewirkt damit automatisch eine Enterbung des oder der (übergangenen) gesetzlichen Erben. Beispiel: Eine verwitwete Mutter hat drei Kinder. Nach der gesetzlichen Erbfolge würden die Kinder beim Tod der Mutter diese zu gleichen Teilen beerben. Setzt nun die Mutter eines ihrer Kinder zum Alleinerben ein, werden damit die beiden anderen Kinder automatisch enterbt, ohne dass es einer diesbezüglichen Erklärung bedarf, denn die Enterbung der übrigen Kinder ist die Folge der Erbeinsetzung des einen Kindes.

Umgekehrt, sozusagen spiegelbildlich, ist es aber auch möglich, in einer Verfügung von Todes wegen ausdrücklich die Enterbung einer bestimmten Person zu bestimmen. Man spricht dann von einem „negativen" Testament. In unserem Fallbeispiel könnte also die Mutter auch verfügen, dass eines ihrer Kinder enterbt werden soll. Es bleibt dann bezüglich der anderen beiden Kinder bei der gesetzlichen Erbfolge; diese werden also Erben zu gleichen Teilen.

Sofern der Enterbte nicht nur zum Personenkreis der gesetzlichen Erben gehört, sondern zugleich pflichtteilsberechtigt (→ Pflichtteil) ist, führt die Enterbung dazu, dass nach Eintritt des Erbfalls der Pflichtteilsanspruch ausgelöst wird. In der Regel wird die Zuwendung des bloßen Pflichtteils als *Enterbung* zu interpretieren sein.

(Siehe auch → Testierfreiheit)

Erbauseinandersetzung
→ Erbengemeinschaft

Erbe

Erbe ist, wer beim Tode einer natürlichen Person (→ Erbfall) Gesamtnachfolger von Rechten und Pflichten des → Erblassers wird. Erbe kann jede *natürliche* Person werden, die zum Zeitpunkt des Erbfalls lebte. Erbe kann auch derjenige sein, der zum Zeitpunkt des Erbfalls bereits gezeugt war („nasciturus"), aber erst nach dem Erbfall lebend zur Welt gekommen ist; er wird so behandelt, als sei er bereits vor dem Erbfall geboren worden. Eine sogenannte *„juristische Person"* – das sind zum Beispiel Aktiengesellschaften, eingetragene Vereine, Stiftungen etc. – kann ebenfalls Erbe werden, aber nur dann, wenn sie zum Zeitpunkt des Erbfalls effektiv *bestanden* hat und nicht auch dann, wenn sie erst im Werden begriffen war. Das gilt auch für eine Gesellschaft bürgerlichen Rechts. Eine Ausnahme davon ist die Stiftung. Der Erblasser kann gleichzeitig mit dem Testament ein Stiftungsgeschäft verfügen. Die Stiftung kann in diesem Fall Erbe werden, obwohl sie im Zeitpunkt des Erbfalles noch gar nicht existent war.

Der Erbe kann entweder *Alleinerbe* oder mit anderen natürlichen oder juristischen Personen Miterbe sein und somit mit diesen eine → *Erbengemeinschaft* bilden. Der Nachlass wird dann bis zur → Auseinandersetzung gemeinschaftliches Vermögen aller Miterben.

Vom „Vollerben" ist der „Vorerbe" zu unterscheiden, der nur für eine bestimmte Zeit Erbe ist und Beschränkungen zugunsten des Nacherben unterliegt (→ Vor- und Nacherbschaft).

Werden Testamente von juristischen Laien errichtet, so bereitet es oftmals Schwierigkeiten, eine *Erbeneigenschaft* eindeutig festzulegen und sie von einem → *Vermächtnis* abzugrenzen. Entscheidend ist nicht die Bezeichnung, sondern der durch → Auslegung zu erforschende Wille des Erblassers. Während der Erbe den Nachlass mit allen Rechten und Pflichten, also auch mit den → *Nachlassverbindlichkeiten*, erwirbt, hat der Vermächtnisnehmer nur einen sogenannten *schuldrechtlichen* Anspruch gegen den Erben auf Herausgabe der ihm zugedachten Gegenstände.

Der Erblasser kann es nicht einem Dritten (auch nicht einem → Testamentsvollstrecker) überlassen, dass dieser bestimmt, wer Erbe, Ersatzerbe (→ Ersatzerbschaft) oder Nacherbe werden soll. Die Auswahl eines *Vermächtnisnehmers* hingegen kann der Erblasser sowohl einem Erben als auch einem Testamentsvollstrecker überlassen – vorausgesetzt freilich, dass er den in Frage kommenden *Kreis* der Vermächtnisnehmer umschrieben hat.

Erbengemeinschaft

Hinterlässt der → Erblasser *mehrere* Erben, entsteht kraft Gesetzes eine Erbengemeinschaft. Der Nachlass wird gemeinschaftliches („gesamthänderisches") Eigentum aller Miterben. Das Ziel dieser Gemeinschaft ist freilich nicht die dauernde gemeinschaftliche Berechtigung am Nachlass, sondern die *Auseinandersetzung*, also die Aufteilung des Nachlasses unter den Miterben gemäß ihren Erbquoten. Die Auseinandersetzung des Nachlasses ist, sofern der Erblasser hierfür nicht klare Bestimmungen (→ Testament) geschaffen oder einen → Testamentsvollstrecker eingesetzt hat, die wohl *heikelste* Angelegenheit im ganzen Erbrecht.

Bevor es zur Auseinandersetzung des Nachlasses kommt, herrscht unter den Miterben ein Rechtszustand, der einige Besonderheiten aufweist. Zunächst einmal muss der Nachlass *gemeinschaftlich verwaltet* werden. Das Beste wäre, wenn sich die Erbengemeinschaft auf einen der Miterben einigen könnte, den sie mit der Verwaltung beauftragt und bevollmächtigt. Aber schon da können die ersten Reibereien und Interessengegensätze auftauchen. (Alles wäre geregelt, wenn der Erblasser testamentarisch einen *Testamentsvollstrecker* bestimmt hätte!) Über jede Maßnahme der „ordnungsgemäßen Verwaltung" muss eigens abgestimmt werden, wenn sich die Erben nicht einigen können. Jeder Erbe hat dabei so viele Stimmen, wie es der Quote seines Erbteils entspricht. Lässt sich keine Stimmenmehrheit erzielen, entsteht ein Dilemma, das nur insofern abgemildert wird, als jeder einzelne Erbe die zur *Erhaltung* des Nachlasses notwendigen *unaufschiebbaren* Maßnahmen allein wirksam für und gegen alle anderen Miterben treffen kann.

Keiner der Miterben kann *vor* der Teilung über seinen Anteil an den einzelnen Nachlassgegenständen verfügen. Verfügungen über einen Nachlassgegenstand sind nur dann wirksam, wenn sie von allen Erben *gemeinschaftlich* getroffen werden. Es gilt das Prinzip der Einstimmigkeit. Jeder Miterbe, und sei seine Erbquote auch noch so klein, kann damit Verfügungen über Nachlassgegenstände verhindern.

In der Regel erweist es sich als nützlich, wenn einer der Erben oder auch ein außenstehender Dritter von der Erbengemeinschaft bevollmächtigt wird, bestimmte Verfügungen über einzelne Nachlassgegenstände zu treffen, doch kann auch eine solche Regelung nicht gegen den Willen eines Miterben erzwungen werden.

Jeder Miterbe kann allerdings vor der Teilung über seinen ganzen *Erbanteil* am Nachlass verfügen; dazu ist eine *notarielle Beurkundung* erforderlich.

Beispiel: Zwei Söhne haben nach dem Tod ihres Vaters zu gleichen Teilen geerbt. Der Nachlass besteht aus einem Bankguthaben von 100.000 €. Der eine Sohn ist verschuldet. Ohne Mitwirkung seines Bruders könnte er in notarieller Form seinen Anteil am Nachlass seinen Gläubigern verpfänden. Hingegen könnte er nicht von der Bank die Auszahlung der Hälfte des Nachlassguthabens an seine Gläubiger verlangen; dies ginge nur mit der Zustimmung seines Bruders.

Verkauft ein Miterbe seinen Anteil an einen Dritten (→ Erbschaftskauf), steht den übrigen Miterben ein *Vorkaufsrecht* zu, welches binnen zwei Monaten ausgeübt werden muss.

Der *Erbteil* eines Miterben unterliegt dem Zugriff seiner Privatgläubiger, hingegen nicht sein Anteil an den einzelnen *Nachlassgegenständen*; diese sind vor der Auseinandersetzung unpfändbar.

Wenn der Erblasser kein → Teilungsverbot bestimmt hat (Teilungsverbote können beispielsweise dann empfehlenswert sein, wenn es sich bei den Erben um junge Leute handelt, denen plötzlich ein erhebliches Vermögen zufällt, ohne dass sie die Reife haben, damit sinnvoll umzugehen – siehe dazu → Ehegattentestament), kann jeder Miterbe grundsätzlich jederzeit die Teilung des Nachlasses verlangen. Die Teilung des Nachlasses erfolgt durch einen Auseinandersetzungsvertrag, der unter den Miterben abgeschlossen wird. Eine vereinfachte Form der Erbauseinandersetzung stellt die → Abschichtung dar. Natürlich ist es erfreulich, wenn die Erben die

Erbengemeinschaft

Aufteilung des Nachlasses *einvernehmlich* regeln können. Letzten Endes muss der Nachlass in irgendeiner Weise sowieso aufgeteilt werden. Gerade durch dieses „Muss" wird oft eine einvernehmliche Teilung gefördert. Kommt eine Einigung nicht zu Stande, muss die Teilung gerichtlich erfolgen. Der *Erbschaftsprozess,* der dann geführt werden muss, stellt immens hohe Anforderungen an den Rechtsanwalt und ist daher auch gefürchtet. Denn dem Gericht muss ein Aufteilungsplan vorgelegt werden, der exakt der Erbsituation entspricht. Unzulässig ist es, mit einer solchen Klage eine Teil-Erbauseinandersetzung herbei zu führen. Beispiel: Der verwitwete Erblasser wird von seinen drei Söhnen beerbt. Im Nachlass befindet sich ein Wertpapierdepot mit einem Wert von 300.000 €, eine Eigentumswohnung, eine Münzsammlung und drei wertvolle Bilder. Die Söhne geraten in Streit, wie der Nachlass zu verteilen ist. Keiner der Miterben könnte jetzt den oder die übrigen Miterben darauf verklagen, dass zunächst einmal das Wertpapierdepot unter den Erben aufgeteilt wird, weil das ja relativ leicht zu bewerkstelligen ist. Er muss vielmehr dafür sorgen, dass der Nachlass „teilungsreif" gemacht wird. Das bedeutet: Zunächst muss die Eigentumswohnung in einer sog. Teilungsversteigerung veräußert werden. Die Bilder und die Münzsammlung müssen ebenfalls im Wege des Pfandverkaufs veräußert werden, bis am Ende nur noch ein teilbarer Wert in Geld verbleibt. Natürlich steht es den Miterben auch hier frei, sich auf jede andere denkbare Verteilung des Nachlasses zu einigen. Nur einen durchsetzbaren Anspruch auf eine solche Lösung gibt es nicht.

Oft lassen sich die Miterben im Zusammenhang mit der Aufteilung des Nachlasses anwaltlich vertreten. Das ist, sofern sich die Miterben nicht untereinander ohne Weiteres einigen können, noch vorteilhaft für sie, denn gerade hier sind die Anwälte berufen, die widerstreitenden Interessen der Erben möglichst auszugleichen und sie einer Lösung zuzuführen, die wenigstens eine Zwangsversteigerung vermeidet. Man „rauft" sich zusammen. Aber befriedigend ist auch dieses Ergebnis nicht. Der bittere Nachgeschmack stellt sich bei den einzelnen Erben der ehemaligen Erbengemeinschaft häufig hinterher ein. Man hat sich letzten Endes zwar außergerichtlich geeinigt, hat es nicht zur Zwangsversteigerung kommen lassen, aber

Erbfall

nur zu oft bleibt das Gefühl, vom anderen übervorteilt worden zu sein, mit dem man nun künftig „nichts mehr zu tun haben will".

Außer dem Idealfall einerseits, dass sich die Erben harmonisch untereinander darüber einigen, was der einzelne Miterbe erhält, und dem weniger angenehmen Weg zu den Rechtsanwälten und Gerichten andererseits, gibt es noch eine *weitere* Möglichkeit, die Erbauseinandersetzung herbeizuführen: Jeder der Miterben kann beim → Nachlassgericht die Durchführung eines *Vermittlungsverfahrens* beantragen. Es handelt sich dabei um ein Verfahren der sogenannten „Freiwilligen Gerichtsbarkeit". Das Nachlassgericht wird dann einen Teilungsplan aufstellen und ihn den Erben zur Annahme empfehlen. Die Autorität des Gerichts, die Erfahrung und die Sachkunde des Nachlassrichters oder des Rechtspflegers, der den Teilungsplan nach objektiven und unparteiischen Kriterien ausgearbeitet hat, können Anlass sein, dass die Erben sich hierauf einigen. Eine Verpflichtung aber besteht nicht. Der Teilungsplan des Nachlassgerichts kann immer nur ein *Vorschlag* sein.

Ist eine Einigung unter den Erben darüber zustande gekommen, wie der Nachlass unter ihnen aufzuteilen ist, dann dürfte auch geklärt worden sein, dass vorher alle *Nachlassverbindlichkeiten* (über deren Höhe und Begleichungspflicht natürlich auch wieder Differenzen auftreten können) ausgeglichen werden müssen (→ Haftung der Erben), und ferner dürfte Einigung darüber erzielt worden sein, welche Vorempfänge sich der einzelne Erbe anrechnen lassen muss (→ Ausgleich von Vorempfängen).

Erbfall
→ Eintritt des Erbfalls

Erbfolge

Die Erbfolge ist eine *Gesamtrechtsnachfolge* des/der Erben in das Vermögen und die Verbindlichkeiten des → Erblassers (sogenannte *„Universalsukzession"*). Nach deutschem Recht kann man grundsätzlich keine einzelnen Vermögens*gegenstände* erben, sondern nur das gesamte Vermögen des Erblassers oder Bruchteile des Vermögens. Sollen beim Tod des Erblassers bestimmte Vermögensgegenstände einer Person zufließen, dann muss das entweder im Wege eines → Vermächtnisses oder im Wege einer → Teilungsanordnung erfolgen. Man kann Erbe und *zusätzlich* Vermächtnisnehmer sein. Ist dies der Fall, spricht man von statt von einem Vermächtnis von einem → *Vorausvermächtnis*, was bedeutet, dass der Erbe außer seiner Erbquote vorweg den Gegenstand für sich beanspruchen kann, der ihm zusätzlich „vermacht" worden ist.

Erblasser

Erblasser kann nur ein Mensch, also eine *natürliche Person* sein, durch dessen Tod die → Erbschaft auf den oder die → Erben übergeht. Ist nichts anderes bestimmt, tritt die → gesetzliche Erbfolge ein. Der Erblasser kann aber durch eine → Verfügung von Todes wegen bestimmen, wer sein Erbe sein soll. Er kann auch jemandem ein → Vermächtnis zuwenden oder einen Verwandten oder den Ehepartner *enterben* (→ Enterbung, → Testierfreiheit).

Eine juristische Person (z. B. ein eingetragener Verein, eine GmbH oder eine Aktiengesellschaft) kann niemals Erblasser sein. Eine juristische Person wird *aufgelöst* oder tritt in *Liquidation*, maßgebend für sie sind nicht die Bestimmungen des Erbrechts, sondern diejenigen des Vereins- und Handelsrechts (→ Gesellschaftsrecht im Erbfall).

Erbrecht in der ehemaligen DDR
→ DDR-Erbrecht

Erbrecht in der eingetragenen Lebenspartnerschaft
→ Lebenspartnerschaft zwischen Gleichgeschlechtlichen

Erbschaft

Erbschaft (Nachlass) ist nicht nur das *Vermögen* des Erblassers. Zur Erbschaft gehören auch die *Schulden* (Nachlassverbindlichkeiten). Sind die Schulden höher als das Vermögen, dann wird der Erbe die Erbschaft in der Regel ausschlagen (→ Annahme und Ausschlagung der Erbschaft). Vererblich sind alle vermögensbezogenen Rechte und Pflichten. Vererbt wird z. B. das Eigentum an einer Sache; vererbt werden Forderungen und Geschäftsanteile; Aktienbezugsrechte, Urheber- und sonstige Schutzrechte ebenso wie Verpflichtungen aus einem Gesellschaftsvertrag (→ Gesellschaftsrecht im Erbfall), auch alte Steuerschulden des Erblassers (→ Eintritt des Erbfalls).

Nicht vererbbar sind *höchstpersönliche* Rechte und Ansprüche (Ausnahme: Schmerzensgeldansprüche), Gehaltsansprüche, Renten und Pensionen, eine Nießbrauchsberechtigung, laufende Unterhaltsansprüche.

Hinsichtlich laufender Unterhaltsansprüche wiederum gibt es eine bedeutsame Ausnahme: Der Unterhalt, der einem geschiedenen Ehepartner geschuldet wird, geht als Unterhaltsverpflichtung auf die Erben des Unterhaltsschuldners über. Folgendes Beispiel: Nehmen wir an, der geschiedene Ehemann sei seiner ehemaligen Frau unterhaltspflichtig und sei es auch geblieben, nachdem er mit einer anderen Frau eine neue Ehe eingegangen ist. In dieser zweiten Ehe haben die Eheleute ein → Ehegattentestament errichtet, in welchem sie sich gegenseitig zu alleinigen Erben eingesetzt haben. Wenn nunmehr der Mann stirbt und von seiner zweiten Frau beerbt wird, geht seine Unterhaltsverpflichtung gegenüber der geschiedenen ersten Ehefrau als Nachlassverbindlichkeit auf die zweite Frau über, was also bedeutet, dass die zweite Ehefrau der ersten unterhaltspflichtig ist. Die Unterhaltspflicht ist aber insoweit beschränkt, als die verwitwete zweite Ehefrau nicht über den Betrag hinaus haftet, der dem *hypothetischen Pflichtteil* entspricht, welcher der ersten Ehefrau zustünde, wenn die Ehe nicht geschieden worden wäre. Sie muss also die laufenden monatlichen Unterhaltszahlungen an die erste Frau fortsetzen, und zwar so lange, bis die erste Frau gestorben oder nicht mehr bedürftig ist. Sie kann die Unterhaltszahlungen aber auch schon zu einem früheren Zeitpunkt einstellen, nämlich dann, wenn der Betrag *aufgebraucht* ist, der dem Pflichtteil der ersten Frau entsprochen hätte.

Nicht zur Erbschaft gehören Ansprüche aus einer Lebensversicherung. Die Lebensversicherung wird an denjenigen gezahlt, der im Versicherungsvertrag als „Bezugsberechtigter" angeführt ist. Eine weit verbreitete – in der Regel irrige – Auffassung geht dahin, dass die Lebensversicherungssumme dann an den Erben fällt, wenn der Erblasser in einer → Verfügung von Todes wegen bestimmt hat, dass die bei seinem Tod zu zahlende Versicherungssumme nicht an den im Versicherungsvertrag bestimmten Bezugsberechtigten, sondern an den Erben fallen soll. Nimmt man nur das Gesetz, dann wäre eine solche Auffassung allerdings sogar richtig. Es müssen in diesem Zusammenhang aber die Allgemeinen Versicherungsbedingungen beachtet werden, die so gut wie ausschließlich und einheitlich bei allen Versicherungsgesellschaften eine vom Gesetz *abweichende* Regelung vorsehen und ein Bestandteil des Versicherungsvertrages sind. Beispiel aus unserer Praxis: Der Erblasser hat eine Lebensversicherung abgeschlossen, in welcher er für den Fall seines Todes bestimmt, dass seine Lebensgefährtin die Versicherungssumme erhalten soll. Später schließt er sich einer religiösen Sekte an, setzt diese testamentarisch zu seiner Universalerbin ein und bestimmt in dem Testament außerdem, dass der Sekte auch die Summe aus der Lebensversicherung zufließen soll. Diese testamentarische Anweisung hat sich als rechtlich irrelevant erwiesen. Nicht die Sekte, sondern die Lebenspartnerin erhält in diesem Fall die Versicherungssumme. Etwas anderes würde nur dann gelten, wenn der Versicherungsnehmer berechtigt wäre, einseitig ohne Benachrichtigung des Versicherers einen anderen Bezugsberechtigten zu benennen. (Siehe dazu näher → Lebensversicherung)

Meistens werden Bezugsberechtigter und Erbe ein und dieselbe Person sein. Nehmen wir an, die Ehefrau ist in dem Versicherungsvertrag als die Bezugsberechtigte aufgeführt, und im Testament ihres Mannes ist sie als dessen alleinige Erbin eingesetzt. Die Frau könnte, nachdem der Ehemann gestorben ist, die Erbschaft ausschlagen (beispielsweise deswegen, weil der Nachlass überschuldet ist), aber dennoch die Summe aus der Lebensversicherung beanspruchen.

Erbschaftskauf

Der Alleinerbe oder die Erbengemeinschaft kann die gesamte Erbschaft verkaufen. Auch ein Miterbe kann seinen Anteil an der Erbschaft verkaufen. Von einem Erbschaftskauf im Rechtssinne spricht man allerdings nur dann, wenn der Nachlass als *Ganzes*, also mit allen zugehörigen Rechten und Pflichten, auf den Käufer übergehen soll. Davon zu unterscheiden ist der Verkauf einzelner oder mehrerer Nachlassgegenstände; insoweit liegt ein gewöhnlicher Verkauf vor, der dem allgemeinen Kaufrecht unterliegt.

Der Erbschaftskauf über den gesamten Nachlass kam in der Praxis lange Zeit kaum vor. Mittlerweile gibt es allerdings gewerblich tätige Erbschaftsaufkäufer. Praktische Bedeutung hat der Erbschaftskauf in der Form des Verkaufs eines *Miterbenanteils*. Die Gründe für einen solchen Verkauf liegen in der Regel darin, dass einer der Miterben aus der Erbengemeinschaft aussteigen will, sei es, um seinen Erbteil rasch zu Geld zu machen, sei es, weil er der – mitunter leidigen – Auseinandersetzung mit den Miterben (→ Auseinandersetzung unter Miterben) entgehen möchte. Verkauft ein Miterbe seinen Anteil an der Erbschaft, so haben die übrigen Miterben freilich ein Vorkaufsrecht, damit verhindert werden kann, dass infolge des Verkaufs plötzlich ganz fremde Personen Mitglieder der Erbengemeinschaft werden.

Der Vertrag über den Erbschaftskauf bedarf stets der *notariellen Beurkundung*, also auch dann, wenn sich im Nachlass *keine* Immobilie befindet. Der Vertrag kann erst geschlossen werden, wenn die Erbschaft *angefallen*, sprich: der Erbfall *eingetreten* ist. Der Verkauf eines *künftigen* Erbrechts ist gesetzlich verboten. Es soll damit verhindert werden, dass mit der bloßen *Aussicht* auf den Nachlass einer noch lebenden Person Geschäfte gemacht werden, was darauf hinausliefe, dass der Tod dieser Person in den Bereich des alsbald Erwarteten oder gar Erhofften gerückt würde.

Erbschaft- und Schenkungsteuer

I. Überblick	81
II. Bewertung	83
III. Steuerbefreiungen	84
1. Unternehmensvermögen	84
2. Grundvermögen	86
a) Unbebaute Grundstücke	86
b) Bebaute Grundstücke	86
c) Familienheim	86
3. Sonstige Steuerbefreiungen	87
IV. Steuerklassen, Steuerfreibeträge, Steuertarif	88

I. Überblick

Die Steuerschulden bereiten dem → Erben oft Sorgen. Befinden sich nicht genügend flüssige Mittel im Nachlass, müssen zur Deckung der Steuerschuld Nachlassgegenstände veräußert oder Grundstücke belastet werden. Der → Erblasser sollte daher, wenn er ein → Testament errichtet, auch darauf bedacht sein, die Steuerschuld möglichst gering zu halten. Man kann die Erbschaftsteuer grundsätzlich nicht dadurch umgehen, dass man zu Lebzeiten sein Vermögen verschenkt. Es entsteht dadurch Schenkungsteuer. Wenn es sich um die Vererbung eines Betriebes, von Firmenbeteiligungen, Handelsgeschäften, Gesellschafterrechten (→ Gesellschaftsrecht im Erbfall) und dergleichen handelt, sollte bei der Testierung der steuerliche Aspekt unter Hinzuziehung eines Steuerfachmannes berücksichtigt werden. Überhaupt ist ein Unternehmer durch die gesetzliche Neuregelung der steuerunschädlichen Betriebsübernahme gehalten, sich rechtzeitig Gedanken über die Generationennachfolge zu machen.

In Deutschland gilt das Erbschaftsteuer- und Schenkungsteuergesetz in der Fassung des Erbschaftsteuerreformgesetzes aus dem Jahre 2016. Ob es längere Zeit Bestand haben wird, kann bezweifelt werden. Seit einer Grundsatzentscheidung des Bundesverfassungsgerichts aus dem Jahre 1995 kam das Erbschaftssteuerrecht nicht mehr zur Ruhe. Besonders problematisch erwies sich in der Vergangenheit die Privilegierung hohen Unternehmensvermögens.

Die jährlich vererbte Vermögensmasse wird derzeit mit etwa 200 Milliarden € geschätzt – Tendenz steigend. Dennoch ist das steuerliche Aufkommen aus der Erbschaftssteuer vergleichsweise gering. Es betrug im Jahre 2018 gerade einmal 6,81 Milliarden Euro, was einem Anteil von 0,87 % an den gesamten Steuereinnahmen entsprach.

Im Hinblick auf die Komplexität der derzeitigen gesetzlichen Regelung muss sich die Darstellung im Rahmen unseres Wörterbuchs zur schnellen Information auf die Grundzüge des Rechts beschränken. In Fällen, in denen ein Steueranfall zu erwarten ist, sollte eine auf den Einzelfall bezogene Beratung stattfinden.

Grundsätzlich unterliegen *alle* Erbfälle der Erbschaftsteuer und alle Schenkungen der Schenkungsteuer. Zu den Schenkungen zählen auch solche Zuwendungen, denen zwar eine Gegenleistung gegenübersteht, bei denen aber der Wert der Zuwendung erheblich über dem Wert der Gegenleistung liegt (sogenannte freigebige Zuwendung). Eine Ausgleichsforderung, die bei Beendigung der ehelichen Zugewinngemeinschaft entsteht und vom ausgleichspflichtigen Ehepartner auch erfüllt wird, stellt jedoch keinen steuerpflichtigen Erwerb dar.

Die Erbschaftsteuer ist eine *Erbanfallsteuer*. Besteuert wird nicht der *Nachlass*, sondern der *Vermögenszuwachs* des Begünstigten. Infolgedessen sind die vom Erben zu begleichenden →Nachlassverbindlichkeiten abzugsfähig, wozu auch die noch offenen Steuerschulden des Erblassers (selbstverständlich aber nicht die Steuerschuld des Erben selbst!) zählen. Zum Kreis der Erbschaftsteuerpflichtigen gehören →Erben, →Vermächtnisnehmer, →Pflichtteilsempfänger und diejenigen Personen, die durch eine →Auflage eine Zuwendung erhalten haben. Auch Leistungen, die ein Bezugsberechtigter aus einer →Lebensversicherung des Erblassers erhält, unterliegen der Erbschaftsteuer. Ebenso ist eine *Abfindung* steuerpflichtig, die ein potentiell Begünstigter erhält. Beispiel: Eine ältere verwitwete Dame verstirbt ohne Hinterlassung irgendwelcher Angehöriger. Sie hatte in einem älteren Testament ihre Bekannten A und B zu Erben eingesetzt. Als sie sich später über B geärgert hat, errichtete sie ein weiteres Testament, in dem nur noch A als Erbe vorgesehen ist. A beantragt beim Nachlassgericht einen Erbschein, der ihn als alleinigen Erben ausweisen soll. Auch B beantragt einen Erbschein, der A und B zu Miterben ausweisen soll mit der Behauptung, das spätere Testament zu Gunsten von A sei nichtig, weil die Erblasserin zu jener Zeit schon testierunfähig gewesen sei. A und B vergleichen den Rechtsstreit. B stellt seine Bedenken gegen die Testierfähigkeit der Erblasserin zurück. A erhält seinen Erbschein und zahlt dafür an B 500.000 €. Dieser Betrag unterliegt der Erbschaftsteuer. Der gleiche Grundsatz gilt bei Schenkungen. Im Schenkungssteuerrecht existiert jedoch eine wenig bekannte Besonderheit: Steuerschuldner bei einer Schenkung ist nicht nur der Beschenkte, sondern auch der Schenker selbst. Kann der Fiskus die Steuerschuld beim Beschenkten nicht erlangen, trägt sie unter Umständen der Schenker. Jeder, der steuerpflichtige Schenkungen beabsichtigt, sollte sich darüber im Klaren sein.

II. Bewertung

Um zu einem in Geld zu entrichtenden Steuerbetrag zu gelangen, müssen die Nachlassgegenstände bzw. die verschenkten Gegenstände in einem Geldbetrag ausgewiesen werden. Besteht der Nachlass oder die Schenkung nicht in einer Geldsumme, ist deshalb die Umrechnung der übergegangenen Gegenstände in einen Geldwert mittels einer Bewertungsmethode erforderlich. Es soll immer der *aktuelle Verkehrswert* der betreffenden Gegenstände ermittelt werden, so dass eine ungleiche Behandlung gegenüber dem Barvermögen ausscheidet. Bei näherem Hinsehen ist dieser Grundsatz aber durchlöchert wie ein Schweizer Käse. Die Bewertung erfolgt nach den Vorschriften des Bewertungsgesetzes aus dem Jahre 1991, in der Fassung des Jahres 2016. Maßgebend für die Bewertung des Vermögenszuwachses ist bei der Erbschaftsteuer der *Todestag* des Erblassers, z.B. also Kontostände, Kurswerte von Aktien und Wertpapieren an diesem Tag; die Banken geben darüber im Bedarfsfall Auskunft. Dem Finanzamt gegenüber sind die Banken sogar zu einer Mitteilung der jeweils vorhandenen Werte verpflichtet.

Erbschaft- und Schenkungsteuer

Für die nachfolgenden Vermögenswerte gibt es Sondervorschriften bei der Bewertung:
- Anteile an börsen- und nicht börsennotierten Kapitalgesellschaften,
- Einzelunternehmen,
- Gewerblich tätige Personengesellschaften,
- land- und forstwirtschaftliches Vermögen,
- unbebaute und bebaute Grundstücke.

III. Steuerbefreiungen

Das Gesetz sieht eine ganze Reihe von Steuerbefreiungen vor. Nachstehend ein Überblick:

1. Unternehmensvermögen

Die Steuerverschonungen im betrieblichen Bereich sind von einer Kompliziertheit, dass sie im Rahmen dieses Buches nicht dargestellt werden können. Grundsätzlich gilt, dass begünstigungsfähig nur land-und forstwirtschaftliches Vermögen, Betriebsvermögen und Anteilsvermögen an Kapitalgesellschaften ist. Begünstigungsfähig ist grundsätzlich nur ein Erwerb bis zur Höhe von 26 Millionen €. Unterschieden wird im Rahmen des begünstigungsfähigen Vermögens zwischen dem tatsächlich *begünstigten Betriebsvermögen* und dem sogenannten *Verwaltungsvermögen*. Eine Steuerbefreiung gibt es nur für das produktive Vermögen, nicht auch für das Verwaltungsvermögen, das zwar zu einem Unternehmen hinzu gehört, betrieblich aber eigentlich nicht notwendig ist. Für das Verwaltungsvermögen wird ein Freibetrag von 10 % des begünstigten Vermögens gewährt. Verwaltungsvermögen sind z.B. Grundstücke, die Dritten zur Nutzung überlassen sind, bestimmte Anteile an Kapitalgesellschaften, bestimmte Beteiligungen an Personen- oder Kapitalgesellschaften, Wertpapiere und vergleichbare Forderungen. Kunstgegenstände und Kunstsammlungen sind ebenfalls Verwaltungsvermögen, wenn der Handel damit nicht der Hauptzweck des Gewerbes ist.

Erbschaft- und Schenkungsteuer

Familienunternehmen können einen Abschlag vom begünstigten Vermögen bis zu 30 % in Anspruch nehmen. Die Begünstigung wird für den Unternehmer nur dann gewährt, wenn dieser gleichzeitig Arbeitsplätze sichert. Das System der Überprüfung sieht hierzu vor, dass zunächst die Ermittlung einer sog. *Ausgangslohnsumme* vorzunehmen ist. Es handelt sich dabei um den in den letzten 5 vor dem Besteuerungszeitpunkt durchschnittlichen Jahresaufwand an Löhnen, Gehältern und sonstigen Bezügen und Vorteilen. In den folgenden 5 Jahren muss die Lohnsumme insgesamt mindestens 400 % der Ausgangslohnsumme betragen. Unterschreitet die Lohnsumme während dieser Zeit diesen Wert, fällt die Verschonung nicht vollständig weg. Der Verschonungsabschlag wird jedoch anteilig reduziert. Beträgt die Ausgangslohnsumme 0, findet eine Lohnsummenkontrolle nicht statt Das gleiche gilt, wenn der übertragene Betrieb nicht mehr als 5 Beschäftigte hat. Bei Betrieben mit mehr als 5 aber nicht mehr als 10 Beschäftigten beträgt die Mindestlohnsumme 250 %, bei Betrieben mit mehr als 10 aber nicht mehr als 15 Beschäftigten beträgt sie 300 %. Die Verschonung beträgt 85 % des begünstigten Vermögens, es werden somit nur 15 % dieses Vermögens versteuert.

Der Erbe oder Übernehmer eines Betriebs kann die Steuerbelastung auch auf Null reduzieren. Voraussetzung dafür ist, dass das begünstigungsfähige Verwaltungsvermögen nicht mehr als 20 % beträgt und er eine entsprechende unwiderrufliche Erklärung gegenüber dem Finanzamt abgibt. Dann allerdings beträgt die Lohnsummenfrist 7 Jahre, die maßgebende Lohnsumme beläuft sich auf 700 % (bei mehr als 5 aber weniger als 10 Beschäftigte 500 %, bei mehr als 10 aber weniger als 15 Beschäftigte 565 %).

Bei Erwerben über 26 Millionen € hat der Erwerber zwei Möglichkeiten, um die Erbschaftssteuer zu reduzieren: Er kann von einem „Abschmelzungsmodell" Gebrauch machen (sog. verringerter Verschonungsabschlag). Der Erwerber kann somit, wie oben dargelegt, auch den Verschonungsabschlag von 85 % bzw. 100 % geltend machen. Allerdings verkleinert sich mit zunehmendem Vermögen dieser Verschonungsabschlag, nämlich jeweils um einen Prozentpunkt für jede vollen 750.000 €, die den Betrag von 26 Millionen € übersteigen. Bei begünstigtem Vermögen von 90 Millionen € wird kein Verschonungsabschlag mehr gewährt. Für dieses Abschmelzungsmodell wird sich ein Erwerber wohl eher dann einlassen, wenn der Erwerb nur geringfügig über 26 Millionen liegt. Alternativ kommt ein *Erlassmodell* zur Anwendung. Der Erwerber muss dann darlegen, dass er die Steuerschuld aus seinem verfügbaren Vermögen nicht bezahlen kann. Zum „verfügbaren Vermögen" in diesem Sinne gehören 50 % des geerbten (oder geschenkten) nicht begünstigten Vermögens und das sonstige Vermögen des Erwerbers, das nicht begünstigtes Vermögen darstellt.

2. Grundvermögen

Steuerbefreiungen und Erleichterungen gibt es auch beim erbrechtlichen oder schenkweisen Erwerb von Grundvermögen.

a) Unbebaute Grundstücke
Unbebaute Grundstücke sind allerdings von allen Steuerbefreiungen ausgenommen.

b) Bebaute Grundstücke
Bei bebauten Grundstücken, die zu Wohnzwecken vermietet werden, erfolgt zumeist ein Bewertungsabschlag von 10 %. Diese Grundstücke dürfen aber nicht zum sogenannten begünstigten Betriebsvermögen oder begünstigten Vermögen eines Betriebs der Land- und Fortwirtschaft gehören. Eine weitere Vergünstigung besteht darin, dass die Steuer vom Finanzamt zinslos gestundet werden kann, soweit sie nur durch Veräußerung der fremdvermieteten Immobilie aufgebracht werden kann.

c) Familienheim
Eine *Schenkungssteuer* fällt nicht an, wenn ein Ehegatte dem anderen Eigentum oder Miteigentum an einem bebauten Grundstück unentgeltlich verschafft. Voraussetzung ist, dass sich in dem übertragenen Gebäude oder Gebäudeanteil eine Wohnung befindet, die zu eigenen Wohnzwecken der Eheleute genutzt wird. Die Wohnung muss die Führung eines selbständigen Haushalts, einschließlich not-

wendiger Nebenräume, ermöglichen und mindestens 23 qm groß sein.

Im *Erbfall* bleibt der Übergang eines Familienheims dann steuerfrei, wenn eine darin befindliche Wohnung durch den Erblasser selbst genutzt wurde (oder der Erblasser aus zwingenden Gründen – z.B. infolge einer Pflegebedürftigkeit – an der Selbstnutzung verhindert war) und die unverzügliche Selbstnutzung durch den nachfolgenden Ehepartner oder eingetragenen Lebenspartner über eine Dauer von zehn Jahren erfolgt. Die Zehn-Jahres-Frist ist auch gewahrt, wenn der Ehepartner oder eingetragene Lebenspartner aus zwingenden Gründen an der Selbstnutzung gehindert ist. Unerheblich ist, ob sich in dem Anwesen noch weitere Wohnungen befinden. Beispiel: Den Eheleuten A und B gehört je zur Hälfte ein 10-Familienhaus im Wert von 3 Millionen €. Die Erdgeschoßwohnung bewohnen sie selbst. A verstirbt und wird von B beerbt. Der hälftige Miteigentumsanteil des A am Objekt bleibt steuerfrei.

Begünstigt ist stets nur *eine* Wohnung. Es kann somit gegenüber dem Finanzamt nicht behauptet werden, Eheleute hätten mehrere Wohnsitze als Familienheim, weil man beispielsweise das Frühjahr und den Sommer in einem Haus auf Sylt verbringe, Herbst und Winter dagegen in einem weiteren Haus im Schwarzwald.

Die Kinder (auch Stiefkinder) und Kinder vorverstorbener Kinder (Enkelkinder) erhalten eine solche Wohnung (ggfs. einschließlich des gesamten Anwesens) steuerfrei, wenn sie unverzüglich von ihnen selbst genutzt wird, ihnen keine Weitergabeverpflichtung auferlegt wird und die Selbstnutzung über zehn Jahre lang dauert. Die Größe der Wohnung darf bei Kindern allerdings eine Wohnfläche von 200 qm nicht übersteigen. Übersteigt die Wohnfläche die 200 qm-Grenze, entfällt die Steuervergünstigung nicht. Der übersteigende Teil ist aber von der Besteuerung nicht befreit.

3. Sonstige Steuerbefreiungen

Für den Erwerb bestimmter Gegenstände sieht das Gesetz ebenfalls Privilegierungen vor: Haushaltsgegenstände sind für Personen der Steuerklasse I bis zum Wert von 41.000 € steuerfrei, andere bewegliche Gegenstände bis zur Höhe von 12.000 € (beispielsweise der

Erbschaft- und Schenkungsteuer

Pkw). Für Personen der Steuerklasse II und III sind Haushaltsgegenstände bis zum Wert von 12.000 € steuerbefreit. Kunstgegenstände und Sammlungen sind steuerlich in der Weise privilegiert, dass eine vollständige oder teilweise Steuerbefreiung gewährt wird, wobei die teilweise Steuerbefreiung so gestaltet ist, dass 60 % des Wertes steuerfrei bleiben. Gänzlich frei von der Steuerpflicht ist auch der Erwerb von Grundstücken, sofern Bereitschaft besteht, sie der Denkmalpflege zu unterstellen.

Allerdings: Die Steuerbefreiung entfällt nachträglich, wenn die Gegenstände, auf die sie sich beziehen, innerhalb eines Zeitraums von 10 Jahren nach dem Erwerb veräußert werden.

Leben Ehegatten, wie in den meisten Fällen, im Zeitpunkt des Ablebens des Erstversterbenden von ihnen im gesetzlichen Güterstand der Zugewinngemeinschaft, kann der überlebende Ehegatte unter Umständen einen weiteren steuerlichen Freibetrag geltend machen. Denn der Zugewinnausgleichsanspruch ist steuerfrei. Allerdings setzt dies voraus, dass der Überlebende tatsächlich einen Zugewinnausgleichsanspruch gehabt hätte, wäre die Ehe statt durch Tod durch Scheidung beendet worden. Beispiel: Im Zeitpunkt der Eheschließung waren beide Ehepartner vermögenslos. Die Ehe wird als „Hausfrauenehe" geführt, die Ehefrau kümmert sich um den Haushalt und versorgt die Kinder. Der Ehemann ist beruflich sehr erfolgreich und schafft eigenes Vermögen. Nach 45 Ehejahren verstirbt der Ehemann. Die Ehefrau ist weiterhin vermögenslos. Der Ehemann hinterlässt ein Vermögen von 10 Mio. €. Wäre die Ehe geschieden worden, hätte die Ehefrau einen Zugewinnausgleichsanspruch im Umfang von 5 Mio. €. Dieser Betrag bleibt aber auch steuerfrei, wenn die Ehe durch Tod beendet wird. Sollte freilich die Ehefrau zuerst versterben, würde sich das für den überlebenden Ehegatten im Beispielsfall steuerlich nicht auswirken.

IV. Steuerfreibeträge, Steuerklassen, Steuertarif

Die *Höhe* des Vermögenszuwachses ist der *eine* Faktor für die Bemessung der Erbschaft- und Schenkungsteuer. Der *andere* Faktor ist

Erbschaft- und Schenkungsteuer

die *Steuerklasse*, welcher der Betroffene angehört. Es gibt drei Steuerklassen:
Zur Steuerklasse I gehören:
Der Ehepartner, der Lebenspartner, die Kinder (eheliche und nichteheliche), Adoptivkinder und Stiefkinder, ferner die *Abkömmlinge* dieser Kinder (also Enkel und Urenkel des Erblassers), ferner die Eltern und Voreltern, diese jedoch nur im Rahmen der *Erbschaft*steuer (nicht bei der *Schenkung*steuer).
Zur Steuerklasse II gehören:
Die Geschwister, die Abkömmlinge ersten Grades von Geschwistern (also Neffen und Nichten), die Stiefeltern, die Schwiegerkinder, die Schwiegereltern, der geschiedene Ehepartner und ferner die Eltern und Voreltern (diese hinsichtlich der *Schenkung*steuer).
Zur Steuerklasse III gehören:
Alle übrigen Erwerber.
Gemindert wird der an sich zu versteuernde Erwerb noch einmal dadurch, dass den Steuerpflichtigen der verschiedenen Steuerklassen bestimmte *Freibeträge* zugebilligt werden, nämlich:

Steuerklasse I

Ehegatte und Lebenspartner	500.000 €
Kinder, Stiefkinder, Adoptivkinder und Enkel, deren Eltern verstorben sind	400.000 €
Enkel, deren Eltern noch leben	200.000 €
Alle übrigen Personen der Steuerklasse I	100.000 €

Steuerklasse II und III

einheitlich	20.000 €

Zusätzlich erhält der längerlebende Ehepartner in den meisten Fällen einen besonderen *Versorgungsfreibetrag* in Höhe von 256.000 €. Kinder erhalten einen Versorgungsfreibetrag von 10.300 € bis 52.000 € nach Alter gestaffelt bis zur Vollendung des siebenundzwanzigsten Lebensjahres: Bis zum Alter von fünf Jahren 52.000 €, zwischen dem fünften und zehnten Lebensjahr 41.000 €, zwischen dem elften und fünfzehnten Lebensjahr 30.700 €, zwischen dem sechzehnten und zwanzigsten Lebensjahr 20.500 €, ab dem einund-

Erbschaft- und Schenkungsteuer

zwanzigsten bis zur Vollendung des siebenundzwanzigsten Lebensjahres 10.300 €. Die Versorgungsfreibeträge vermindern sich um den Wert etwaiger Hinterbliebenenbezüge, soweit diese der Erbschaftsteuer nicht unterliegen (Witwen- und Waisenrenten u. ä.).

Wer den Erblasser unentgeltlich gepflegt hat, erhält einen Freibetrag von 20.000 €, wenn die Zuwendung nachträglich als ein angemessenes Entgelt anzusehen ist. Diesen Pflegefreibetrag erhalten auch nächste Angehörige wie etwa der Ehegatte oder Kinder des Erblassers, die diesen gepflegt haben.

Merke: Während Steuersätze und Freibeträge für Erbschaften ebenso gelten wie für Schenkungen, können die Versorgungsfreibeträge nur im Rahmen der *Erbschaft*steuer geltend gemacht werden.

Der dritte Schritt in der Besteuerung ist sodann die Feststellung des Steuertarifs. Der Steuertarif ist ein Prozentsatz des steuerpflichtigen Erwerbs. Er ist progressiv ausgestaltet und in drei nach Verwandtschaftsgraden abgestuften Steuerklassen unterteilt. Die nachstehende Steuertabelle ermöglicht eine rasche Information. In der ersten Spalte ist der Wert des Erwerbs (nach Abzug der jeweiligen Steuerfreibeträge) angegeben, in den folgenden Spalten jeweils der Steuersatz in Prozentpunkten bezogen auf die Steuerklassen.

bis €	I	II	III
75.000	7	15	30
300.000	11	20	30
600.000	15	25	30
6.000.000	19	30	30
13.000.000	23	35	50
26.000.000	27	40	50
über 26.000.000	30	43	50

Ist → Vor- und Nacherbschaft angeordnet, fällt die Erbschaftsteuer bereits beim *Vorerbfall* und nochmals beim *Nacherbfall* an. Der Freibetrag wird aber nur *einmal* gewährt, nämlich beim Vorerbfall.

Für Betriebsvermögen gibt es eine Tarifbegrenzung, indem ein in komplizierter Weise zu errechnender Entlastungsbetrag abgezogen wird.

Da das Gesetz sowohl Schenkungen als auch Erbschaften erfasst, kann die Steuerpflicht grundsätzlich nicht dadurch vermieden oder vermindert werden, dass der Erblasser zu seinen Lebzeiten unentgeltliche Zuwendungen an die späteren Erben macht. Der Steuerfreibetrag kann jedoch durch *mehrere* in bestimmten zeitlichen Abständen vorgenommene Schenkungen *mehrfach* in Anspruch genommen werden. Dabei ist zu beachten, dass für die Besteuerung *alle* Schenkungen der jeweils letzten 10 Jahre zusammengerechnet werden. Eine Steuerersparnis ist somit nur dann erzielbar, wenn die Schenkungen im Abstand von mindestens 10 Jahren erfolgen.

Beispiel: Statt einer Erbschaft von 900.000 €, die der Sohn einmal zu erwarten hat, kann der Vater ihm mit einem zeitlichen Abstand von 10 Jahren zwei Schenkungen in Höhe von jeweils 400.000 € machen. Stirbt der Vater dann innerhalb weiterer 10 Jahre, mit der Folge, dass er dem Sohn 100.000 € vererbt, müssen nur diese 100.000 € mit einem Steuersatz von 11 % versteuert werden. Verstirbt der Vater erst nach Ablauf weiterer 10 Jahre ab der letzten Schenkung, fällt überhaupt keine Erbschaftsteuer an, weil dann wieder ein Freibetrag von 400.000 € zur Verfügung steht.

Eine ganz andere Frage freilich, welche die Eltern (oder ein Elternteil) sich immer stellen sollten, bleibt die: Wird der Vorteil einer möglichen Steuerersparnis nicht zu hoch eingeschätzt? Ist es letzten Endes sinnvoll, den Kindern schon zu Lebzeiten erhebliche Vermögenswerte zu übertragen, nur um Steuern zu sparen? Diese Frage kann nur im Einzelfall beantwortet werden, und jeder Betroffene muss in diesem Punkt eine eigene Entscheidung treffen.

Erbschein

Der Erbschein ist ein *Zeugnis* über das Erbrecht. Er wird auf Antrag des →Erben vom →Nachlassgericht ausgestellt. Die Angaben im Erbscheinsantrag muss der Erbe durch geeignete Urkunden belegen. Sind Urkunden nicht oder nur mit unverhältnismäßigem Aufwand zu beschaffen, können sonstige Beweismittel zugelassen werden. Das Gesetz schreibt außerdem vor, dass der Erbe die Rich-

Erbschein

tigkeit bestimmter Angaben, die er zur Begründung seines Antrags vorbringt, an Eides statt zu versichern.

Der Erbschein enthält den Namen und den Todestag des Erblassers, den Namen des/der Erben, die Quote ihres Erbteils, etwaige Nacherbfolge und eine eventuell angeordnete →Testamentsvollstreckung. Nicht ersichtlich aus dem Erbschein ist der Umfang des →Nachlasses. Ebenfalls nicht aufzunehmen sind →Vermächtnisse, →Pflichtteilsansprüche und →Teilungsanordnungen. Bei mehreren Erben kann das Nachlassgericht einen gemeinschaftlichen Erbschein ausstellen. Der einzelne Erbe kann aber auch einen Erbschein für sich allein (Teil-Erbschein) beantragen.

Wenn alle Erben zustimmen, kann auch ein Erbschein *ohne Angabe von Quoten* erteilt werden. Das bietet sich an, wenn ein Testament vorliegt, in welchem der Erblasser zwar einerseits sein ganzes Vermögen an verschiedene Personen aufgeteilt hat, andererseits aber offen gelassen hat, wer von den mehreren Begünstigten →Erbe sein soll. Normalerweise müssten die Quoten in einem solchen Fall dadurch ermittelt werden, indem man das einem Begünstigten zugewandte Vermögen ins Verhältnis zum Gesamtvermögen setzt. Das kann bei Nachlässen, die sich aus Immobilien und sonstigen werthaltigen Gegenständen (beispielsweise einer Kunstsammlung) zusammensetzen äußerst aufwändig und mühsam sein, weil alle diese Gegenstände bewertet werden müssten.

Ohne Erbschein ist es häufig nicht möglich, Ansprüche geltend zu machen (z.B. Grundstücksübertragung, Handelsregisteränderung usw.). Andererseits genügt es in vielen Fällen, wenn statt eines Erbscheins ein öffentliches Testament nebst Eröffnungsprotokoll vorgelegt wird, was sogar beim formstrengen Grundbuchamt als ausreichend angesehen werden kann. Banken können sich aufgrund ihrer *Allgemeinen Geschäftsbedingungen* damit begnügen, dass ihnen eine Ausfertigung oder beglaubigte Abschrift der →Verfügung von Todes wegen nebst zugehöriger Eröffnungsniederschrift vorgelegt wird. Der Inhalt der Verfügung muss jedoch *zweifelsfrei* sein, andernfalls müssen auch die Banken einen Erbschein verlangen.

Da das Erbscheinsverfahren mitunter längere Zeit in Anspruch nimmt, empfiehlt es sich, dass der Erblasser in Verbindung mit der Errichtung des Testaments dem späteren Erben oder mehreren Er-

Erbteil

ben oder dem Haupterben eine → *Vollmacht über den Tod hinaus* erteilt. Der so Bevollmächtigte könnte dann sofort handeln, ohne den Abschluss des Erbscheinsverfahrens abwarten zu müssen. Dasselbe könnte durch die testamentarische Anordnung einer →Testamentsvollstreckung erreicht werden, denn die Erteilung eines Testamentsvollstreckerzeugnisses, aufgrund dessen der Testamentsvollstrecker gemäß dem Willen des Erblassers handeln kann, nimmt oft weit weniger Zeit in Anspruch als die Erteilung des Erbscheins.

Ergibt sich zu einem späteren Zeitpunkt, dass der erteilte Erbschein unrichtig ist, muss ihn das Nachlassgericht *einziehen*. Kann er im Rahmen des Einziehungsverfahrens nicht sofort *erlangt* werden, beispielsweise deswegen nicht, weil der Erbscheinsinhaber nicht auffindbar ist oder weil er ihn freiwillig nicht herausgibt, so wird der Erbschein für *kraftlos* erklärt. Solange der Erbschein nicht eingezogen oder für kraftlos erklärt worden ist, genießt er sogenannten *öffentlichen Glauben*; das besagt, dass derjenige, der von einem Erbscheinsinhaber etwas erlangt, in seinem Glauben an die Rechtmäßigkeit auch dann geschützt ist, wenn sich zu einem späteren Zeitpunkt die Unrichtigkeit des Erbscheins herausstellen sollte.

(Siehe auch →Bankkonto im Todesfall)

Erbteil
→Erbengemeinschaft

Erbunwürdigkeit

Einer erbunwürdigen Person kann die →Erbschaft wieder entzogen werden. Erbunwürdig ist, wer den Erblasser vorsätzlich getötet oder zu töten versucht hat, wer den Erblasser gehindert oder durch arglistige Täuschung oder Drohung bestimmt hat, eine Verfügung von Todes wegen zu errichten oder aufzuheben, oder wer sich hinsichtlich einer Verfügung von Todes wegen gegenüber dem Erblasser eines strafbaren Urkundendelikts (Urkundenfälschung, Urkundenunterdrückung) schuldig gemacht hat. Das Gleiche gilt für einen Vermächtnisnehmer oder einen Pflichtteilsberechtigten.

Die Erbunwürdigkeit muss innerhalb eines Jahres ab Kenntnis der Unwürdigkeit im Wege der gerichtlichen Klage, mit welcher der Erbschaftserwerb angefochten wird, gegen den Unwürdigen geltend gemacht werden. Klageberechtigt ist derjenige, der bei Wegfall des Unwürdigen zum Erben berufen wäre. Die Klage hat keinen Erfolg, wenn der Erblasser dem Unwürdigen verziehen hat; das müsste allerdings der Unwürdige beweisen.

Erbvertrag

Erbverträge kommen häufig vor unter Ehepartnern (dann oft verbunden mit einem *Ehevertrag*) oder zwischen Eltern und deren Kindern. Möglich sind sie aber auch unter Personen, die nicht miteinander verwandt oder verheiratet sind, z.B. im Falle einer → nichtehelichen Lebensgemeinschaft.

Man unterscheidet zwischen *einseitigen* und *zweiseitigen* Erbverträgen. Beim einseitigen Erbvertrag trifft nur einer der Vertragspartner vertragsmäßige → Verfügungen von Todes wegen. Der andere Teil beschränkt sich entweder auf die Annahme der Verfügung, oder er geht zur Gegenleistung nur Pflichten unter Lebenden ein. Beispiel für einen einseitigen Erbvertrag: Der eine Sohn verpflichtet sich, dem Erblasser lebenslänglich eine Rente zu zahlen, dafür setzt der Erblasser diesen Sohn in einem Erbvertrag zu seinem alleinigen Erben ein. Bei *zweiseitigen* Erbverträgen treten dagegen beide Teile als Erblasser auf. Sie treffen also beide hinsichtlich ihres Nachlasses vertragsmäßige Verfügungen von Todes wegen. Beispiel: Zwei Schicksalsgefährtinnen, die an multipler Sklerose erkrankt sind, haben sich zu je hälftigem Miteigentum eine Eigentumswohnung gekauft und setzen sich in einem Erbvertrag gegenseitig zu Erbinnen ein. Anderes Beispiel: Zwei Schwestern setzen in einem Erbvertrag einen *Dritten*, nämlich ihr gemeinsames Patenkind zu ihrem beiderseitigen Erben ein. (Dieses Beispiel erhellt gleichzeitig, dass der Vertragspartner des Erbvertrages nicht auch zwingend der durch den Vertrag Begünstigte sein muss, sondern dass auch eine dritte

Person Begünstigter sein kann.) Die Wirkungen zweiseitiger Erbverträge unterscheiden sich von denen einseitiger Erbverträge dadurch, dass bei zweiseitigen Erbverträgen die Wirksamkeit der einen Verfügung von der Wirksamkeit der anderen Verfügung abhängt. Die Nichtigkeit einer dieser Verfügungen hat somit die Unwirksamkeit des gesamten Erbvertrages zur Folge.

Unabhängig davon, ob ein einseitiger oder zweiseitiger Erbvertrag vorliegt, handelt es sich beim Erbvertrag immer um ein *zweiseitiges Rechtsgeschäft*, an das die Vertragspartner *gebunden* sind. Dadurch unterscheidet sich der Erbvertrag vom →Testament, das jederzeit *einseitig* widerrufen oder abgeändert werden kann, und er unterscheidet sich auch vom →Ehegattentestament, das (allerdings nur unter sehr erschwerten Umständen) ebenfalls einseitig widerrufen oder abgeändert werden kann. In *gegenseitigem Einvernehmen* kann ein Erbvertrag selbstverständlich wieder aufgehoben werden. *Einseitig* aber kann dies nur unter den Voraussetzungen erfolgen, unter denen auch sonstige Verträge *angefochten* werden können (z.B. wegen Irrtums, arglistiger Täuschung oder widerrechtlicher Drohung).

In engen Grenzen steht dem Erblasser auch ein *Rücktrittsrecht* zu, nämlich dann, wenn sich der Bedachte einer Verfehlung schuldig gemacht hat, die den Erblasser zur →Pflichtteilsentziehung berechtigen würde. Ein Rücktrittsrecht besteht natürlich immer dann, wenn der Erblasser sich ein solches *vorbehalten* hat. Der Rücktritt kann allgemein oder nur für bestimmte Fälle vorbehalten werden. Wenn der andere Vertragspartner verstorben ist, erlischt das Recht zum Rücktritt, sofern sich der Erblasser den Rücktritt nicht auch für diesen Fall vorbehalten hat. Wenn bei einem *zweiseitigen* Erbvertrag der Rücktritt vorbehalten wird, so wird durch den Rücktritt eines der Vertragschließenden der ganze Vertrag aufgehoben.

In der ausgeprägten *Bindungswirkung*, die für den Erbvertrag charakteristisch ist, könnte u.U. ein Nachteil im Vergleich mit dem *Testament* (auch mit dem Ehegattentestament) liegen. Da der Erbvertrag aber häufig mit einer *Gegenleistung* auf Seiten des erbrechtlich Bedachten verbunden ist, kann der besondere Sinn dieser Art der Verfügung von Todes wegen gerade darin liegen, dass sie für beide Seiten klare und berechenbare Verhältnisse schafft.

Erbvertrag

In einem Erbvertrag können mit bindender Wirkung eine Einsetzung als →Erbe, ein →Vermächtnis, eine →Auflage und das anzuwendende Recht (→europäische Erbrechtsverordnung) festgelegt werden. Andere Verfügungen (z.B. →Teilungsanordnungen, →Pflichtteilsentziehung, →Testamentsvollstreckung usw.) können zwar auch in einen Erbvertrag mit aufgenommen werden, unterliegen aber nicht der Bindungswirkung; sie werden vielmehr als testamentarische Verfügungen, d.h. einseitige, nicht vertragliche Verfügungen behandelt und sind daher jederzeit frei widerrufbar.

Durch einen Erbvertrag wird eine dem Vertragsinhalt zuwiderlaufende *frühere testamentarische* Verfügung des Erblassers aufgehoben. Auch eine *spätere testamentarische* Verfügung wäre unwirksam, soweit sie die Rechte des durch den Erbvertrag Begünstigten beeinträchtigt. Andererseits: Der durch den Erbvertrag Begünstigte hat zu Lebzeiten des Erblassers lediglich eine Anwartschaft, später einmal Erbe oder Vermächtnisnehmer zu werden; diese Anwartschaft stellt keinen selbständigen Vermögenswert dar, sie kann weder vererbt noch übertragen noch gepfändet werden.

Der Erblasser ist auch nach Abschluss eines Erbvertrages – hier wird die Parallele zum *Ehegattentestament* in Gestalt des „Berliner Testaments" sichtbar – durchaus berechtigt, sein Vermögen zu Lebzeiten zu verbrauchen, so dass bei Eintritt des Erbfalls der Begünstigte leer ausginge. Beispiel aus unserer Anwaltspraxis: Ein 80-jähriger Witwer hat in einem Erbvertrag seine beiden Kinder zu seinen alleinigen Erben eingesetzt. Bald darauf lernt er eine bei weitem jüngere Frau – sie ist 49 – kennen. Mit dieser Frau unternimmt er zur Wiedererlangung seiner Lebensfreude ausgedehnte Reisen, wohnt mit ihr nur in Luxushotels, besucht teure Feinschmeckerlokale und schenkt ihr zu Weihnachten und zu ihrem Geburtstag exquisiten Schmuck. Den beiden (übrigens auch recht wohlhabenden) Kindern passte diese Entwicklung im Leben ihres Vaters so gar nicht. Sie verstiegen sich gar zu Drohungen gegen den eigenen Vater, dergestalt, sie würden „mit allen rechtlichen Mitteln diesem Treiben des Vaters ein Ende setzen". Den Vater, der unseren Rat suchte, konnten wir beruhigen und ihm vermitteln, dass die Kinder keinerlei rechtliche Möglichkeit haben, ihm die neu gefundene Lebensfreude zu verderben.

Es ist sogar zulässig, dass der Erblasser zu Lebzeiten über sein Vermögen in der Weise verfügt, dass die Wirkungen seiner Verfügung erst *nach* seinem Tode eintreten sollen. Beispiel: Der Erblasser weist seine Bank an, ein bestimmtes Sparguthaben nach seinem Tode nicht dem durch Erbvertrag Begünstigten, sondern seiner langjährigen Betreuerin auszuzahlen, weil diese Betreuerin ihn in besonders aufopferungsvoller Weise gepflegt hat (→ Schenkung auf den Todesfall).

Allerdings: *Schenkungen* (es geht hier also nicht um luxuriösen Verbrauch, für den der Erblasser von vornherein keine Rechenschaft schuldig ist!), die in der *Absicht* vorgenommen werden, das Anwartschaftsrecht des durch den Erbvertrag Begünstigten zu *beeinträchtigen oder gar zu vereiteln*, geben dem vertraglich eingesetzten Erben das Recht, *nach Eintritt des Erbfalls* (also nicht etwa schon davor!) die Schenkung von dem Beschenkten herauszuverlangen, soweit dieser die Schenkung nicht seinerseits gutgläubig verbraucht hat. Dieser Herausgabeanspruch verjährt nach drei Jahren ab dem Tode des Erblassers.

Eine Beeinträchtigungsabsicht wird dann nicht anzunehmen sein, wenn der Erblasser mit der Schenkung ein sogenanntes *„lebzeitiges Eigeninteresse"* verfolgt hat. Vom Vorliegen eines Eigeninteresses wird man beispielsweise dann ausgehen können, wenn der Erblasser sein Vermögen einer Person überträgt, von der er sich Pflegeleistungen erhofft, oder wenn er darüber zu Lebzeiten beispielsweise zugunsten eines Blindenheims verfügt, weil die Sehkraft seiner Augen nachlässt und er davon ausgeht, dass er demnächst um Aufnahme in diesem Blindenheim nachsuchen muss.

In formaler Hinsicht ist zu beachten, dass der Abschluss eines Erbvertrages (dasselbe gilt für dessen *Aufhebung*) immer *notariell* bei gleichzeitiger Anwesenheit der Vertragspartner beurkundet werden muss. Bei einseitigen Erbverträgen muss nur der Erblasser bei der Beurkundung *persönlich* anwesend sein, während der andere Vertragspartner sich durch einen Bevollmächtigten *vertreten* lassen kann. Bei zweiseitigen Erbverträgen ist die *gleichzeitige* und *persönliche* Anwesenheit beider Vertragspartner erforderlich – ein Erfordernis, das es in dieser ausgeprägten Form sonst nur noch bei der Eheschließung gibt.

Erbverzicht

Durch einen *Vertrag* mit dem → Erblasser können seine *Verwandten* oder sein *Ehepartner* auf ihr Erbrecht verzichten. Der Erbverzicht kommt häufig dann vor, wenn der Erbberechtigte (in der Regel ein Kind des Erblassers) schon zu Lebzeiten eine Zuwendung erhalten hat, die seinem späteren Erbteil entsprechen würde, er somit aufgrund der Zuwendung „abgefunden" ist. Der Erbverzicht ist regelmäßig auch ein Pflichtteilsverzicht. Hat ein *Kind* gegenüber dem Erblasser einen Erbverzicht erklärt, so wirkt sich der Verzicht auch auf die *Abkömmlinge* des Verzichtenden aus.

Der Erbverzicht kann unter der Bedingung abgeschlossen werden, dass eine bestimmte andere Person Erbe wird.

In formaler Hinsicht ist zu beachten, dass ein Erbverzicht *notariell* beurkundet werden muss. Hierbei muss der *Erblasser* persönlich anwesend sein; der Verzichtende kann sich vertreten lassen. Die *gleichzeitige* Anwesenheit der Vertragschließenden ist – anders als beim Erbvertrag – nicht erforderlich.

Ersatzerbschaft

Verstirbt ein durch → Verfügung von Todes wegen eingesetzter Erbe vor dem → Erblasser, dann ist die Verfügung von Todes wegen insoweit gegenstandslos; denn grundsätzliche Voraussetzung ist, dass der Erbe den Erblasser überlebt. In der Verfügung von Todes wegen kann der Erblasser aber für den Fall, dass der zunächst berufene Erbe (auch → Vor- und Nacherbe) vor oder nach dem → Erbfall wegfällt, einen *Ersatzerben* einsetzen. (*Vor* dem Erbfall kann der Erbe wegfallen, wenn er vor dem Erblasser verstirbt. *Nach* dem Erbfall kann er dadurch wegfallen, dass er beispielsweise die Erbschaft ausschlägt.)

Der *Ersatzerbe* unterscheidet sich vom *Nacherben* dadurch, dass der Ersatzerbe *von vornherein* anstelle eines anderen erbt, während der Nacherbe erst *nach* einem anderen Erbe wird. Der Ersatzerbe braucht nur den *Erbfall* erlebt zu haben, nicht aber den Wegfall des zunächst Berufenen *nach* Eintritt des Erbfalls. Insoweit ist die Ersatzerbenstellung sogar *vererbbar*. Stirbt also der Erblasser zuerst und kurz darauf der Ersatzerbe und schlägt dann der zunächst berufene Erbe die Erbschaft aus, so fällt die Erbschaft nicht etwa an die gesetzlichen Erben des Ausschlagenden, sondern an die Erben des Ersatzerben. Beispiel: Der Erblasser hat seinen einzigen kinderlosen Sohn zum Alleinerben eingesetzt, zur Ersatzerbin seine Schwester. Gemeinsam mit seiner Schwester verunglückt der Erblasser bei einem Verkehrsunfall. Er selbst ist auf der Stelle tot, seine Schwester verstirbt an den Unfallfolgen zwei Tage später. Der zum Erben berufene Sohn schlägt die Erbschaft aus. Die Folge davon ist, dass die Erben der Schwester des Erblassers an die Stelle des Sohnes treten, der die Erbschaft ausgeschlagen hat.

Es können auch *mehrere* Ersatzerben eingesetzt werden, die sowohl *nebeneinander* als auch *nacheinander* eintreten sollen.

Enkelkinder gelten, wenn nichts anderes bestimmt ist, *immer* als Ersatzerben. Ist also ein als Erbe berufenes Kind des Erblassers vorverstorben oder kommt es mit ihm durch einen gemeinsamen Unfall ums Leben oder schlägt das Kind die Erbschaft aus, dann treten automatisch dessen Kinder (als Ersatzerben) an seine Stelle, sofern der Erblasser keine abweichende Bestimmung getroffen hat.

Europäische Erbrechtsverordnung

Seit dem 17. August 2015 gilt die Europäische Erbrechtsverordnung in den Mitgliedstaaten der Europäischen Union (mit Ausnahme von Dänemark, Irland). Ziel der Verordnung soll es unter anderem sein, Hindernisse im Zusammenhang mit grenzüberschreitenden Erbfällen möglichst zu beseitigen. Sie ist inhaltlich komplex und umfasst zunächst 83 ausführliche sogenannte Erwägungsgründen (eine Art von Erläuterung der vom Verordnungsgeber verfolgten Ziele), gefolgt von insgesamt 84 Artikeln. Bereits daraus ergibt sich, dass deren Inhalt im Rahmen dieses Buches nicht erschöpfend dargestellt werden kann. Wesentliche Aspekte der Verordnung sind folgende:

Europäische Erbrechtsverordnung

1. Erbstatut

Als Erbstatut bezeichnet man das auf einen Erbfall anzuwendende Erbrecht. Für einen deutschen Staatsbürger galt bis zum Inkrafttreten der Verordnung, dass dieser immer nach deutschem Erbrecht beerbt wird, und zwar gleichgültig, wo auf dieser Welt er gelebt hat und gestorben ist. Diese Regelung gilt nicht mehr. Maßgeblich für die Anwendung des Erbrechts ist jetzt der letzte gewöhnliche Aufenthaltsort des Verstorbenen. Ein Deutscher, der – beispielsweise – nach Mallorca ausgewandert ist und dort verstirbt, wird somit grundsätzlich nach spanischem Erbrecht beerbt. Das kann dadurch verhindert werden, dass der Erblasser in einem Testament eine *Rechtswahl* vornimmt und sich, statt für das örtliche Recht, für deutsches Erbrecht entscheidet. Das örtliche Nachlassgericht muss dann deutsches Erbrecht anwenden.

2. Europäisches Nachlasszeugnis

Eingeführt wurde ein europäisches Nachlasszeugnis, mit welchem die Rechtsposition als Erbe, unmittelbar berechtigter Vermächtnisnehmer, Testamentsvollstrecker oder Nachlassverwalter in einem anderen Mitgliedsstaat der EU bewiesen werden kann. Die Verwendung dieses Zeugnisses ist allerdings nicht verpflichtend und verdrängt insbesondere nicht den →Erbschein. Ausgestellt wird das Zeugnis in Deutschland auf entsprechenden Antrag vom →Nachlassgericht. Die Wirkung des Zeugnisses besteht in erster Linie darin, dass die in ihm festgestellten Tatsachen als „wahr" gelten. Hinzu kommt die Vermutung, dass die im Zeugnis als Erbe, Vermächtnisnehmer, Testamentsvollstrecker oder Nachlassverwalter genannte Person diese Position auch tatsächlich hat. Das europäische Nachlasszeugnis soll die Nachlassabwicklung gerade bei grenzüberschreitenden Nachlässen vereinfachen. Beispiel: Der Erblasser verstirbt in Deutschland und wird von seinen beiden Kindern beerbt. Im Nachlass befindet sich ein Mehrfamilienhaus in Deutschland und eine Ferienwohnung in Frankreich. Die Kinder müssen ihr Erbrecht natürlich auch in Frankreich beweisen, um über die dortige

Ferienwohnung verfügen zu können. Dem soll das europäische Nachlasszeugnis dienen.

Europäisches Nachlasszeugnis
→ Europäische Erbrechtsverordnung

F

Fideikommiss
→ Vor- und Nacherbschaft

G

Gemeinschaftliches Testament
→ Ehegattentestament

Gesellschaftsrecht im Erbfall

Zum Zeitpunkt des Todes geht das gesamte Vermögen des Erblassers auf den oder die Erben über (sogenannte *Universalsukzession*). Dieser erbrechtliche Übergang umfasst grundsätzlich auch die *gesellschaftsrechtlichen* Beteiligungen des Erblassers. Soweit es sich dabei um Anteile an *Kapitalgesellschaften* (vor allem Aktiengesellschaften, GmbH) handelt, ist dies unproblematisch: Die Gesellschaft bleibt in unveränderter Form bestehen. Der Erbe oder die Erben rücken an die Stelle des verstorbenen Gesellschafters. Wird der GmbH-Gesellschafter oder Aktionär beispielsweise von einer → Erbengemeinschaft beerbt, entsteht eine gesamthänderische Mitberechtigung am Gesellschaftsanteil.

Probleme stellen sich ein, wenn es um die Vererbung von Gesellschaftsanteilen an *Personengesellschaften* geht. Personengesellschaften sind die Gesellschaft des Bürgerlichen Rechts (BGB-Gesellschaft) und insbesondere die offene Handelsgesellschaft (oHG) und die Kommanditgesellschaft (KG). Bei der Vererbung derartiger Gesellschaftsanteile ergeben sich Fragen aus dem Grenzbereich zwischen Gesellschafts- und Erbrecht. Das geltende *Personengesellschaftsrecht* sieht vor, dass die Gesellschaft mit dem Tode eines Gesellschafters als aufgelöst gilt. Das betrifft allerdings nur die *BGB-Gesellschaft*. Die Gesellschaft wird im Falle ihrer Auflösung zur sogenannten *Liquidationsgesellschaft*. Der Erbe oder die Erben werden Mitglied dieser Liquidationsgesellschaft und erhalten, nach Abzug der Verbindlichkeiten, den anteiligen Erlös aus der Veräußerung des Gesellschaftsvermögens. Diese (gesetzliche) Regelung ist in der Praxis jedoch die absolute Ausnahme. Der Gesellschaftsvertrag einer Personengesellschaft kann davon nämlich *Abweichungen* vorsehen, und in nahezu allen Fällen wird von dieser Möglichkeit auch Gebrauch gemacht, weil die Gesellschafter nicht wollen, dass beim Tod eines Gesellschafters die Gesellschaft aufgelöst wird. Hier freilich stellt sich ein Problem: Wird die Gesellschaft durch den Tod eines Mitgesellschafters nicht aufgelöst, so ergibt sich die Frage, was mit dessen Anteil an der Gesellschaft geschieht. Erbrechtliche Regelungen passen nicht recht. So kann beispielsweise eine Erbengemeinschaft als solche nicht Mitglied in einer Personenhandelsgesellschaft sein, weil die Gesellschafter *unbeschränkt* haften, die Erbengemeinschaft aber ihre Haftung *beschränken* kann.

In den Gesellschaftsverträgen sind üblicherweise *Klauseln* enthalten, welche die Art und Weise des Fortbestandes einer Gesellschaft bestimmen (sogenannte Fortsetzungsklauseln). Diese Klauseln gehen der gesetzlichen Regelung allemal vor und können auch nicht durch eine anders lautende testamentarische Regelung abgeändert werden. Es ist, wenn man ein Testament aufsetzt, in welchem auch die Rechte des Erblassers in seiner Eigenschaft als Gesellschafter berührt werden, wichtig, die testamentarischen Regelungen auf die im Gesellschaftsvertrag vorgesehenen Regelungen abzustimmen. Die Einholung von Rechtsrat ist in diesem Zusammenhang unerlässlich.

Die *Fortsetzungsklausel* in ihrer einfachen Form sieht vor, dass die Gesellschaft nach dem Tode eines Gesellschafters mit den übrigen Gesellschaftern fortgesetzt wird. Der Gesellschaftsanteil des Verstorbenen wächst also den übrigen, in der Gesellschaft verbliebenen Gesellschaftern an. Dem oder den Erben des verstorbenen Gesellschafters steht aber ein *Abfindungsanspruch* zu, der sich entweder aus dem Gesetz oder aus dem Gesellschaftsvertrag ableitet. Die Höhe des Abfindungsanspruchs richtet sich – sofern nicht im Gesellschaftsvertrag etwas anderes vereinbart wurde – nach dem Geldbetrag, der dem verstorbenen Gesellschafter zugestanden hätte, wenn bei seinem Tode die Gesellschaft aufgelöst und das Gesellschaftsvermögen auf die Gesellschafter verteilt worden wäre.

Besteht die Personengesellschaft allerdings nur aus *zwei* Gesellschaftern, endet sie *ausnahmslos* beim Tode des erstversterbenden Gesellschafters, denn eine Ein-Mann-Personengesellschaft ist rechtlich nicht möglich. Für derartige Fälle kann aber geregelt werden, dass der längerlebende Gesellschafter das Gesellschaftsvermögen *übernimmt*, bei gleichzeitiger Zahlung des Abfindungsbetrages an die Erben des erstverstorbenen Gesellschafters.

Die Fortsetzungsklausel in ihrer einfachen Form kommt allerdings in Gesellschaftsverträgen selten vor. In reiner Form bietet sie sich nämlich nur dann an, wenn für alle Gesellschafter mit Sicherheit angenommen werden kann, dass keiner ihrer Erben als Nachfolger in die Gesellschaft eintreten, sondern die Gesellschaft ausschließlich unter den verbleibenden Gesellschaftern fortgeführt werden soll.

In den meisten Fällen wird in den Gesellschaftsverträgen (neben der einfachen Fortsetzungsklausel) bestimmt, dass, wenn einer der Gesellschafter stirbt, an seiner Stelle jemand anders als Gesellschafter aufgenommen wird. In der Praxis kommen zwei diesbezügliche Klauseln häufig vor, nämlich die sogenannte Eintrittsklausel und die sogenannte Nachfolgeklausel.

Die *Eintrittsklausel* sieht vor, dass die Gesellschafter jeweils berechtigt sind, einem geeigneten Nachfolger die *Option* einzuräumen, nach dem Tode des Gesellschafters in die Gesellschaft einzutreten. Der vom Gesellschafter dann benannte Nachfolger hat also ein *Eintrittsrecht*; er muss dieses Recht aber nicht ausüben. Übt der Nachfolger sein Eintrittsrecht aus, so wird er zwar Mitglied der Gesellschaft, es stellt sich aber sogleich die weitere Frage, ob der verstorbene Gesellschafter wollte, dass der von ihm benannte Nachfolger auch seinen Anteil am Gesellschaftskapital erhalten soll. Diese Frage kann nur durch → Auslegung des Testaments beantwortet werden. Ergibt die Auslegung, dass der verstorbene Gesellschafter dem Nachfolger den Kapitalanteil an der Gesellschaft *nicht* zuwenden wollte, dann muss der dementsprechende Abfindungsbetrag an die *Erben* des verstorbenen Gesellschafters ausbezahlt werden. Der Nachfolger muss in diesem Fall, um sein Eintrittsrecht ausüben zu können, den Kapitalanteil, der auf den verstorbenen Gesellschafter entfiel, in die Gesellschaft nachschießen. Die Nachfolge sichert ihm also nur eine Position innerhalb der Gesellschaft, verschafft ihm aber nicht den Wert des Gesellschaftsanteils. Es ist eine

Frage des jeweiligen Einzelfalles, ob es ihm unter diesen Bedingungen sinnvoll erscheint, die Eintrittsoption auszuüben.

Die *Nachfolgeklausel* führt demgegenüber dazu, dass der (oder die) Nachfolger mit dem Tode des jeweiligen Gesellschafters *unmittelbar* Mitglied(er) der Gesellschaft wird (werden); anders als bei der Eintrittsklausel bedarf es hier also keiner ergänzenden Erklärung seitens des Nachfolgers. Bei der Nachfolgeklausel unterscheidet man wiederum zwischen der *einfachen* und der *qualifizierten* Nachfolgeklausel. Von einer *einfachen* Nachfolgeklausel spricht man dann, wenn in der Klausel bestimmt wird, dass beim Tode eines Gesellschafters dessen (gesetzliche oder testamentarische) Erben an seine Stelle treten sollen. Eine *qualifizierte* Nachfolgeklausel liegt vor, wenn der Gesellschaftsvertrag vorsieht, dass jeder Gesellschafter einen (oder auch mehrere) Nachfolger benennen kann, der bei seinem Tod in seine Gesellschafterposition nachfolgt. Solche Klauseln werden häufig deswegen gewählt, weil die Gesellschafter verhindern wollen, dass beim Tode eines Gesellschafters möglicherweise eine Vielzahl von Personen (womöglich alle Erben) zu Gesellschaftsmitgliedern werden. Meist wird in der Nachfolgeklausel noch zusätzlich bestimmt, dass der Nachfolger über eine bestimmte Qualifikation verfügen soll, beispielsweise Kaufmann sein muss. Damit soll verhindert werden, dass eine Person Mitgesellschafter wird, der es an der erforderlichen *fachlichen Eignung* fehlt. Hat der vom verstorbenen Gesellschafter benannte Nachfolger diese Qualifikation nicht, so dürfen die übrigen Gesellschafter ihn als neues Mitglied der Gesellschaft ablehnen und müssen stattdessen einen bestimmten Abfindungsbetrag an die Erben des verstorbenen Gesellschafters leisten.

Innerhalb einer bestehenden Personengesellschaft (BGB-Gesellschaft oder oHG) gibt es bei der Nachfolgeklausel Probleme, die in der Rechtsmeinung noch immer nicht endgültig geklärt sind. Es stellt sich nämlich die Frage, wie sich die *unbeschränkte* Haftung der einzelnen Gesellschafter mit der *beschränkbaren* Haftung der Erben verträgt.

Hier wird von der Rechtsprechung differenziert:

Fall 1: Sieht der Gesellschaftsvertrag vor, dass der *Alleinerbe* des Erblassers Gesellschafter werden soll, rückt dieser mit dem Tode des Erblassers an dessen Stelle. Der Nachfolger erhält in diesem Fall sogleich den Kapitalanteil des Erblassers und alle sonstigen Rechte eines Gesellschafters, insbesondere das *Stimmrecht*.

Fall 2: Sieht der Gesellschaftsvertrag vor, dass auch eine *Erbengemeinschaft* in die Gesellschaft eintreten kann, wird nicht etwa die Erbengemeinschaft als solche Gesellschafter; Gesellschafter wird vielmehr jeder einzelne *Miterbe*, und zwar mit einem Kapitalanteil, der seiner Erbquote entspricht. (Fall 1 und 2 haben gemeinsam, dass der Gesellschaftsanteil das Schicksal des sonstigen Nachlasses teilt.)

Fall 3: Sieht der Gesellschaftsvertrag hingegen vor, dass der Erblasser berechtigt ist, durch eine Verfügung von Todes wegen einen Nachfolger zu bestimmen und macht der Erblasser davon Gebrauch, indem er den Gesellschaftsanteil entweder einem am sonstigen Nachlass nicht beteiligten Dritten oder einem der Miterben unter Ausschluss der übrigen Miterben zukommen lässt, geht der Gesellschaftsanteil nicht im Wege der *Gesamtrechtsnachfolge* im erbrechtlichen Sinne, sondern im Wege einer sogenannten *Sonderrechtsnachfolge* auf den Nachfolger über.

Derjenige Erbe, der durch eine Nachfolgeklausel Gesellschafter einer *offenen Handelsgesellschaft* wird, kann sein Verbleiben in der Gesellschaft davon abhängig machen, dass ihm die Stellung eines *Kommanditisten* eingeräumt wird. Damit wird das Haftungsrisiko des Nachfolgers auf die Gesellschaftseinlage beschränkt. Er muss dieses Anliegen allerdings innerhalb einer Frist von drei Monaten seit Kenntnis vom Anfall der Erbschaft gegenüber der Gesellschaft geltend machen. Stimmen die übrigen Gesellschafter dem zu, so wird aus der offenen Handelsgesellschaft eine Kommanditgesellschaft. Stimmen die übrigen Gesellschafter dem Anliegen des Nachfolgers *nicht* zu, so hat er die Wahl: Er kann Gesellschafter der offenen Handelsgesellschaft bleiben und das volle Haftungsrisiko tragen oder aber aus der Gesellschaft ausscheiden. Scheidet er aus, so erhält er ein Abfindungsguthaben, wobei die Höhe des Guthabens sich entweder nach den Bestimmungen des Gesellschaftsvertrages richtet oder (in Ermangelung einer vertraglichen Regelung) nach dem Gesetz.

Siehe auch → Unternehmensnachfolge, Unternehmertestament.

Gesetzliche Erbfolge

    I. Vorbemerkung 108
    II. Das gesetzliche Erbrecht der Verwandten 109
    III. Das gesetzliche Erbrecht des Ehepartners 110
        1. Gütertrennung 110
        2. Zugewinngemeinschaft 110
        3. Gütergemeinschaft 112
        4. Wahl-Zugewinngemeinschaft 112
    IV. Das gesetzliche Erbrecht des Lebenspartners einer eingetragenen Lebenspartnerschaft 112

I. Vorbemerkung

Die gesetzliche Erbfolge tritt ein, wenn der →Erblasser (von der Möglichkeit einer unwirksamen Verfügung von Todes wegen einmal abgesehen) *keine* → Verfügung von Todes wegen (→ Testament oder → Erbvertrag) getroffen hat. Er hat, anders ausgedrückt, den Dingen ihren Lauf gelassen, sei es deswegen, weil er zwar vorhatte, ein Testament zu machen, ihn der Tod aber vorher ereilt hat, oder sei es deswegen, weil ihm die Erbfolge egal war und er dem Grundsatz huldigte: „*Nach mir die Sintflut!*" Gewissenhafte Menschen werden beizeiten ein Testament machen, damit die Erbfolge eintritt, die sie in Verantwortung vor ihrer Familie haben wollen. Eine solche Erbfolge – also die testamentarische – ist keine *ungesetzliche* Erbfolge, und deswegen ist der Begriff „gesetzliche Erbfolge" missverständlich.

Tritt die gesetzliche Erbfolge ein, dann wird der Erblasser in erster Linie von seinen *Verwandten* und dem längerlebenden *Ehepartner* beerbt. (Merke: Durch die Eheschließung werden Ehepartner weder miteinander verwandt noch verschwägert!)

Gesetzliche Erbfolge

II. Das gesetzliche Erbrecht der Verwandten

Das Bürgerliche Gesetzbuch teilt die Verwandten in fünf Gruppen ein. Diese Gruppen werden „Ordnungen" genannt. Hierbei gilt die Regel, dass, solange ein Verwandter der vorhergehenden Ordnung vorhanden ist, die Verwandten der nachfolgenden Ordnungen von der Erbschaft ausgeschlossen sind. Ist zur Zeit des Erbfalls weder ein Verwandter noch ein Ehepartner des Erblassers vorhanden bzw. erbwillig, dann ist das Bundesland des letzten Wohnsitzes des Erblassers (sogenannter Landesfiskus) gesetzlicher Erbe. Der Landesfiskus kann die Erbschaft nicht ausschlagen. Er haftet auch für die Schulden des Erblassers, aber nur mit dem vorhandenen Nachlass.

Zur 1. Ordnung zählen die *Abkömmlinge*, also Kinder (egal ob ehelich oder nichtehelich), Adoptivkinder, Enkel und Urenkel des Erblassers. Sie erben zu *gleichen Teilen* mit der Maßgabe, dass Enkel bzw. Urenkel nur dann zum Zuge kommen, wenn die Kinder bzw. Enkel vorverstorben sind. Solange ein Mitglied der 1. Ordnung vorhanden ist, schließt es alle anderen Verwandten von der Erbfolge aus – freilich nicht den *Ehepartner*, der ein *eigenes* Erbrecht hat (siehe III.). Beispiel: Hans verstirbt, ohne ein Testament errichtet zu haben. Er hinterlässt seine Ehefrau, zwei Töchter und zwei Enkelkinder (Kinder seines vor einiger Zeit tödlich verunglückten Sohnes). Diese fünf Personen leben nun in einer → Erbengemeinschaft, an der die Ehefrau zur Hälfte, die beiden Töchter zu je einem Sechstel, die beiden Enkelkinder zu je einem Zwölftel beteiligt sind. Schon bei einer Erbengemeinschaft der 1. Ordnung, die auseinandergesetzt werden muss, liegen die Schwierigkeiten auf der Hand.

Die 2. Ordnung besteht aus den Eltern, Geschwistern und (falls die Geschwister vorverstorben sind) aus Neffen und Nichten des Erblassers. Sie kommen nur zum Zuge, wenn keine Mitglieder der 1. Ordnung als Erben vorhanden sind. Leben im Falle eines nicht verheirateten kinderlosen Erblassers dessen beide Elternteile, so erben sie zu gleichen Teilen. Lebt ein Elternteil nicht mehr, so treten dessen Kinder (also die Geschwister des Erblassers) an seine Stelle, so dass diese die eine Hälfte und der noch lebende Elternteil die andere Hälfte erben. Sind die Geschwister vorverstorben, so erben neben dem noch lebenden Elternteil die Nichten und Neffen. Sind weder Geschwister noch Geschwisterkinder vorhanden, so erbt der längerlebende Elternteil allein.

Die 3. Ordnung umfasst die Großeltern, Onkel und Tanten, Vettern und Basen des Erblassers, die 4. und 5. Ordnung die noch entfernteren Verwandten.

III. Das gesetzliche Erbrecht des Ehepartners

Voraussetzung ist, dass zum Zeitpunkt des Erbfalls eine gültige Ehe bestand und auch kein Ehescheidungsverfahren anhängig war (→ Ehescheidung und Erbfall).

Ist der → Erbfall eingetreten (und kein Testament oder Erbvertrag vorhanden), dann wird *zuerst* der Erbteil des Ehepartners berechnet. Der Rest wird auf die übrigen gesetzlichen Erben verteilt. Entscheidend ist, in welchem *Güterstand* die Ehepartner miteinander gelebt haben und mit welcher *Verwandtengruppe* der längerlebende Ehepartner zusammentrifft. Es sollen nachstehend nur die beiden wichtigsten Beispiele aufgeführt werden:

1. Gütertrennung

Sind Kinder vorhanden, so erbt der Ehepartner neben einem Kind die Hälfte, neben zwei Kindern ein Drittel, ab dem dritten Kind ein Viertel. Bei bis zu drei Kindern erbt der Ehepartner also immer genauso viel wie die Kinder. Bei mehr als drei Kindern verbleibt es bei dem Viertel für den Ehepartner, so dass die auf das einzelne Kind entfallende Quote geringer wird als die Quote, die der längerlebende Ehepartner erhält. Sind keine Kinder vorhanden, leben aber noch die Eltern oder ein Elternteil oder Geschwister des Erblassers oder deren Kinder, dann erbt der Ehepartner die Hälfte, die andere Hälfte fällt an die vorgenannten Verwandten.

2. Zugewinngemeinschaft

Sind Kinder vorhanden, so erbt der Ehepartner ein Viertel (sogenannter Regelerbteil) sowie ein *weiteres Viertel* als Zugewinnaus-

Gesetzliche Erbfolge

gleich, und zwar unabhängig davon, ob im konkreten Fall ein Zugewinn erzielt worden ist (schematischer Zugewinn, auch „Bonner Quart" genannt). Er erbt also insgesamt die Hälfte des Nachlasses. Die andere Hälfte wird unter den Kindern aufgeteilt. Darüber hinaus ist der erbende Ehepartner verpflichtet, den Kindern des Erblassers, die nicht aus der Ehe zwischen ihm und dem Erblasser stammen (also Kinder aus einer früheren Ehe des Erblassers oder dessen nichteheliche Kinder), aus dem zusätzlich gewährten Viertel eine angemessene Ausbildung zu finanzieren, sofern diese Kinder einer Ausbildung bedürfen und sie die Kosten dafür nicht selbst aufbringen können.

Sind keine Kinder vorhanden, leben aber noch die Eltern des Erblassers oder ein Elternteil oder Geschwister des Erblassers oder deren Kinder, dann erbt der Ehepartner die Hälfte sowie wiederum *zusätzlich* ein Viertel Zugewinnausgleich, also insgesamt drei Viertel. Das restliche Viertel fällt an die vorerwähnten Verwandten.

Beim Güterstand der *Zugewinngemeinschaft* kann der längerlebende Ehepartner noch eine Überlegung ganz anderer Art anstellen, die für ihn vorteilhaft bzw. zweckmäßig sein kann: Er könnte die Erbschaft *ausschlagen* (siehe → Annahme und Ausschlagung der Erbschaft) und stattdessen den sogenannten „kleinen Pflichtteil" (das ist der Pflichtteil ohne Berücksichtigung des Zugewinns) und *zusätzlich* den Zugewinnausgleich aus dem real erwirtschafteten (also nicht etwa schematischen) Zugewinn verlangen. Der Höhe nach erwirbt der Ehepartner dann zwar möglicherweise weniger (möglicherweise aber auch mehr), als wenn er es bei der gesetzlichen Erbquote beließe; der Vorteil einer Ausschlagung der Erbschaft bei gleichzeitiger Geltendmachung des kleinen Pflichtteils sowie außerdem des Zugewinnausgleichs könnte aber allemal darin bestehen, dass man mit den gemeinsamen Kindern (oder sonstigen Verwandten des verstorbenen Ehepartners) nicht in einer Erbengemeinschaft leben und die Mühe und den eventuellen Ärger einer Auseinandersetzung dieser Erbengemeinschaft nicht auf sich nehmen muss. Auch hat man dann die Gewissheit, niemals für die *Schulden* des verstorbenen Ehepartners zu haften, deren wahre Höhe sich womöglich erst zu einem späteren Zeitpunkt herausstellt.

3. Gütergemeinschaft

Der Güterstand der sog. Gütergemeinschaft ist selten. Bestand indes Gütergemeinschaft, ist der gesetzliche Erbteil des Ehegatten wie im Falle einer Gütertrennung zu ermitteln. Die Gütergemeinschaft wird durch den Tod eines Ehegatten beendet. Sie muss dann unter den Miterben auseinandergesetzt werden. Möglich ist auch eine sog. fortgesetzte Gütergemeinschaft, allerdings nur dann, wenn dies der Erblasser mit seinem Ehegatten im Ehevertrag vereinbart hat. Dann gehört der Anteil des verstorbenen Ehegatten am sog. Gesamtgut nicht zum Nachlass.

4. Wahl-Zugewinngemeinschaft

Im Jahr 2013 wurde ein neuer Güterstand durch ein Abkommen zwischen der Bundesrepublik Deutschland und der Französischen Republik über den Güterstand der sogenannten Wahl-Zugewinngemeinschaft eingeführt. Der Güterstand ist eigentlich für deutsch-französische Mischehen gedacht. Er kann aber auch gewählt werden, wenn beide Ehegatten deutsche Staatsbürger sind. Anders als beim normalen Güterstand der Zugewinngemeinschaft wird beim Wahlgüterstand der Zugewinngemeinschaft die Erbquote im Falle des Versterbens eines Ehegatten nicht um ein Viertel erhöht. Der Zugewinn, der in diesem Güterstand von den Ehegatten erzielt wird, muss stets für den jeweiligen Einzelfall konkret ermittelt und ggfs. ausgeglichen werden.

IV. Das gesetzliche Erbrecht des Lebenspartners einer eingetragenen Lebenspartnerschaft

→ Lebenspartnerschaft unter Gleichgeschlechtlichen

Grabpflege
→ Bestattung und Grabpflege

H

Haftung des Erben

Es versteht sich von selbst, dass der Erbe als Gesamtrechtsnachfolger des →Erblassers nicht nur dessen Vermögen, sondern auch dessen Verbindlichkeiten (Schulden) erbt und für ihre Begleichung einstehen muss. Nachlassverbindlichkeiten sind aber nicht nur die vom Erblasser hinterlassenen Schulden *(Erblasserschulden)*, sondern auch diejenigen, die erst durch den Erbfall entstehen *(Erbfallschulden)*. Letztere sind u. a. Beerdigungskosten, Erfüllung von →Pflichtteilsansprüchen, →Vermächtnisansprüchen oder →Zugewinnausgleichsansprüchen. Es kommt noch eine dritte Kategorie hinzu, nämlich die sogenannten *Nachlasserbenschulden*. Dabei handelt es sich um solche Verbindlichkeiten, die der Erbe eingegangen ist, für die aber der Nachlass (auch) haften soll. Beispiel: Ein Miterbe lässt das Dach des in den Nachlass fallenden Hauses reparieren.

Erblasserschulden sind *vor* den Erbfallschulden zu befriedigen. Für den Erben bedeutet dies, dass, wenn durch Erfüllung der Erblasserschulden der Nachlass nicht mehr ausreicht, um Pflichtteilsansprüche oder Vermächtnisse zu erfüllen, er diese Ansprüche kürzen kann bzw. dass er dann, wenn der Nachlass völlig erschöpft ist, Pflichtteilsansprüche und Vermächtnisse überhaupt nicht zu erfüllen braucht.

Übersteigt das geerbte *Aktiv*vermögen die (ebenfalls geerbten) Schulden, so stellt sich für den Erben insoweit kein Problem: Durch die Bezahlung der Schulden wird der Nachlass zwar naturgemäß geschmälert, es bleibt aber „immer noch etwas übrig". Sind jedoch die *Schulden* des Erblassers *größer* als das, was an Aktivvermögen vorhanden ist, dann ist die Situation für den Erben problematisch. Wenn er dann nicht aufpasst, läuft er Gefahr, für die Begleichung der Schulden *uneingeschränkt* zu haften. Man kann, anders ausgedrückt, durch eine Erbschaft nicht nur *reich*, man kann durch sie auch *arm* werden.

Oft weiß der Erbe von vornherein, dass der Erblasser überschuldet war; er wird dann die Erbschaft nicht annehmen, sondern sie innerhalb der dafür vorgesehenen Frist ausschlagen (→ Annahme und Ausschlagung der Erbschaft). In vielen Fällen aber ist die Situation nicht so eindeutig; es ist oft unmöglich, sich innerhalb der Ausschlagungsfrist von sechs Wochen einen Überblick zu verschaffen. Der Erbe will zwar in der Regel die Nachlassverbindlichkeiten begleichen, aber eben nur aus den Mitteln, die ihm der Erblasser hinterlassen hat.

Hat der Erbe die Erbschaft nicht innerhalb der dafür vorgesehenen Frist ausgeschlagen, sei es, weil er die Frist versäumt hat, sei es, weil er innerhalb so kurzer Zeit sich noch keinen Überblick über den Aktivbestand der Erbschaft einerseits und die Verbindlichkeiten andererseits verschaffen konnte, so besteht für ihn die Möglichkeit, seine Haftung auf das zu *beschränken*, was effektiv im Nachlass vorhanden ist. Die Beschränkung ist auf zweierlei Weise möglich: Entweder stellt der Erbe (oder die Erbengemeinschaft) Antrag auf Eröffnung des *Nachlassinsolvenzverfahrens*, was er dann tun wird, wenn sich die eindeutige Überschuldung herausgestellt hat; oder er stellt Antrag auf *Nachlassverwaltung*, was er dann tun wird, wenn ungewiss ist, ob eine Überschuldung vorliegt oder nicht.

Wenn sich herausgestellt hat, dass der Nachlass überschuldet ist, dann ist der Erbe sogar verpflichtet, Antrag auf Eröffnung des Insolvenzverfahrens zu stellen. Unterbleibt die Antragstellung trotz der Kenntnis oder infolge fahrlässiger Nichtkenntnis, so macht der Erbe sich den Gläubigern gegenüber schadenersatzpflichtig. Übrigens können auch die *Gläubiger* zur Wahrung ihrer Rechte Antrag auf Eröffnung des Insolvenzverfahrens stellen. Durch die Eröffnung des Insolvenzverfahrens werden das Nachlassvermögen und das eigene Vermögen des Erben getrennt; nur das *Nachlassvermögen* unterliegt der Haftung. Die Durchführung des Insolvenzverfahrens ist freilich mit erheblichen Kosten verbunden. Stellt sich heraus, dass die Durchführung des Insolvenzverfahrens nicht einmal die damit verbundenen Kosten decken würde, dann wird das Verfahren gar nicht erst eröffnet. Aber auch dann haftet der Erbe nur mit dem

Haftung des Erben

Nachlassvermögen. Den Gläubigern gegenüber kann er mit dem Hinweis auf die zu geringe Erbmasse die sogenannte → *„Dürftigkeitseinrede"* erheben.

Die *Nachlassverwaltung* hingegen wird häufig dann beantragt, wenn es sich um einen komplizierten Nachlass handelt, bei dem die Verhältnisse schwer zu übersehen sind, besonders dann, wenn noch gar nicht beurteilt werden kann, ob der Nachlass überschuldet ist oder nicht. Das Nachlassgericht setzt dann einen *Nachlassverwalter* ein. Der Erbe darf von da ab nur noch mit Zustimmung des Nachlassverwalters über den Nachlass verfügen. Der Nachlassverwalter wiederum nimmt die Trennung zwischen dem Nachlassvermögen und dem Eigenvermögen des Erben vor, so dass sich die Nachlassgläubiger nur an das Nachlassvermögen halten können. Sind die Nachlassgläubiger befriedigt, dann wird die Nachlassverwaltung beendet, und der Nachlassverwalter stellt den verbleibenden Überschuss dem Erben zur Verfügung. Stellt sich im Laufe der Nachlassverwaltung heraus, dass der Nachlass überschuldet ist, dann stellt der Nachlassverwalter den Antrag auf Eröffnung des Nachlassinsolvenzverfahrens. Stellt das Nachlassgericht allerdings von vornherein fest, dass das vom Erblasser hinterlassene Vermögen so gering ist, dass es nicht einmal die Kosten einer Nachlassverwaltung decken würde, dann wird auch eine Nachlassverwaltung gar nicht erst angeordnet. Der Erbe aber hat dann dasselbe erreicht wie im Falle der Nichteröffnung des Insolvenzverfahrens: Er kann die Nachlassgläubiger auf die *Erbmasse* verweisen, indem er auch hier die sogenannte *„Dürftigkeitseinrede"* erhebt.

Von besonderer Bedeutung für den Erben ist es, dass er möglichst rasch den genauen Umfang der Erbschaft und die genaue Höhe der Nachlassverbindlichkeiten feststellt. Oft kann er erst danach entscheiden, ob er Nachlassverwaltung oder die Eröffnung des Nachlassinsolvenzverfahrens beantragen soll. Damit er nicht ab dem Erbfall unter Zeit- und Zahlungsdruck steht, räumt ihm das Gesetz die Möglichkeit ein, auf die Dauer von *drei Monaten nach Ablauf der Ausschlagungsfrist* die Bezahlung der Nachlassverbindlichkeiten zu verweigern (sogenannte *„Dreimonatseinrede"*).

Außer den vorgenannten beiden Möglichkeiten hat der Erbe noch eine dritte Möglichkeit, die Erbschaft zwar anzunehmen, die

Gläubiger aber nur aus den Mitteln des Nachlasses befriedigen zu müssen: Im Wege eines beim Nachlassgericht zu beantragenden *Aufgebotsverfahrens* kann er die Gläubiger zur Anmeldung ihrer Forderungen veranlassen. Auf diese Weise erhält er eine zuverlässige Übersicht über die Höhe der Forderungen. Bis zur Beendigung des Aufgebotsverfahrens kann er die Bezahlung der Nachlassverbindlichkeiten verweigern (sogenannte *„Aufgebotseinrede"*). Das Nachlassgericht setzt den Nachlassgläubigern eine *Frist*, innerhalb derer sie ihre Forderungen bekannt zu geben haben. Das Aufgebot wird an der Gerichtstafel angeheftet. Wenn der Aufenthalt der Gläubiger bekannt ist, werden sie auch schriftlich benachrichtigt. Wer sich nicht fristgerecht meldet, wird im Rahmen des Aufgebotsverfahrens ausgeschlossen, so dass der Erbe nicht Gefahr läuft, noch mit einer später geltend gemachten Forderung, aufgrund derer sich dann möglicherweise doch noch die Überschuldung des Nachlasses herausstellt, in der Weise konfrontiert zu werden, dass er mit seinem eigenen Vermögen haftet. Zwar kann diese später geltend gemachte Forderung – sofern sie noch unverjährt ist! – nicht schlicht als verspätet zurückgewiesen werden, aber der Erbe haftet dann nur mit dem, was im Nachlass noch vorhanden ist. Er kann einwenden, dass keine Nachlasswerte mehr vorhanden sind – juristisch ausgedrückt: die sogenannte *„Erschöpfungseinrede"* erheben. Aber: Auch der im Rahmen des Aufgebotsverfahrens ausgeschlossene Gläubiger hat noch Vorrang vor den Ansprüchen aus → Pflichtteilen, → Vermächtnissen oder → Auflagen, es sei denn, er hat seine Forderung erst nach *Befriedigung* dieser Ansprüche geltend gemacht.

Aber auch ohne Nachlassinsolvenzverfahren, Nachlassverwaltung oder Aufgebotsverfahren kann es eine Beschränkung geben: Ein Nachlassgläubiger, der seine Forderung später als fünf Jahre nach dem Erbfall geltend macht, steht (soweit diese Forderung nicht sowieso verjährt ist) einem durch Aufgebot ausgeschlossenen Gläubiger gleich, es sei denn, die (nicht verjährte!) Forderung war dem Erben bekannt.

Die Standardformel lautet: Der Erbe haftet *unbeschränkt*, aber *beschränkbar*. Für die Geltendmachung der Beschränkung gibt es keine gesetzlichen Fristen. Allerdings verwirkt der Erbe die Beschränkbarkeit, wenn er der Aufforderung des Nachlassgerichts zur

Erstellung eines *Inventarverzeichnisses* nicht nachkommt oder wenn er sich weigert, die Richtigkeit seiner im Inventarverzeichnis gemachten Angaben an Eides statt zu versichern. Nachlassgläubiger können nämlich bei Gericht den Antrag stellen, dass der Erbe den Nachlass unter amtlicher Mitwirkung *inventarisiert*. Der Erbe ist aber auch ohne Aufforderung seitens des Nachlassgerichts von sich aus berechtigt, ein amtliches Inventarverzeichnis über die Nachlassgegenstände zu erstellen. Führt er absichtlich eine erhebliche Unvollständigkeit oder Unrichtigkeit herbei, so *verwirkt* er dadurch sein Recht auf Haftungsbeschränkung.

Eine Sonderregelung gilt für den Fall, dass der Erbe ein geerbtes *Handelsgeschäft* fortführt. Wird es vom Erben unter der bisherigen Firma mit oder ohne Nachfolgezusatz fortgeführt, so haftet er für die im Betrieb des Geschäfts begründeten Verbindlichkeiten uneingeschränkt auch mit seinem eigenen Vermögen. Er kann diese unbeschränkte Haftung aber dadurch vermeiden, dass er vor Ablauf von drei Monaten nach Kenntniserlangung vom Erbfall die Fortführung des Geschäfts einstellt.

Bei einer Erbengemeinschaft haften die Miterben *gesamtschuldnerisch* für die Nachlassschulden, also ein *jeder* für die *gesamte* Schuld. Im Innenverhältnis, also im Verhältnis untereinander, haftet hingegen jeder nur entsprechend seiner *Erbquote*. Auf detaillierte Ausführungen – z.B. zur unterschiedlichen Haftung vor und nach der Nachlassteilung oder zu Besonderheiten für den Fall, dass einer der Miterben selbst Nachlassgläubiger ist – soll hier verzichtet werden, weil dies über den Rahmen einer Abhandlung zur Schnellinformation hinausginge.

Hingewiesen sei aber abschließend darauf, dass eine zugunsten des Erben bestehende →Lebensversicherung, die beim Tode des Erblassers an den Erben zur Auszahlung gelangt, mit der Haftung des Erben für die Schulden des Erblassers *nichts* zu tun hat. Denn die Lebensversicherung gehört als selbständig entstehender Anspruch des Erben nicht zum Nachlass. Nur dann, wenn der Erbe infolge Nichtausschlagung oder Nichtbeschränkung mit seinem *eigenen* Vermögen haftet, wäre natürlich auch die Leistung aus der Lebensversicherung betroffen, weil diese Leistung ja in das Vermögen des Erben gefallen ist.

Haustiere als Erben

Ein Haustier kann nach deutschem Recht weder Erbe werden noch ein Vermächtnis erhalten. Es fehlt dem Tier die sogenannte Rechtsfähigkeit. Wer als Tierhalter die Versorgung eines Haustiers sicherstellen möchte, kann sich dazu einer Auflage bedienen, die entweder dem Erben oder einem Vermächtnisnehmer gemacht wird. Eine zusätzliche Sicherung kann darin bestehen, dass eine Testamentsvollstreckung angeordnet wird und dem Testamentsvollstrecker die Weisung erteilt wird, für die ordnungsgemäße Durchführung der Auflage Sorge zu tragen.

Heimgesetz und Erbfall

Immer mehr Menschen verbringen ihren Lebensabend in einem sogenannten Seniorenheim/Seniorenstift (Altenheim oder Altersheim, wie man früher sagte). Viele Menschen sind sogar auf ein Pflegeheim oder auf die Pflegeabteilung des Seniorenheims angewiesen.

Die Bedeutung von Testamenten, die Heimbewohner zugunsten des Heims oder zugunsten von Mitarbeitern des Heims errichten (sprachlich verunglückt oft als „Heimträgertestament" bezeichnet), hat damit erheblich zugenommen. Es kann durchaus sinnvoll und verständlich sein, dass ein Heimbewohner „sein Heim" oder eine dort beschäftigte Person, die sich seiner besonders angenommen hat, zum Erben einsetzt. Allerdings stellt sich in diesem Zusammenhang ein Problem besonderer Art: Es soll auf jeden Fall vermieden werden, dass ein Heimbewohner von der Heimleitung oder einem Mitarbeiter des Heims in irgendeiner Form beeinflusst wird, zugunsten des Heims oder zugunsten des Mitarbeiters zu testieren. Gerade bei älteren Menschen besteht bekanntlich die Gefahr einer solchen Einflussnahme. Dies kann in Extremfällen so weit gehen, dass sie Opfer einer regelrechten Erbschleicherei werden. Um dem vorzubeugen, gibt es besondere Vorschriften, die in einzelnen Heimgesetzen der Bundesländer enthalten sind. In Baden-Württemberg ist es das „Gesetz für unterstützende Wohnformen, Teilhabe und Pflege (Wohn-, Teilhabe- und Pflegegesetz – WTPG)" vom 20. Mai

2014. Diesem Gesetz zufolge ist es dem Heim (juristisch genau gesagt: dem Heimträger) und den Mitarbeitern des Heims untersagt, sich von Heimbewohnern neben den regulären Unterhaltsbeträgen zusätzlich Geld oder geldwerte Leistungen versprechen oder gewähren zu lassen. Zweck dieser gesetzlichen Regelung ist es, einer *unterschiedlichen* (bevorzugenden oder benachteiligenden) Behandlung der Heimbewohner entgegenzuwirken. Mit anderen Worten: Ein Millionär und ein Sozialhilfeempfänger sollen in einem Heim die gleiche Behandlung erfahren. Auf keinen Fall soll der vermögende Heimbewohner sich Vergünstigungen dadurch „erkaufen" können, dass er dem Heim oder einem Mitarbeiter des Heims großzügige Zuwendungen macht oder eine Erbeinsetzung in Aussicht stellt.

Entgegen einer mitunter vertretenen Auffassung gehen die Vorschriften der Heimgesetze nun aber keineswegs so weit, dass eine testamentarische Erbeinsetzung des Heims oder eines Mitarbeiters durch den Heimbewohner generell unzulässig sei. Das Kriterium liegt, wie dargetan, ausschließlich darin, dass eine solche Erbeinsetzung vom Heimbewohner nicht vorher *versprochen* oder *in Aussicht gestellt* werden darf. Worauf es ankommt, ist also Folgendes: Das in einem Testament begünstigte Heim bzw. der begünstigte Mitarbeiter darf unter keinen Umständen vor Eintritt des Erbfalls *Kenntnis* von der testamentarischen Begünstigung erhalten. Der Rat, der einem Heimbewohner zu erteilen ist, ist also der, dass, wenn dieser sich mit dem Gedanken trägt, zugunsten des Heims oder eines Mitarbeiters zu testieren bzw. wenn er eine solche Testierung bereits vorgenommen hat, er *absolute Diskretion* über die Verfügung bewahrt. Weder die Heimleitung noch der betroffene Mitarbeiter noch irgendein sonstiger Mitbewohner des Heims oder aber auch eine außenstehende Person, welche die getroffene Verfügung ausplaudern könnte, darf etwas erfahren. Andernfalls bestünde die Gefahr, dass das Testament wegen Verstoßes gegen das Heimgesetz nichtig wäre. Sehr hilfreich könnte da auch noch die *Formulierung* im Testament sein, die der Heimbewohner wählt, wenn er sein Testament verfasst. Er sollte ausdrücklich hervorheben, dass er mit den Vorschriften des Heimgesetzes vertraut ist und er die darin enthaltenen Verbote beachtet hat. Auf diese Weise kann von vornherein etwaigen Argumenten von Verwandten, die sich übergangen fühlen, begegnet werden. In diesem Zusammenhang ist dem Heimbewohner auch noch zu raten, das besagte Testament nicht in seinem Wohnbereich aufzubewahren (denn dort könnte es u. U. – auch ungewollt – vom Personal des Heims zur Kenntnis genommen werden), sondern es in amtliche Verwahrung (→ Nachlassgericht) zu geben.

Es wäre im Übrigen ja auch ganz widersinnig, ein Testament, in welchem ein Heimbewohner das Heim oder einen bestimmten Mitarbeiter des Heims begünstigt hat, grundsätzlich für nichtig zu erklären. Wenn ein Mitarbeiter sich aus uneigennützigen Gründen in besonderer Weise einem alten oder pflegebedürftigen Menschen zuwendet, ist es für diesen häufig ein Bedürfnis, diesen Mitarbeiter eher zu bedenken als beispielsweise entferntere Verwandte oder durch Verzicht auf eine testamentarische Verfügung solche Personen als „gesetzliche Erben" zum Zuge kommen zu lassen, die sich um ihn nicht gekümmert und oft nur in Erwartung auf die Erbschaft verharrt haben.

Der Heimbewohner, der ein größeres Vermögen zu vererben hat und dieses Vermögen nicht den habgierigen Verwandten zukommen lassen will, wird einem bestimmten Mitarbeiter des Heims in der Regel zwar nicht seine gesamte Erbschaft zukommen lassen, sondern er wird ihn mit einem bestimmten → Vermächtnis bedenken. Ein für den Heimbewohner nahe liegender Gedanke könnte es sein, dass er zu seinem eigentlichen Erben das Heim selbst einsetzt, sofern er sich dort wohl gefühlt hat, ihm dort Lebensfreude zuteil wurde und das Heim ihm in seinen letzten Lebensjahren (oder gar Lebensjahrzehnten) zur „Heimat" geworden war. Auch geht der Heimbewohner, der das Heim zum Erben einsetzt, von der (in der Regel berechtigten) Erwartung aus, dass seine Erbschaft zum Wohle anderer und insbesondere bedürftiger Heimbewohner eingesetzt wird – eine Erwartung, die er rechtlich noch untermauern und absichern könnte, indem er dem Heim zur → Auflage macht, die Erbschaft für ganz bestimmte Zwecke (beispielsweise den Ausbau der *Pflegestation*) zu verwenden. Die Erfüllung einer solchen Auflage könnte der Erblasser dadurch sicherstellen, dass er einen → Testamentsvollstrecker bestimmt.

Zusammenfassend lässt sich also sagen, dass der Heimbewohner durchaus das ihm vertraut gewordene Heim oder einen Mitarbeiter des Heims, der sich um ihn verdient gemacht hat, testamentarisch bedenken kann, sofern er nur die Bestimmungen des Heimgesetzes berücksichtigt. Sollen auch die letzten Zweifel über eine solche Testierung ausgeschlossen werden, kann auch noch die Genehmigung der Heimaufsichtsbehörde eingeholt bzw. eine Erklärung durch diese herbeigeführt werden, die eine zusätzliche „Absicherung" darstellt.

Ob sich die Grundsätze des Heimgesetzes verallgemeinern lassen, wonach Schenkungen und letztwillige Verfügungen zugunsten von Personen, die zum Schenker/Testierenden in einem besonderen Vertrauensverhältnis stehen, unwirksam sind, ist derzeit noch umstritten. Denkbar ist aber beispielsweise, das gleiche Ergebnis unter Heranziehung anderer Vorschriften abzuleiten. So gibt es beispielsweise seit 1997 eine Vorschrift in der Musterberufsordnung für *Ärzte*, die es ihnen verbietet, sich von Patienten Geschenke oder andere Vorteile, welche das übliche Maß einer Anerkennung übersteigen, versprechen zu lassen oder solche anzunehmen, wenn hierdurch der *Eindruck* erweckt werden kann, dass der Arzt in seiner ärztlichen Entscheidung beeinflusst werden könnte. Es kommt also nicht darauf an, ob der Arzt in seinen ärztlichen Entscheidungen *tatsächlich* beeinflusst ist, sondern es genügt, dass ein dahingehender (möglicherweise sogar unrichtiger) *Eindruck* entsteht. Diese Vorschrift dient erkennbar der Integrität des ärztlichen Berufsstandes und dem Schutz des Patienten vor seiner Ausnutzung. Es spricht daher viel dafür, dass ein Testament, welches vom Erblasser unter dem Eindruck einer Beeinflussung durch den ihn behandelnden Arzt errichtet wurde, unwirksam ist. Ähnliche Vorschriften gibt es für öffentlich Bedienstete, denen es untersagt ist, Geschenke und Belohnungen in Bezug auf das Amt anzunehmen. Testamente, die zu ihren Gunsten errichtet werden, können deshalb ebenfalls nichtig sein.

„Heimträger"-Testament
→ Heimgesetz und Erbfall

Höferecht

Im Bereich der *Land- und Forstwirtschaft* gilt für Betriebe ab einer gewissen Mindestgröße überwiegend ein Erbrecht besonderer Art, welches von den allgemeinen Regeln des Bürgerlichen Gesetzbuchs abweicht. In der ehemaligen britischen Besatzungszone, d. h. in den Ländern Hamburg, Niedersachsen, Nordrhein-Westfalen und Schleswig-Holstein, gilt die Höfeordnung von 1947 heute als partikulares Bundesrecht, und zwar in einer grundlegend novellierten Fassung aus dem Jahre 1976. Landesrechtlich einheitliches Höferecht gibt es in Bremen, Hessen und Rheinland-Pfalz. In den Ländern Bayern und dem Saarland sowie in den neuen Bundesländern gibt es kein Höferecht. In Baden-Württemberg ist der Rechtszustand aufgrund historischer Umstände zersplittert. Im Gebiet des ehemaligen Landes Baden gilt ein besonderes Höferecht für eine geschlossene Zahl gesetzlich bestimmter Hofgüter, die alle im nördlichen und mittleren Schwarzwald liegen. In den anderen Gebieten des früheren Landes Südbaden gibt es kein spezielles Höferecht. In den übrigen Teilen des heutigen Landes Baden-Württemberg gilt das alte württembergische Anerbenrecht.

Sinn und Zweck dieser Sonderregelung ist es, dass im Interesse der Erhaltung der Einheit des Hofes und des Bauernstandes das landwirtschaftliche Anwesen nur dem sogenannten *Hoferben* zufällt (Anerbenrecht), während die übrigen Miterben gegen den Hoferben nur einen Anspruch auf Zahlung eines – ermäßigten – Ausgleichsgeldes haben. Die Höhe des zu zahlenden Ausgleichsgeldes kann der Hofeigentümer in einer →Verfügung von Todes wegen (→Testament oder →Erbvertrag) oder in einem Übergabevertrag innerhalb bestimmter Grenzen festlegen. Hat er keine Bestimmung über die Höhe des zu zahlenden Ausgleichsgeldes getroffen oder verstirbt er, ohne ein Testament errichtet zu haben, so finden die Abfindungsregeln Anwendung, die in dem Höfegesetz des betreffenden Landes enthalten sind. Sie begünstigen den Hoferben, um eine Überschuldung infolge hoher Abfindungsansprüche der übrigen Erben (sogenannte „weichende Erben") zu vermeiden. Die Begünstigung geschieht vor allem dadurch, dass für die Bemessung des zu zahlenden Ausgleichsgeldes nicht der Verkehrswert des landwirtschaftlichen Anwesens, sondern der „Ertragswert" zugrunde gelegt wird.

Hoferbe wird, wen der →Erblasser (Hofeigentümer) durch Verfügung von Todes wegen, also durch Testament oder Erbvertrag, zum Hoferben bestimmt oder schon durch Übertragung zu Lebzeiten zum neuen Eigentümer gemacht hat. Die Übertragung schon zu Lebzeiten ist bei älteren Hofeigentümern der Regelfall, weil eine solche Übertragung (eine pachtweise Übertragung reicht aus) die Voraussetzung dafür ist, dass die *Altersrente* gezahlt wird.

Es ist nicht vorgeschrieben, dass der Hof an einen Verwandten, also beispielsweise an ein Kind des Erblassers, übertragen wird. Die Übertragung oder Vererbung kann auch an einen außenstehenden Dritten erfolgen. Verstirbt der Hofeigentümer, ohne eine Verfügung von Todes wegen getroffen zu haben, in welcher er festgelegt hat, wer Hoferbe werden soll, dann wird derjenige Hoferbe, der aufgrund seiner Beschäftigung auf dem Hof als zum Hoferben bestimmt gilt. Lässt sich eine solche Feststellung nicht treffen, dann wird, je nach *örtlichem Brauch*, entweder das älteste Kind (Ältestenrecht) oder das jüngste Kind (Jüngstenrecht) Hoferbe. Der früher vorherrschende „Mannesvorzug" ist überall beseitigt. Sind keine Kinder vorhanden, dann wird mangels näherer Bestimmung der *Ehepartner* Hoferbe. Ist kein Ehepartner vorhanden, dann sind als nächstes die Eltern des Hofeigentümers und dann seine Geschwister als Erben berufen, wiederum – je nach örtlichem Brauch – entweder der älteste oder der jüngste Geschwisterteil.

I

Insolvenzverfahren über den Nachlass
→ Haftung des Erben

Internationales Erbrecht

Das internationale Erbrecht beantwortet die Frage, welche Rechtsnormen bei der Abwicklung eines Erbfalles zur Anwendung kommen. Auf einen Nenner gebracht, gilt Folgendes: Auch bei Ausländern, die in Deutschland versterben, wird grundsätzlich deutsches Erbrecht angewandt. Das gilt nicht, wenn der Erblasser in einem Testament die Geltung des Erbrechts seines Heimatstaates angeordnet hat. Ebenso wenig gilt es, wenn das Heimatrecht des Verstorbenen die Geltung des heimatlichen Erbrechts vorschreibt. Dann muss auch ein deutsches Gericht, das mit dem Nachlass befasst ist, dieses ausländische Recht anwenden. Freilich darf ein deutscher Richter ausländische Rechtsnormen nicht unbesehen auf einen Rechtsfall übertragen, der sich im Geltungsbereich des Grundgesetzes ereignet. Denn eine Rechtsnorm eines anderen Staates ist nicht anzuwenden, wenn ihre Anwendung zu einem Ergebnis führt, das mit wesentlichen Grundsätzen des deutschen Rechts, dem sogenannten ordre public, offensichtlich unvereinbar ist. Beispiel: Ein iranischer Staatsangehöriger, der kinderlos verheiratet ist und seit vielen Jahren in Deutschland lebt, verstirbt. Im Iran hat der Erblasser noch acht Geschwister. Der Iraner hat seine Ehefrau testamentarisch zu seiner alleinigen Erbin eingesetzt. Er wird als iranischer Staatsangehöriger nunmehr zwingend nach iranischem Recht beerbt. Da das iranische Recht die testamentarische Einsetzung eines Erben nicht kennt, ist das Testament unwirksam. Nach iranischem Recht würde die Ehefrau ein Viertel seines Vermögens erben. Demgegenüber hätte, wäre die Ehefrau vorverstorben, der Ehemann die Hälfte geerbt. Diese Ungleichbehandlung von Männern und Frauen ist im islamischen Recht nichts Ungewöhnliches. Sie widerspricht jedoch wesentlichen Grundsätzen des deutschen Rechts, insbesondere des Grundgesetzes, wonach Männer und Frauen gleichberechtigt sind. Daher erbt die Ehefrau im konkreten Beispielsfall die Hälfte – und wenn sie mit dem Erblasser im Güterstand der Zugewinngemeinschaft gelebt hatte, würde noch ein weiteres Viertel hinzukommen.

Denkbar ist, dass auf einen Erbfall mehrere konkurrierende Erbrechtssysteme anzuwenden sind. Das ist dann der Fall, wenn ein Erblasser in Deutschland Vermögen im Ausland besitzt und der ausländische Staat nach seiner Rechtsordnung verlangt, dass das bei ihm belegene Vermögen nach den Vorschriften der eigenen Rechtsvorschriften vererbt wird. Man spricht in solchen Fällen von einer *Nachlassspaltung*.

K

Kunst im Nachlass

Kunstgegenstände findet man in Nachlassen, wenn der Erblasser selbst Künstler war oder aber Kunstliebhaber. Erbrechtlich ergeben sich insoweit keine Besonderheiten. Der Erbe erwirbt die Kunstgegenstände zusammen mit dem sonstigen Nachlass. War der Künstler allerdings gewerblich tätig, hat er also von seiner Kunst gelebt, rückt der Erbe zunächst auch in diese Position des Künstlers ein. Hier können sich ertragssteuerliche Fragen stellen, die im Rahmen dieses Buches nicht dargestellt werden können. In Fällen dieser Art ist sachverständiger Rat unerlässlich. Beerbt der Erbe einen Kunstliebhaber – also einen Kunstsammler – konzentrieren sich die Fragen des Erben in erster Linie auf die Bewertung der Kunstgegenstände und darauf, ob er ggfs. deshalb erbschaftssteuerliche Vergünstigungen geltend machen kann. Die Bewertung von Kunstgegenständen ist mit erheblichen Schwierigkeiten verbunden, was grundsätzlich auch die Finanzverwaltung einräumt. Im Zweifel müssen Sachverständigengutachten angefertigt werden. Darüber hinaus sieht das Erbschaftsteuergesetz diverse Steuerbefreiungsregelungen für Kunstgegenstände und Kunstsammlungen vor, deren Erhaltung im öffentlichen Interesse liegt.

L

Lebenspartnerschaft unter Gleichgeschlechtlichen

Mit dem Lebenspartnerschaftsgesetz vom 16.2.2001 werden Lebensgemeinschaften Gleichgeschlechtlicher erstmals in Deutschland rechtlich anerkannt. Das Gesetz hat die Lebenspartnerschaft in praktisch allen Rechtsbereichen der Ehe gleichgestellt. Es hatte allerdings nur eine eingeschränkte praktische Bedeutung. In den Jahren 2014 bis 2017 wurden insgesamt 28.164 Lebenspartnerschaften geschlossen. Für den Zeitraum davor gibt es keine Statistiken. Seit der Einführung der → „Ehe für alle" am 1.10.2017 kann eine Lebenspartnerschaft nicht mehr begründet werden. Diejenigen, die in einer Lebenspartnerschaft leben, können diese allerdings in eine Ehe umwandeln lassen.

Lebensversicherungen

Eine Lebensversicherung wird in der Weise abgeschlossen, dass für den Fall des Todes einer Person eine bestimmte *Geldleistung*, sei es ein Kapitalbetrag, sei es eine Rente, von der Versicherung gezahlt werden soll. Derjenige, dessen Leben versichert ist, wird als *Versicherter* bezeichnet, derjenige, der die Versicherung abschließt (und die Beiträge entrichtet), wird als *Versicherungsnehmer* bezeichnet. Meistens wird der Versicherungsnehmer sein eigenes Leben versichern, so dass er zugleich der Versicherte ist. Es kommt aber auch vor, dass z.B. ein Vater sein Kind versichert. In diesem Fall ist der Vater der Versicherungsnehmer, das Kind der Versicherte.

Bei Lebensversicherungen unterscheidet man die bloßen Lebensversicherungen (die sogenannten *Risikolebensversicherungen*) und die *kapitalbildenden* Lebensversicherungen. Bei den Risikolebensversicherungen wird die Versicherungsleistung nur dann fällig, wenn der Versicherte innerhalb der Laufzeit der Versicherung stirbt. Sie dient daher dem Hinterbliebenenschutz. Lebt der Versicherte noch, wenn die Versicherung endet, werden keine Leistungen fällig.

Bei der *kapitalbildenden* Lebensversicherung hingegen wird die Versicherungsleistung nicht nur dann gezahlt, wenn der Versicherte gestorben ist, sondern auch dann, wenn er bei Ablauf der Versicherungszeit noch am Leben ist. Die Versicherungssumme wird also entweder mit dem Tod des Versicherten fällig oder (spätestens) mit dem Ablauf der Versicherungszeit. Es gibt die unterschiedlichsten Ausprägungen derartiger kapitalbildender Versicherungen, die hier nicht im Einzelnen dargestellt werden können. Kapitalbildende Versicherungen erhöhen sich im Regelfall durch die im Laufe der Zeit anfallenden *Gewinnbeteiligungen*, also um diejenigen Überschüsse, die sich bei einem günstigen Geschäftsverlauf bei der Versicherungsgesellschaft ergeben.

Die Anzahl der Lebensversicherungen in Deutschland ist seit der Finanzkrise rückläufig. Das hängt in erster Linie mit den stark zurückgegangen Renditen zusammen. Der sogenannte Garantiezinssatz beträgt aktuell 0,9 %. Der Garantiezinssatz war in der Vergangenheit ein zentrales Argument, eine Lebensversicherung abzuschließen, weil dieser Zinssatz über die gesamte Laufzeit des Vertrags gilt. Weitgehend unbekannt ist freilich, dass die Finanzaufsicht in einem Krisenfall den Garantiezinssatz herabsetzen kann. Dieser Umstand und andere Gründe haben Verbraucherschützer auf den Plan gerufen, die teilweise vor dem Neuabschluss einer Lebensversicherung warnen und Verbrauchern, die bereits Lebensversicherungen abgeschlossen haben, raten, diese zu kündigen.

In den Versicherungsvertrag kann aufgenommen werden, dass die Versicherungssumme beim Tode des Versicherten an eine oder an mehrere Personen ausgezahlt werden soll. Der Begriff für diese Vereinbarung lautet *Bezugsberechtigung*. Sind *mehrere* Bezugsberechtigte benannt, so erhalten sie, wenn nichts anderes bestimmt ist, die Versicherungssumme zu gleichen Teilen.

Besonders bedeutsam ist folgendes: Derjenige, der als Bezugsberechtigter benannt ist, erwirbt den Auszahlungsbetrag *nicht* im Wege des *Erbrechts*; es liegt vielmehr in der Regel eine *Schenkung* vor, und zwar eine Schenkung in Gestalt eines sogenannten „*Vertrags zugunsten Dritter*". Vom sonstigen Nachlass und dessen Schicksal ist dieser Erwerb also völlig getrennt. Das kann erhebliche Konsequenzen haben. Beispiel: Die Ehefrau eines überschuldeten Unternehmers beerbt ihren Mann, folglich erbt sie auch dessen Schulden. Sie ist aber zugleich auch als Bezugsberechtigte in der von ihrem Mann abgeschlossenen Lebensversicherung benannt. In diesem Fall könnte die Ehefrau die Erbschaft *ausschlagen* (→ Ausschlagung der Erbschaft), um keine Schulden übernehmen zu müssen und dennoch die Versicherungssumme aus der Lebensversicherung beanspruchen. Aber auch dann, wenn der Erbe die Erbschaft *nicht* ausschlägt, sondern seine Haftung auf den Nachlass *beschränkt* (→ Haftung des Erben), würde die Versicherungssumme, die er als Bezugsberechtigter erwirbt, nicht in die Haftung für die Nachlassverbindlichkeiten einbezogen. Dieser Betrag verbliebe in jedem Fall beim Erben. Für den Erben kann das naturgemäß von ganz entscheidender Bedeutung sein.

Die Auszahlung der Lebensversicherungssumme an den Bezugsberechtigten kann auch noch eine ganz andere Wirkung erzeugen: Da in den meisten Fällen zwischen dem Begünstigten und dem Versicherungsnehmer eine *Schenkung* vorliegt, kann dies dazu führen, dass ein Rechtsgebiet ins Spiel kommt, welches mit „Lebensversicherungen" ursprünglich überhaupt nichts zu tun hat. Gemeint ist das *Pflichtteilsrecht*, und hier sind es konkret die → *Pflichtteilsergänzungsansprüche*. Diese Ansprüche können sich, wenn ansonsten nicht genügende Mittel im Nachlass vorhanden sind, auch gegen den *Beschenkten* (Bezugsberechtigten) richten.

Folgendes Beispiel: Der geschiedene Erblasser verfügte über keinerlei Vermögen. Er hatte aber eine Lebensversicherung abgeschlossen. Bezugsberechtigt war seine Lebensgefährtin, die bei seinem Tod die Versicherungssumme von 400.000 € erhielt. Der pflichtteilsberechtigte einzige Sohn des Erblassers erhielt aus dem Nachlass nichts, weil sich keine Werte im Nachlass befanden. Er könnte aber einen Anspruch gegen die Lebensgefährtin geltend machen. Als maßgeblicher *Wert* für die Schenkung an die Lebensgefährtin wird nicht die zur Auszahlung gelangte Versicherungssumme von 400.000 € zugrunde gelegt, sondern der Betrag, den der Erblasser gewissermaßen im Zeitpunkt seines Ablebens noch hätte erwirtschaften können. Das ist in der Regel der sogenannte Rückkaufswert. Wenn im Beispielsfall der Rückkaufswert der Versicherung nur 150.000 € betrug, erhielte der Sohn zur Erfüllung seines Pflichtteilsergänzungsanspruchs die Hälfte hiervon, nämlich 75.000 €.

Im *Innenverhältnis*, also im Verhältnis zwischen Versicherungsnehmer und Versicherungsgesellschaft, sind die Allgemeinen Versicherungsbedingungen der Versicherungsgesellschaften, die Bestandteil des Versicherungsvertrages sind, zu beachten. In den formularmäßigen Versicherungsverträgen taucht die Frage auf, wer bei Eintritt des Versicherungsfalls der *Bezugsberechtigte* sein soll. Häufig wird vereinbart, dass, wenn der Versicherungsnehmer den Eintritt des Versicherungsfalls erlebt, die Versicherungssumme an ihn zu zahlen ist und dass, wenn er vorher verstorben ist, „der Erbe" oder „die Erben" bezugsberechtigt sein sollen. Ist die Versicherungssumme an einen oder mehrere Erben auszuzahlen, wird die Versicherungsgesellschaft erst nach Vorlage eines →Erbscheins Zahlung leisten. Handelt es sich um mehrere Erben, wird sie die sich aus dem Erbschein ergebenden Erbquoten der einzelnen Erben berücksichtigen. Auch in einem solchen Fall ist das, was der Erbe erwirbt, kein „erbrechtlicher" Erwerb, sondern ein vom sonstigen Nachlass getrennter Erwerb aufgrund einer *Schenkung* in Gestalt eines „Vertrages zugunsten Dritter".

Denkbar ist freilich auch – mag es in der Praxis auch kaum vorkommen –, dass der Versicherungsnehmer überhaupt keine bezugsberechtigte Person benennt. In einem solchen Fall läge dann kein Vertrag zugunsten Dritter vor, sondern die Versicherungssumme würde – als *erbrechtlicher* Vorgang – in den *Nachlass* des Versicherten fallen und nach Vorlage eines Erbscheins von der Versicherungsgesellschaft an den oder die Erben gezahlt. Würde in einem solchen Fall der Erbe die Erbschaft ausschlagen, wäre auch die Versicherungssumme von der Ausschlagung umfasst.

Die Allgemeinen Versicherungsbedingungen sehen so gut wie ausnahmslos vor, dass, wenn eine *Änderung* in der Person des Bezugsberechtigten eintreten soll, wenn nunmehr, mit anderen Worten, eine *andere* als die zuvor benannte Person bezugsberechtigt sein soll, dies der Versicherungsgesellschaft gegenüber *schriftlich mitgeteilt* werden muss. (Insoweit weichen die Allgemeinen Versicherungsbedingungen von der im Gesetz vorgesehenen Regelung ab.) Ohne eine solche Mitteilung bleibt es bei der bisherigen Bezugsberechtigung, und wenn *keine* Person als bezugsberechtigt benannt war, wird die Versicherungssumme an den oder die Erben gezahlt. Jedenfalls: Eine *testamentarische Änderung* der Bezugsberechtigung oder die erstmalige Bestimmung eines Bezugsberechtigten in einem Testament bliebe rechtlich *wirkungslos*. (Freilich wäre ergänzend zu prüfen, ob die entsprechende Testamentsbestimmung nicht im Wege der → Auslegung des Testaments in ein → Vermächtnis umzudeuten ist.) Mit dem *Tode* der versicherten Person tritt dann – als logische Folge – eine nicht mehr abzuändernde Bindung ein. Von da ab steht das Forderungsrecht auf die Versicherungsleistung dem im Versicherungsvertrag benannten Bezugsberechtigten zu.

Mitunter ist nach den Allgemeinen Versicherungsbedingungen der jeweiligen Versicherung eine Vereinbarung zulässig, wonach der Versicherungsnehmer sich vorbehält, die Bezugsberechtigung *testamentarisch* zu regeln. Liegt ein solcher Fall vor, prüft die Versicherungsgesellschaft beim Eintritt des Versicherungsfalles, ob und welche testamentarische Bestimmung über die Bezugsberechtigung getroffen wurde. In derartigen Fällen wäre der Versicherungsnehmer also berechtigt, durch eine einseitige Erklärung, die der Versicherungsgesellschaft nicht mitgeteilt zu werden braucht, *nachträglich* einen Bezugsberechtigten zu benennen oder anstelle einer bereits benannten Person eine andere zu benennen.

Nicht selten kommt es in der Praxis vor, dass der Versicherungsnehmer sich verpflichtet hat, keine einseitige Änderung in der Person des Bezugsberechtigten vorzunehmen. Der gegenüber der Versicherungsgesellschaft als bezugsberechtigt Eingesetzte ist dann „unwiderruflich" eingesetzt. Eine Änderung der Bezugsberechtigung, sei es durch Erklärung gegenüber der Versicherungsgesellschaft, sei es durch testamentarische Verfügung, wäre folglich unwirksam. Bedeutung hat diese Unwiderruflichkeitsklausel oft im Zusammenhang mit einer *Ehescheidung*. Häufig wird sie von dem im Versicherungsvertrag als bezugsberechtigt anzuführenden Ehepartner zu einer Bedingung dafür gemacht, dass dieser seinerseits bereit ist, Zugeständnisse in anderen Punkten innerhalb einer zu treffenden Scheidungsfolgenvereinbarung zu machen. Beispiel: Die Ehefrau verzichtet auf die ihr an sich zustehenden Zugewinnausgleichsansprüche, um den Geschäftsbetrieb des Ehemannes nicht zu gefährden. In Kompensation zu diesem Verzicht verlangt sie, dass der Ehemann noch während des Scheidungsverfahrens eine Lebensversicherung abschließt, in welcher sie, die Ehefrau, unwiderruflich als Bezugsberechtigte benannt wird. Freilich hat diese Unwiderruflichkeitsklausel für den Bezugsberechtigten in der Regel nur dann einen Wert, wenn gleichzeitig sichergestellt ist, dass der Versicherungsnehmer die Versicherung nicht etwa kündigt oder die Zahlung der Versicherungsprämien einstellt. Im gewählten Beispiel also würde sich die Ehefrau zweckmäßigerweise vorbehalten, doch noch *Zugewinnausgleichsansprüche* zu einem späteren Zeitpunkt geltend zu machen, und zwar dann, wenn der (geschiedene) Ehemann die Versicherungsprämien nicht bezahlt oder die Versicherung kündigt.

Nicht übersehen werden darf die starke Stellung, die der *Erbe* eines Versicherungsnehmers gegenüber der Versicherungsgesellschaft in solchen Fällen innehat, in denen sich die Versicherung nicht auf das Leben des Versicherungsnehmers bezogen hat, sondern sich auf das Leben einer anderen Person bezieht, was also bedeutet, dass der Tod des Versicherungsnehmers keine Zahlungspflicht seitens der Versicherungsgesellschaft auslöst. Dann nämlich kommt dem Erben die *Ausübung* der Rechte aus dem Versicherungsverhältnis im selben Umfang zu wie dem Versicherungsnehmer zu dessen Lebzeiten. Nach Eintritt des Erbfalls ist es der *Erbe*, der das weitere Schicksal des Versicherungsvertrages bestimmt.

Beispiel: Der Erblasser hatte das Leben seines Sohnes aus erster Ehe versichert. Der Erblasser war also in diesem Fall *Versicherungsnehmer*, sein Sohn war der *Versicherte*. Dem Versicherungsvertrag zufolge sollte der Sohn der Bezugsberechtigte sein, er sollte also die Versicherungssumme erhalten, sofern er bei Ablauf der Versicherung im Jahre 2025 noch am Leben ist. Im Frühjahr 2015 starb der Vater. Laut testamentarischer Verfügung war seine (zweite) Ehefrau seine alleinige Erbin. Die Witwe hat nun mehrere Möglichkeiten. Eine der Möglichkeiten ist die, dass sie die Versicherung in der bestehenden Form unverändert belässt. Dies hätte zur Folge, dass nunmehr sie als Erbin die Versicherungsprämien bezahlt und die Versicherungssumme 2025 an ihren Stiefsohn ausgezahlt wird. Als Erbin des Versicherungsnehmers hat sie aber auch (sofern der Versicherungsvertrag keine „Unwiderruflichkeitsklausel" enthält) das Recht, eine andere Person als den erstehelichen Sohn ihres verstorbenen Mannes zum Bezugsberechtigten zu bestimmen, beispielsweise sich selbst. Schließlich aber hat sie auch noch das Recht, den Versicherungsvertrag zu kündigen und die Versicherungsgesellschaft anzuweisen, den Rückkaufswert der Versicherung auf ihr Konto zu überweisen.

(Siehe auch → Erbschaft, → Pflichtteilsergänzungsanspruch)

Letztwillige Verfügung
→ Verfügung von Todes wegen, → Testament, → Erbvertrag

M

Miterbe
→ Erbengemeinschaft, → Erbschein, → Haftung des Erben

N

Nacherbe
→ Vor- und Nacherbschaft

Nachlass
→ Eintritt des Erbfalls, → Erbfolge, → Erbschaft

Nachlassgericht

Das Gesetz weist an verschiedenen Stellen dem *Nachlassgericht* besondere Kompetenzen zu. Das Nachlassgericht ist, um die wichtigsten Zuständigkeiten zu nennen, dazu berufen, → Testamente in amtliche Verwahrung zu nehmen und Testamente bei Eintritt des Erbfalles zu eröffnen, ferner auf Antrag einen → Erbschein zu erteilen oder einen „unrichtigen" Erbschein wieder einzuziehen, ferner eine *Ausschlagungserklärung* (→ Annahme und Ausschlagung der Erbschaft) entgegenzunehmen und schließlich, soweit im Einzelfall erforderlich, *Sicherungsmaßnahmen* hinsichtlich des Nachlasses zu veranlassen (→ Nachlasspflegschaft).

Ist in einer → Verfügung von Todes wegen eine → Testamentsvollstreckung angeordnet, wird dem Testamentsvollstrecker vom Nachlassgericht ein *Testamentsvollstreckerzeugnis* ausgestellt. Ein unfähiger oder pflichtvergessener oder sich sonst seines Amtes als unwürdig erweisender Testamentsvollstrecker wird vom Nachlassgericht auf entsprechenden Antrag eines Erben oder eines sonstigen am Nachlassverfahren Beteiligten wieder entlassen. Ein gegen seinen Willen aus dem Amt entfernter Testamentsvollstrecker kann gegen seine Entlassung zwar Rechtsmittel (Beschwerde an das Landgericht und weitere Beschwerde an das Oberlandesgericht) einlegen; ein solches Rechtsmittel hat aber nicht etwa die Wirkung, dass der entlassene Testamentsvollstrecker sein Amt bis zur Entscheidung über sein Rechtsmittel weiter ausüben darf. Das Rechtsmittel hat, wie es in der Amtssprache heißt, *keine aufschiebende Wirkung*.

In Deutschland sind es grundsätzlich die *Amtsgerichte*, die als Nachlassgerichte fungieren. Auch in Baden-Württemberg wurden die Funktionen des Nachlassgerichts, die vormals bei den staatlichen Notariaten ressortierten, mit Beginn des Jahres 2018 den Amtsgerichten übertragen.

Die örtliche Zuständigkeit des Nachlassgerichts richtet sich nach dem letzten gewöhnlichen Aufenthaltsort des Erblassers. Das Verfahren vor dem Nachlassgericht folgt in der Regel dem sogenannten *Amtsermittlungsgrundsatz*. Dieser Grundsatz bedeutet, dass es nicht allein darauf ankommt, was die am Nachlass beteiligten Privatpersonen dem Gericht zur Kenntnis bringen. Bleibt für das Gericht eine Frage offen, deren Beantwortung es für relevant hält, so kann es im Bedarfsfall eigenständige Ermittlungen anstellen, beispielsweise einen Sachverständigen beauftragen, um zu ermitteln, ob der Erblasser zum Zeitpunkt der Testamentserrichtung noch testierfähig war (→ Testierfähigkeit).

Nachlasskonto
→ Bankkonto im Todesfall

Nachlasspfleger

In dem Zeitraum zwischen → Erbfall und → Annahme der Erbschaft könnte der Nachlass dadurch gefährdet sein, dass sich niemand um ihn kümmert oder dass unberechtigte Personen versuchen, sich Nachlassgegenstände anzueignen. In einem solchen Fall hätte das → Nachlassgericht für die Sicherung des Nachlasses zu sorgen; dies geschieht, sofern das Nachlassgericht nicht geringere Fürsorgemaßnahmen, wie z. B. die Anlegung von Siegeln, die Anordnung, Geld, Wertpapiere oder Kostbarkeiten zu hinterlegen, für ausreichend erachtet, durch die Bestellung eines *Nachlasspflegers*. Der Nachlasspfleger ist – anders als der →Testamentsvollstrecker und der Nachlassverwalter – kein amtlicher Treuhänder, sondern *gesetzlicher Vertreter* des (noch unbekannten) Erben. Die Nachlasspflegschaft dient auch nicht der Ausführung des letzten Willens des →Erblassers oder der Befriedigung der Nachlassgläubiger, sondern der *Ermittlung des Erben* und der *Erhaltung des Nachlasses* für ihn.

Grundsätzlich ist die Einleitung der Nachlasspflegschaft in das Ermessen des Nachlassgerichts gestellt. Ein Nachlasspfleger *muss* aber bestellt werden, wenn ein *Nachlassgläubiger* dies beantragt, um eine Nachlassverbindlichkeit gerichtlich geltend machen zu können.

Nachlassverbindlichkeiten
→Haftung des Erben

Nachlassverwaltung
→Haftung des Erben

Nichteheliches Kind als Erbe

    I. Gesellschaftliche und gesetzliche Entwicklung 137
    II. Feststellung der Vaterschaft 140

I. Gesellschaftliche und gesetzliche Entwicklung

Der Anteil nichtehelich geborener Kinder betrug in Europa im Jahr 2015 durchschnittlich 42 %. In der Bundesrepublik lag der Anteil in den neuen Bundesländern sogar deutlich darüber, nämlich bei etwa 60 %, wohin gegen es in der „alten" Bundesrepublik immerhin 30 % waren. Die Zahlen sind Ausdruck eines *sozialen Wandels*. Galt die Mutter eines nichtehelichen („unehelichen") Kindes früher oft als bedauernswertes Geschöpf, so repräsentiert sie heute eher den Typ der selbstbewussten, unabhängigen jungen Frau.

Nichteheliches Kind als Erbe

Im Verhältnis zur *Mutter* und zu *deren Verwandten* hatte das nichteheliche Kind schon immer ein *volles* Erbrecht. Bis zum 30.6.1969 war es in der Bundesrepublik Deutschland aber noch geltendes Recht, dass das nichteheliche Kind („uneheliches Kind", wie es früher hieß) mit seinem leiblichen Vater als *nicht* verwandt galt. Die Fiktion einer nichtbestehenden Verwandtschaft hatte insbesondere erhebliche *erbrechtliche* Wirkungen. Dem nichtehelichen Kind stand gegenüber seinem Vater weder ein Erb- noch ein → Pflichtteilsrecht zu. Umgekehrt hatte freilich auch der Vater kein Erbrecht gegenüber seinem nichtehelichen Kind. Erst im Jahre 1969 wurde die archaische Vorschrift, derzufolge das nichteheliche Kind als nicht verwandt mit seinem Vater angesehen wurde, aus dem Gesetz gestrichen. Ab dem 1.7.1969 wird das nichteheliche Kind erbrechtlich dem Grundsatz nach genauso behandelt wie ein eheliches Kind. Maßgebend blieb aber auch nach dieser Gesetzesänderung das *alte* Recht für alle diejenigen Kinder, die *vor* dem 1.7.1949 nichtehelich geboren wurden, auch wenn der Erbfall *nach* dem 30.6.1969 eintritt. Diese Kinder wären demnach von der Erbfolge nach dem Tode ihres Vaters völlig ausgeschlossen; auch ein → Pflichtteilsanspruch käme nicht in Betracht. Diese Regelung wurde allerdings vom Europäischen Gerichtshof für Menschenrechte in einer Entscheidung vom 28.5.2009 beanstandet. Der Gesetzgeber hat darauf reagiert und mit dem „Zweiten Gesetz zur erbrechtlichen Gleichstellung nichtehelicher Kinder" vom 12.4.2011 die alte Stichtagsregelung aufgehoben. Allerdings hat er einen neuen Stichtag eingeführt, nämlich den 28.5.2009, also den Zeitpunkt, zu welchem die Entscheidung des Europäischen Gerichtshofes ergangen ist. Die Vereinbarung dieser neuen Stichtagsregelung mit der Europäischen Menschenrechtskonvention wurde wiederum sogleich in Zweifel gezogen. Und in der Tat hat der Europäische Gerichtshof in zwei Entscheidungen aus dem Jahr 2017 heftige Kritik daran geübt und eine Verhältnismäßigkeitsprüfung verlangt. Wegen der Gleichbehandlung von ehelichen und nichtehelichen Kindern muss deshalb in jedem Einzelfall geprüft werden, ob durch die strikte Anwendung des Stichtages auch ein fairer Ausgleich zwischen den Interessen des nichtehelichen Kindes und den Interessen des bzw. der übrigen Erben des Erblassers stattfindet. Der Bundesgerichtshof hat sich in

Nichteheliches Kind als Erbe

einer Grundsatzentscheidung vom 12.7.2017 dieser Rechtsprechung angeschlossen. Seitdem gilt für nichteheliche Kinder, die vor dem 1.7.1949 geboren sind, auch der neue Stichtag 28.5.2009 nicht mehr. Es muss vielmehr im Einzelfall geprüft werden, ob der Ausschluss des nichtehelichen Kindes von jeglichen erbrechtlichen Ansprüchen verhältnismäßig ist.

Das nichteheliche Kind hat im Übrigen dieselben Erbansprüche wie das eheliche Kind, was bedeutet, dass, wenn es das einzige Kind des →Erblassers ist und dieser zum Zeitpunkt des Todes nicht verheiratet war, es alleiniger Erbe wird. Es schließt also, mit anderen Worten, die Eltern und Geschwister des Erblassers von der Erbfolge aus. Dies gilt natürlich nur dann, wenn die →gesetzliche Erbfolge eintritt; im Rahmen seiner →Testierfreiheit kann der Vater durch ein →Testament sein nichteheliches Kind – ebenso wie auch sein eheliches Kind oder seinen Ehepartner – durchaus von der →Erbfolge ausschließen. In einem solchen Fall stünde dem Kind freilich ein →Pflichtteilsanspruch zu.

Eine Besonderheit bestand bis zum 31.3.1998 dann, wenn bei *gesetzlicher* Erbfolge das nichteheliche Kind mit *ehelichen* Kindern des Vaters oder dessen *Ehefrau* als Erbe berufen war. In einem solchen Fall wurde das Kind nicht Erbe, sondern erhielt einen sogenannten *Erbersatzanspruch*, welcher besagte, dass es eine *Geldforderung* gegen die Erben hatte, und zwar in der Höhe, die seinem gesetzlichen Erbteil entsprach. Man kann, um die Rechtsnatur zu kennzeichnen, von einem „Erbrecht in Geld" sprechen. Das nichteheliche Kind nahm also nicht an der Erbauseinandersetzung teil und konnte deshalb auch nicht die Übertragung einzelner Nachlassgegenstände auf sich fordern.

Eine weitere erbrechtliche Besonderheit beim nichtehelichen Kind lag bis zum 31.3.1998 darin, dass es von seinem Vater zwischen dem 21. und 27. Lebensjahr (es musste also mindestens 21 Jahre alt und durfte nicht älter als 27 Jahre alt sein) einen *vorzeitigen Erbausgleich* in Geld verlangen konnte. Machte es davon Gebrauch, dann war es *erbrechtlich* (mit etwaigen Unterhaltsansprüchen hat das nichts zu tun) endgültig abgefunden. Ein Vertrag über den vorzeitigen Erbausgleich bedurfte der *notariellen* Beurkundung.

Mit dem am 1.4.1998 in Kraft getretenen Erbrechtsgleichstellungsgesetz sind alle gesetzlichen Besonderheiten für das Erbrecht des nichtehelichen Kindes weggefallen. Das Erbrecht des nichtehelichen Kindes unterscheidet sich jetzt nicht mehr vom Erbrecht des ehelichen Kindes. Die genannten Besonderheiten finden allerdings weiter Anwendung, wenn der Erblasser vor Inkrafttreten des Erbrechtsgleichstellungsgesetzes verstorben ist oder vorher eine wirksame Vereinbarung über den vorzeitigen Erbausgleich getroffen hat oder dieser durch rechtskräftiges Urteil zuerkannt worden ist.

II. Feststellung der Vaterschaft

Das nichteheliche Kind muss seine Abstammung beweisen. Im Normalfall ergeben sich keine Schwierigkeiten. Weit mehr als 80 Prozent aller Väter – auch dies stellt einen grundlegenden Wandel gegenüber früher dar – erkennen ihr nichteheliches Kind freiwillig an. Liegt eine Anerkennung insoweit nicht vor, kann die Vaterschaft in einem *Vaterschaftsfeststellungsverfahren* geklärt werden. Zuständig ist das Familiengericht. In diesem Verfahren wird vermutet, dass derjenige der biologische Vater ist, der der Mutter während der Empfängniszeit beigewohnt hat, mit ihr also Geschlechtsverkehr hatte. Kann das nicht ermittelt werden, muss eine DNA-Analyse erfolgen. Die gerichtliche Vaterschaftsfeststellung erfolgt dann durch das Gericht. Das Gericht hat dabei weitreichende Möglichkeiten zur Aufklärung des Sachverhaltes. Es kann beim Tod eines Beteiligten sogar eine Exhumierung der Leiche anordnen, um auf die Weise an Probeentnahmen für die gentechnische Untersuchung zu gelangen.

Nichteheliche Lebensgemeinschaft im Erbfall

Die Ehe ist nicht mehr die selbstverständliche Form der Bindung von Mann und Frau. Die nichteheliche Lebensgemeinschaft (oft auch als „eheähnliche Lebensgemeinschaft" bezeichnet) ist als alternative Lebensform neben der Ehe inzwischen sowohl gesellschaft-

Nichteheliche Lebensgemeinschaft im Erbfall

lich als auch rechtlich weitgehend anerkannt; sie ist Ausdruck des Grundrechts auf freie Entfaltung der Persönlichkeit. Begriffe wie „wilde Ehe" oder „Konkubinat" gehören der Vergangenheit an. Das Bundesverfassungsgericht bezeichnet die nichteheliche Lebensgemeinschaft als eine „typische Form des sozialen Lebens". Das Leitbild der Verfassung bleibt jedoch die auf die *Ehe* gegründete Familie. Die nichteheliche Partnerschaft steht nicht wie die Ehe unter besonderem staatlichen Schutz. Auch mit gemeinsamen Kindern ist sie nicht *Familie* im Sinne von Art. 6 Abs. 1 des Grundgesetzes. Nicht zu verwechseln ist die nichteheliche Lebensgemeinschaft mit der eingetragenen →Lebenspartnerschaft.

Man geht zurzeit von rd. 2,5 Mio. bestehenden nichtehelichen Lebensgemeinschaften in Deutschland aus. Die Tendenz ist steigend. Das Erbrecht hat dieser Entwicklung nicht bzw. ganz unzureichend Rechnung getragen. Lediglich das Erbrecht des nichtehelichen Kindes (→ Nichteheliches Kind als Erbe) bildet hier eine Ausnahme.

Dem Partner einer nichtehelichen Lebensgemeinschaft steht kein gesetzliches Erbrecht zu. Nichteheliche Lebenspartner sollten sich deshalb gegenseitig *testamentarisch* absichern. Soll zwischen ihnen eine erbrechtliche *Bindung* herbeigeführt werden, die der eines →Ehegattentestaments zumindest ähnlich ist, empfiehlt es sich, einen → Erbvertrag abzuschließen.

Der Bundesgerichtshof hat in früheren Zeiten Testamente zugunsten eines nichtehelichen Lebenspartners mitunter als sittenwidrig (→ Sittenwidriges Testament) und damit nichtig angesehen (Stichwort: „Geliebtentestament"), jedenfalls dann, wenn vermutet werden konnte, dass mit dem Testament die geschlechtliche Hingabe herbeigeführt oder entlohnt werden sollte. Das galt insbesondere bei *ehebrecherischen* Beziehungen. Heute ist diese Rechtsprechung zumindest *gelockert*. Auch wenn der eine Partner einer nichtehelichen Lebensgemeinschaft anderweitig verheiratet ist (oder beide einen Ehepartner haben), erschöpft sich bei einer länger andauernden Beziehung erfahrungsgemäß die Verbindung der Partner nicht im rein sexuellen und damit – aus der Sicht keuscher Rechtsprechung – anstößigen Bereich. Man kann deshalb sagen, dass letztwillige Verfügungen, die zwischen Partnern einer länger andauernden Beziehung getroffen werden, nicht mehr als sittenwidrig gelten. Es liegt, so kann man es auch sagen, das vor, was der Jurist als „Umkehr der Beweislast" bezeichnet: Während nach früherer Rechtsprechung generell *vermutet* wurde, dass die Einsetzung eines nichtehelichen Lebenspartners immer nur den Zweck hatte, die sexuelle Hingabe zu erreichen oder zu honorieren, wird eine solche Ausgangsvermutung heute nicht mehr aufrecht erhalten, sondern vermutet werden *achtenswerte* Motive. Mussten früher die achtenswerten Motive vom testamentarisch eingesetzten Lebenspartner nachgewiesen werden, muss heute diesem gegenüber nachgewiesen werden, dass seine Erbeinsetzung nicht auf achtenswerten Motiven beruht.

Ganz geschützt ist der testamentarisch bedachte nichteheliche Lebenspartner aber dennoch nicht. In einem Testament zu seinen Gunsten kann nämlich ausnahmsweise eine „familienfeindliche Gesinnung" des Erblassers zum Ausdruck kommen, die zur Nichtigkeit des Testaments führt. Das wird um so eher angenommen, je enger das familiäre Band war, welches zwischen den zurückgesetzten Angehörigen und dem Erblasser bestand. Es ist deshalb dringend zu empfehlen, die Motive für die Erbeinsetzung des nichtehelichen Partners darzulegen. Dies gilt um so mehr, wenn der Partner zum *Alleinerben* eingesetzt wird.

Notarielles Testament
→ Testament, Testamentserrichtung

Nottestament

In naher Todesgefahr, wenn die Errichtung eines Testaments vor einem Notar nicht mehr möglich ist (geschweige denn es handschriftlich niedergeschrieben werden kann), kann ein → Testament als Nottestament vor dem *Bürgermeister* errichtet werden, wobei der Bürgermeister zwei Zeugen hinzuziehen muss. Kann auch der Bürgermeister nicht erreicht werden – häufigster Fall ist die beabsichtigte Errichtung eines Testaments auf dem Sterbebett, beispielsweise in einem Krankenhaus oder Altenheim –, dann kann das Testament vor drei Zeugen errichtet werden („Drei-Zeugen-Testament"). Das Gleiche gilt, wenn sich der Erblasser in naher Todesgefahr auf einem deutschen Seeschiff außerhalb eines inländischen Hafens befindet (Nottestament in Form des „Seetestaments"). Solche Testamente können rechtswirksam durch *mündliche Erklärung* vor den drei Zeugen errichtet werden. Zeuge kann allerdings nicht sein, wer in dem Testament als Erbe oder Vermächtnisnehmer bedacht ist oder zum Testamentsvollstrecker ernannt wird. Auch der Ehepartner des Erblassers und gradlinig mit ihm Verwandte scheiden als Zeugen aus. Über die Testamentserrichtung muss von einem der Zeugen eine Niederschrift verfasst werden, die dem Erblasser vorgelesen und von ihm genehmigt und unterschrieben werden muss. Auch die Zeugen sollten unterschreiben. Die Unterschrift des Erblassers kann durch die in der Niederschrift noch aufzunehmende Feststellung seiner Schreibunfähigkeit *ersetzt* werden.

Werden diese strengen Formvorschriften, beispielsweise vom Personal des Krankenhauses oder Altenheims, nicht beachtet, so dass das Testament ungültig ist, könnte der Träger des Krankenhauses oder Altenheims auf Schadenersatz in Anspruch genommen werden. Beispiel: Der sich in naher Todesgefahr befindliche Erblasser, der weder zu einer handschriftlichen Niederschrift fähig ist, noch kurzfristig einen Notar oder den Bürgermeister ans Krankenbett bekommt, diktiert sein Testament dem Stationsarzt, der es dann seinerseits zusammen mit einer Krankenschwester unterschreibt und es auch vom Patienten unterschreiben lässt. Hier haben wir es nur mit *zwei* Zeugen zu tun, es müssen aber *drei* Zeugen sein.

Eine weitere Besonderheit des Nottestaments ist die, dass es seine Gültigkeit verliert, wenn der Erblasser drei Monate nach Errichtung noch lebt. Die Frist beginnt jedoch erst ab dem Zeitpunkt, ab dem er in der Lage ist, ein Testament entweder selbst handschriftlich zu Papier zu bringen oder es vor einem Notar zu errichten. Natürlich bleibt es dem Erblasser unbenommen, statt eines Testaments vor dem Notar ein privatschriftliches Testament zu errichten, sobald er dazu wieder in der Lage ist.

O

Öffentliches Testament
→ Testament, Testamentserrichtung

P

Patientenverfügung

Inhalt einer Patientenverfügung ist nicht die Regelung der Vermögensverhältnisse, sondern sie betrifft Anweisungen an medizinisches Personal und Ärzte, bei Vorliegen bestimmter Situationen Maßnahmen zu ergreifen oder diese zu unterlassen. Sie hat somit mit dem Erbrecht eigentlich nichts zu tun. Wenn wir die Patientenverfügung dennoch in diesem Buch behandeln, dann deshalb, weil sie die Endphase des Lebens betrifft und als Vorsorgeverfügung häufig in Überlegungen zu erbrechtlichen Regelungen einbezogen wird.

Hintergrund der sogenannten Patientenverfügung ist der medizinische Fortschritt bei der Erhaltung menschlichen Lebens. Dadurch haben sich mannigfache Probleme eingestellt, die sich im Grenzbereich zwischen Leben, Sterben und Tod ergeben. Spektakuläre, auch vor Gericht ausgetragene Verfahren, im In- und Ausland haben den deutschen Gesetzgeber wachgerüttelt, so dass er sich schließlich der Problematik angenommen hat. Seit 2009 gibt es eine gesetzliche Regelung zur Patientenverfügung, nämlich den § 1901a Absatz 1 BGB.

Zum Verständnis der Gesamtproblematik müssen vorab einige Themen behandelt werden.

Die körperliche Unversehrtheit des Menschen und seine persönliche Selbstbestimmung sind für sich genommen jeweils ein hohes Gut. Sie werden vom Grundgesetz geschützt. Deshalb macht sich strafbar, wer eine andere Person an deren Körper verletzt. Wird die Verletzung mit einem Werkzeug, beispielsweise einem Messer, begangen, wird aus der einfachen Körperverletzung eine gefährliche Körperverletzung. Wer versucht, jemandem seinen Willen mit Gewalt aufzudrängen, macht sich wegen Nötigung strafbar.

Patientenverfügung

So gesehen ist nahezu jede ärztliche Behandlung irgendwie mit einer Körperverletzung verbunden, in vielen Fällen sogar mit einer gefährlichen Körperverletzung. Der Körper des Menschen wird bereits durch die verordnete Einnahme von Medikamenten verletzt, weil diese ggfs. unerwünschte Nebenwirkungen haben. Er wird, wenn auch nur leicht, verletzt, indem der Arzt den Bauch des Patienten abtastet, dort einen entzündeten Blinddarm entdeckt und dem Patienten durch das Abtasten Schmerzen bereitet. Erst recht wird am Körper verletzt, wer eine Spritze erhält und sodann, wenn der Chirurg mit dem Skalpell die Bauchdecke öffnet.

Dass der Arzt dabei in bester Absicht vorgeht, ist in rechtlicher Hinsicht ohne Bedeutung. Natürlich wird ein Arzt, wenn er im Rahmen einer ärztlichen Behandlung dem Patienten eine Körperverletzung zufügt, nicht vom Staatsanwalt verfolgt. Entscheidend ist, dass der Patient den körperlichen Eingriff selbst verantwortet, ihn möchte, zumindest mit ihm einverstanden ist. Man spricht in rechtlicher Hinsicht von der „Einwilligung". Eine mit Einwilligung vorgenommene Körperverletzung ist nicht strafbar, verletzt auch nicht das Selbstbestimmungsrecht des Patienten. Mittlerweile ist das Arzt-Patientenverhältnis zumindest teilweise gesetzlich geregelt, nämlich in den §§ 603a ff BGB.

Aus der genannten Situation folgt umgekehrt, dass jede Zwangsbehandlung zumindest als Körperverletzung, ggfs. auch als Nötigung strafbar ist. Denn sie ist nicht durch die Einwilligung des Patienten gedeckt, verletzt somit seinen Anspruch auf körperliche Unversehrtheit und persönliche Selbstbestimmung.

Das Recht schützt den Einzelnen vor dem medizinisch Machbaren. Es ist daher nicht die Aufgabe des Arztes, seinen Patienten gegen dessen frei geäußerten Willen zu behandeln – und zwar auch nicht, wenn absehbar ist, dass ohne die in Rede stehende Behandlung der Patient versterben wird.

Die Einwilligung des Patienten in eine medizinische Behandlungsmaßnahme ist daher von zentraler Bedeutung. Jeder, der sich schon einmal einer Operation unterziehen musste, weiß, dass davor mit dem Patienten ein ausführliches Gespräch geführt wird, die Maßnahme und deren Risiken erläutert wird und der Patient im Anschluss daran eine Einwilligungserklärung unterschreibt.

Für den behandelnden Arzt besonders wichtig ist die richtige und vollständige Aufklärung über einen beabsichtigten medizinischen Eingriff und dessen Dokumentation (§§ 630 e – h BGB).

Die Einwilligung kann nicht immer vom Patienten eingeholt werden. Wird der Patient als bewusstloses Unfallopfer in ein Krankenhaus eingeliefert, beginnt das Ärzteteam mit lebenserhaltenden Maßnahmen, ohne nach einer Einwilligung zu fragen. Hier geht man von einer sogenannten mutmaßlichen Einwilligung aus. Nach allgemeiner Lebenserfahrung darf der Arzt zu Recht annehmen, dass ein auf die Weise Schwerverletzter die ärztliche Hilfe zur Lebensrettung nicht ablehnt, sondern geradezu wünscht.

Liegt eine tatsächlich geäußerte oder mutmaßliche Einwilligung in eine medizinische Behandlung vor, hat der Arzt die Rechtspflicht, dem Patienten in jeder ihm möglichen Weise *beizustehen*. Er muss alles in seinen Kräften Stehende tun, um im Rahmen des Möglichen Gesundheit *und* Leben des Kranken zu erhalten.

Schwierig wird die Situation aber bei einem älteren Menschen, der zunehmend in Krankheit und Siechtum verfällt und der sich zu gesünderen Zeiten dahin geäußert hat, dass er keine medizinisch möglichen, lebensverlängernden Maßnahmen im Sterben wünscht. Ist mit diesem Patienten in der konkreten Situation keine Verständigung mehr möglich, so wird man nicht ohne Weiteres vom Vorliegen einer mutmaßlichen Einwilligung ausgehen können. Es sind Lebens- aber auch Krankheitsbilder denkbar, in denen das Leben aus der Sicht des davon Betroffenen nicht mehr lebenswert erscheint und er deshalb beschließt, es zu beenden, zumindest es nicht mit allen technischen Möglichkeiten zu verlängern. Das Recht des Einzelnen, seinem Leben ein Ende zu bereiten, ist Teil des Selbstbestimmungsrechts und sogar von der Europäischen Menschenrechtskonvention geschützt. Der Europäische Gerichtshof für Menschenrechte stellte in einer Entscheidung vom 19.7.2012 mit geradezu nüchterner Klarheit fest: „Das Recht einer Person zu entscheiden, wie und zu welchem Zeitpunkt ihr Leben beendet sein soll, ist Teil des Rechts auf Achtung des Privatlebens i.S. von Art. 8 EMRK, vorausgesetzt, sie kann ihren Willen frei bilden und entsprechend handeln." Ein Recht auf selbstbestimmtes Sterben hat jetzt auch das Bundesverfassungsgericht als Grundrecht anerkannt.

Patientenverfügung

Hat ein einwilligungsfähiger Volljähriger für den Fall seiner Einwilligungsunfähigkeit schriftlich festgelegt, ob er in bestimmte, zum Zeitpunkt der Festlegung noch nicht unmittelbar bevorstehende Untersuchungen seines Gesundheitszustands, Heilbehandlungen oder ärztliche Eingriffe einwilligt oder sie untersagt (Patientenverfügung), prüft der Betreuer, ob diese Festlegungen auf die aktuelle Lebens- und Behandlungssituation zutreffen. (…) Eine Patientenverfügung kann jederzeit formlos widerrufen werden.

Die vorstehende gesetzliche Definition der Patientenverfügung kann nicht als insgesamt geglückt angesehen werden, denn beim Lesen drängt sich einem der Verdacht auf, dass die Patientenverfügung nur von einer betreuten Person errichtet werden kann. Das ist jedoch falsch.

Jeder kann eine Patientenverfügung für sich errichten. Vorausgesetzt ist, dass er
- einwilligungsfähig, also in der Regel geschäftsfähig und
- volljährig ist.

Weshalb ein Minderjähriger keine Patientenverfügung errichten können soll, ist eigentlich nicht recht einsichtig, denn selbstverständlich genießen auch Minderjährige den vollen Schutz der Rechtsordnung vor ärztlicher Zwangsbehandlung.

Eine vorangehende ärztliche Beratung ist nicht erforderlich, dennoch erwägenswert. Der Arzt kann dem Patienten wichtige Informationen über medizinisch mögliche und indizierte Behandlungsmaßnahmen geben, auf die mit Prognosen verbundenen Unsicherheiten aufmerksam machen und allgemein über Erfahrungen mit Patienten, die sich in vergleichbaren Situationen befunden haben, berichten. Indem der Arzt den Patienten möglichst umfassend informiert, kann er zugleich Vorsorge gegen aus ärztlicher Sicht nicht gebotene Festlegungen des Patienten treffen, Fehleinschätzungen hinsichtlich der Art und statistischen Verteilung von Krankheitsverläufen korrigieren und die Erfahrungen aus dem Umfeld des Patienten, an denen sich dieser orientiert und aus denen er möglicherweise falsche Schlüsse zieht, hinterfragen.

Die Patientenverfügung muss sodann *schriftlich* abgefasst sein. Es

Patientenverfügung

muss ein Schriftstück vorliegen, welches eigenhändig vom Betroffenen unterschrieben ist. Eine vollständig handschriftliche Abfassung – wie bei einem privatschriftlichen Testament – ist nicht erforderlich. Jede Schriftform ist ausreichend. Auch die Verwendung von Formularen ist möglich. Die Schriftform wird natürlich auch durch eine notarielle Beurkundung gewahrt. Und selbstverständlich genügt auch der von einem Anwalt entworfene Text dem Schriftlichkeitsgebot. Ein Datum muss das Dokument nicht enthalten. Zeugen müssen nicht benannt werden, obwohl es sinnvoll erscheinen kann, derartige Personen zu benennen, die im möglicherweise erforderlich werdenden Dialog mit dem Arzt Angaben dazu machen können, ob der Betroffene sich über die Abfassung der Erklärung im Klaren war.

Mit der Patientenverfügung willigt der potenzielle Patient in
- bestimmte,
- zum Zeitpunkt der Festlegung noch nicht unmittelbar bevorstehende
- Untersuchungen seines Gesundheitszustands,
- Heilbehandlungen oder
- ärztliche Eingriffe

ein oder er untersagt diese Maßnahmen. Allgemeine Richtlinien für eine künftige Behandlung können nicht Gegenstand einer Patientenverfügung sein. „Wenn ich einmal sehr krank bin, möchte ich würdevoll sterben dürfen." oder „Ich wünsche keine Apparatemedizin zur Lebensverlängerung."

Derartige Äußerungen sind zu allgemein gehalten. Obwohl es der Wortlaut der gesetzlichen Regelung zulässt, kann der Patient nicht in ärztliche Maßnahmen einwilligen oder sie sogar verlangen, die seinen Tod zur unmittelbaren Folge haben. Der Arzt und/oder das Pflegepersonal kann in einer Patientenverfügung nicht angewiesen werden, in einer konkreten Situation dem Patienten ein lebensbeendendes Medikament zu verabreichen. Er kann lediglich die Unterlassung oder Fortsetzung einer bestimmten Behandlung verlangen, und zwar gerade auch dann, wenn dadurch der Tod eintritt.

Wenn im Gesetz von bestimmten Untersuchungen, Heilbehandlungen oder ärztlichen Eingriffen die Rede ist, so beziehen sich diese Begriffe auf medizinische (nicht notwendig: ärztliche) Maßnahmen,

Patientenverfügung

nicht auf einzelne Krankheitsbilder. Die entsprechenden Behandlungssituationen sollen konkret beschrieben werden, beispielsweise
- im Falle eines dauernden Wachkomas,
- bei einer schweren Demenz,
- bei einer unabwendbar zum Tode führende Erkrankung usw.

Im Anschluss daran sollte angegeben werden, welche medizinischen Maßnahmen man wünscht oder ablehnt. Beispiel:

„In den oben beschriebenen Situationen wünsche ich,
– keine Maßnahmen der Intensivmedizin beispielsweise künstliche Beatmung, keine Infusions- und Transfusionstherapie, keine medikamentöse Therapie mittels Spritzenpumpen, keine Dialyse, keine künstliche Ernährung, etc.
– eine fachgerechte Grundversorgung, wie Pflege von Mund und Schleimhäuten sowie menschenwürdige Unterbringung, Zuwendung, Körperpflege und das Lindern von Schmerzen, Atemnot, Übelkeit, Angst, Unruhe und anderer belastender Symptome.

Ich wünsche außerdem eine fachgerechte Schmerz- und Symptombehandlung und – sollten alle sonstigen medizinischen Möglichkeiten zur Schmerz- und Symptomkontrolle versagen – auch bewusstseinsdämpfende Mittel zur Beschwerdelinderung. Eine damit verbundene ungewollte Verkürzung meiner Lebenszeit durch schmerz- und symptomlindernde Maßnahmen nehme ich in Kauf."

Die Anweisung, man wünsche „keine lebenserhaltenden Maßnahmen" hat der Bundesgerichtshof als zu unbestimmt bezeichnet.
Natürlich müssen nicht alle denkbaren ärztlichen Maßnahmen, auf die sich ein bestimmter Behandlungswille bzw. -verzicht bezieht, so konkret wie nur irgend möglich benannt werden. Eine 50-seitige Patientenverfügung in Buchform ist weder wünschenswert, noch vom Gesetzgeber beabsichtigt. Anhand der Erklärung des Patienten soll festgestellt werden, in welcher Behandlungssituation nach dem Willen des Patienten welche ärztliche Maßnahme durchgeführt werden soll bzw., in welcher sie unterbleiben soll. Es geht nicht darum, in seiner Patientenverfügung eine mögliche Krankheitsbiografie vorauszuahnen und die zukünftigen Fortschritte in der Medikamentierung und Gerätemedizin vorwegnehmend zu erläutern, sondern

festzulegen, was in bestimmten Lebens- und Behandlungssituationen gewollt ist und was nicht.

Die so errichtete Patientenverfügung sollte man in einer Weise aufbewahren, dass sie bei Bedarf auch aufgefunden wird, am besten wäre es, wenn man sie permanent bei sich trägt. Das wird nicht immer erreichbar sein. Jedenfalls sollte die Verfügung im Bedarfsfall leicht zugänglich sein. So ist es jedenfalls nicht sinnvoll, heimlich eine Patientenverfügung zu errichten und diese im Safe einzuschließen.

Angehörige sollten von der Verfügung Kenntnis haben. Sind Angehörige nicht mehr vorhanden, sollte man sich an vertraute Freunde und Bekannte wenden, vielleicht dort auch ein weiteres Exemplar, zumindest jeweils eine Kopie der Patientenverfügung hinterlegen. Man kann in seinem Portemonnaie einen kleinen Zettel oder Hinweis mit sich tragen, dass eine Patientenverfügung existiert und wo sie sich befindet. Die Technik lässt es zwischenzeitlich zu, seine Patientenverfügung in einer sogenannten „cloud" zu speichern, auf die man über einen sog. QR-Code Zugriff nehmen kann. Den QR-Code mit dem Hinweis auf die Patientenverfügung sollte man dann natürlich bei sich tragen.

Eine gesetzliche Hinterlegungsmöglichkeit oder gar eine -pflicht für eine isolierte Patientenverfügung gibt es nicht. Es besteht aber die Möglichkeit, eine Patientenverfügung, die mit einer Vorsorgevollmacht kombiniert ist, im *Zentralen Vorsorgeregister der Bundesnotarkammer (ZVR)* in Berlin gegen eine geringe, einmalige Gebühr von ca. 10 bis 25 Euro zu hinterlegen. Dort können nicht nur notarielle, sondern auch sonstige privatschriftliche oder anwaltliche Vorsorgevollmachten auf Antrag erfasst werden.

Liegt eine wirksame Patientenverfügung vor, muss sie vom Arzt und dem Pflegepersonal beachtet werden. Wird sie missachtet, kann deren Einhaltung gerichtlich über das Betreuungsgericht durchgesetzt werden. Dazu ist es sinnvoll, die Patientenverfügung mit einer Vorsorgevollmacht zu verbinden.

Davon geht eigentlich auch die gesetzliche Regelung aus. Denn in einem neu geschaffenen § 1901b BGB wurde ein sog. Konsultationsverfahren zwischen Patientenvertreter (also beispielsweise dem Betreuer oder dem Inhaber einer Vorsorgevollmacht) und Arzt eingeführt. Der Arzt prüft zunächst, welche konkrete ärztliche Maßnahme in einer bestimmten Situation indiziert ist, ob beispielsweise eine künstliche Ernährung durch eine Magensonde erforderlich ist, um das Überleben des Patienten zu gewährleisten. Hat der Patient in der Patientenverfügung eine künstliche Ernährung untersagt und entspricht dies seinem aktuellen Willen, was der Patientenvertreter zu überprüfen hat, gibt es keinerlei Ermessensspielraum. Weder der Vertreter noch der Arzt dürfen anders entscheiden. Die Anordnungen des Patienten müssen befolgt werden. Sollte es dann zur Weigerung durch den Arzt kommen, kann der Patientenvertreter den Willen des Patienten mit Hilfe des Betreuungsgerichts durchsetzen. Besteht zwischen Arzt und Patientenvertreter Konsens, dass die Patientenverfügung aktuell ist und ist sie hinreichend bestimmt, bedarf es keinerlei betreuungsrechtlicher Genehmigung. Dem Schutz des Patienten vor einem etwaigen Missbrauch der Befugnisse des Patientenvertreters wird dadurch Rechnung getragen, dass eine wechselseitige Kontrolle zwischen Arzt und Patientenvertreter erfolgt und dass Dritte (Ehepartner, Kinder, Verwandte oder Vertrauenspersonen) jederzeit über das Betreuungsgericht eine Kontrolle anregen können.

Pflichtteil (Pflichtteilsberechtigte, Pflichtteilsanspruch)

    I. Generelles zum Pflichtteil 152
    II. Kreis der Pflichtteilsberechtigten 154
    III. Der Ehepartner als Pflichtteilsberechtigter 155
    IV. Der Lebenspartner einer Lebenspartnerschaft unter
        Gleichgeschlechtlichen als Pflichtteilsberechtigter 157
    V. Errechnung des Pflichtteilsanspruchs 157
    VI. Beschränkung des Pflichtteilsanspruchs 161

I. Generelles zum Pflichtteil

Die nächsten Angehörigen des Erblassers können von der Beteiligung an der Erbschaft nicht völlig ausgeschlossen werden. Sie be-

Pflichtteil (Pflichtteilsberechtigte, Pflichtteilsanspruch)

halten einen Anspruch auf den sogenannten *Pflichtteil*, sofern sie der Erblasser durch eine →Verfügung von Todes wegen von der Erbschaft ausgeschlossen oder ihnen einen Erbteil hat zukommen lassen, der geringer als der Pflichtteil ist (→Testierfreiheit).

Der aufgrund des Testaments ausgeschlossene Pflichtteilsberechtigte bleibt zwar an der Erbschaft beteiligt, er ist selbst aber nicht Erbe. Der Pflichtteilsanspruch ist ein reiner *Geldanspruch*, den der Pflichtteilsberechtigte gegenüber dem Erben geltend machen muss. Der Höhe nach beträgt der Pflichtteilsanspruch die Hälfte des Wertes, den der Pflichtteilsberechtigte im Falle eingetretener *gesetzlicher* Erbfolge zu beanspruchen gehabt hätte.

Der Pflichtteilsanspruch ist – nachdem er entstanden ist, also nach Eintritt des →Erbfalls – übertragbar und vererblich. Pflichtteilsansprüche sind immer nur gegen den *Erben* zu richten, nicht etwa gegen den →Testamentsvollstrecker. Wenn es zum Prozess kommt, muss allerdings auch der Testamentsvollstrecker mitverklagt werden, und zwar auf *Duldung der Zwangsvollstreckung*.

Ein Pflichtteilsanspruch muss innerhalb eines Zeitraums von *drei Jahren* geltend gemacht werden, andernfalls verjährt er. Die Verjährungsfrist beginnt mit Ablauf des Jahres, in welchem der Pflichtteilsberechtigte vom Erbfall und seiner persönlichen Betroffenheit in diesem Erbfall Kenntnis erhält. Ohne Rücksicht auf diese Kenntnis tritt Verjährung nach 30 Jahren ab dem Todeszeitpunkt des Erblassers ein. Der Pflichtteilsanspruch ist sofort fällig, er ist bis zur Erfüllung zu verzinsen, und zwar ab dem Zeitpunkt, zu dem der Pflichtteilsberechtigte den Erben zur Zahlung aufgefordert hat, der Erbe sich somit, wie der juristische Begriff lautet, im *Verzug* befindet.

Unter gewissen Voraussetzungen allerdings kann der Erbe *Stundung* des Pflichtteilsanspruchs verlangen. Dies kommt dann in Betracht, wenn die sofortige Erfüllung des Anspruchs für den Erben eine *unbillige Härte* darstellen würde. Eine Stundung kann jedenfalls immer dann verlangt werden, wenn die sofortige Erfüllung eines Pflichtteilsanspruchs den Erben zur Aufgabe des Familienheims oder zu einer Betriebsveräußerung zwingen würde. Ob dem Erben eine Stundung zu gewähren ist, entscheidet das Nachlassgericht. Im Falle einer Stundung müssen freilich Stundungszinsen gezahlt werden.

Pflichtteil (Pflichtteilsberechtigte, Pflichtteilsanspruch)

II. Kreis der Pflichtteilsberechtigten

Pflichtteilsberechtigt sind die *Abkömmlinge* des Erblassers, die *Eltern* und der *Ehepartner*. Der Ehepartner ist allerdings nicht mehr pflichtteilsberechtigt, wenn zum Zeitpunkt des →Erbfalls ein Scheidungsverfahren anhängig war (→Ehescheidung und Erbfall). Auch das nichteheliche Kind des Erblassers ist pflichtteilsberechtigt. Soweit ein solches Kind vor dem 1.7.1949 geboren ist, muss im Einzelfall die Pflichtteilsberechtigung geprüft werden (→Nichteheliches Kind als Erbe). Pflichtteilsberechtigt ist auch das *Adoptivkind* des Erblassers (→Adoption), so wie umgekehrt dann, wenn das Adoptivkind vor den Adoptiveltern verstirbt, diese pflichtteilsberechtigt sind.

Die Geschwister und noch entferntere Verwandte des Erblassers sind *nicht* pflichtteilsberechtigt.

Einen Anspruch auf den Pflichtteil hat nur derjenige, der bei *gesetzlicher* Erbfolge *Erbe* geworden wäre. Wenn also beispielsweise ein →Ehegattentestament errichtet worden ist, in welchem die Ehepartner sich gegenseitig zu Alleinerben eingesetzt haben, der Ehemann dann stirbt und außer seiner Ehefrau einen Sohn, seine Mutter und einen Bruder hinterlässt, dann kann nur der Sohn gegenüber seiner zur Alleinerbin eingesetzten Mutter Pflichtteilsansprüche geltend machen. Die Mutter und der Bruder des Erblassers hingegen haben keinen Pflichtteilsanspruch, weil das Vorhandensein eines Abkömmlings des Erblassers sie vom gesetzlichen Erbrecht ausschließt. Der Bruder gehört sowieso nicht zum Kreis der Pflichtteilsberechtigten; ihm stünde also auch dann kein Pflichtteilsanspruch zu, wenn der Erblasser keine Kinder hinterlassen hätte.

Pflichtteilsansprüche kann auch ein zum Personenkreis der Pflichtteilsberechtigten zählender Angehöriger geltend machen, dem im Testament *weniger* als die *Hälfte* des gesetzlichen Erbteils zugesprochen worden ist. Er kann von den Miterben die Differenz verlangen (sogenannter Zusatzpflichtteil oder Pflichtteilsrestanspruch – siehe dazu näher →Annahme und Ausschlagung der Erbschaft und die dort angeführten Beispiele).

Pflichtteil (Pflichtteilsberechtigte, Pflichtteilsanspruch)

III. Der Ehepartner als Pflichtteilsberechtigter

Für *Ehepartner*, die im gesetzlichen Güterstand der Zugewinngemeinschaft gelebt haben, gilt eine Besonderheit: Ist der längerlebende Ehepartner von der Erbfolge testamentarisch *ausgeschlossen* und auch mit keinem *Vermächtnis* bedacht, oder hat er das ihm testamentarisch Zugewandte *ausgeschlagen*, so kann er außer dem Pflichtteil den ihm zustehenden *Zugewinn* geltend machen (→ Zugewinnausgleich im Erbrecht). Für den Fall, dass kein Zugewinn entstanden war oder der längerlebende Ehepartner keine Zugewinnausgleichsansprüche hat geltend machen wollen – beispielsweise weil ihm ein Ausrechnen des Zugewinns zu viel Mühe bereitet –, war lange Zeit umstritten, ob der längerlebende Ehepartner hier die Wahl hat, den Pflichtteil aus der schematisch um ein Viertel (fiktiver Zugewinn) *erhöhten* Erbquote geltend zu machen („Großer Pflichtteil") oder ob er nur den „Kleinen Pflichtteil" (also ohne Berücksichtigung des schematischen Zugewinns) beanspruchen kann, der sich aus der gesetzlichen Erbquote ergibt (siehe → Gesetzliche Erbfolge, dort III. 3., ferner → Zugewinn im Erbrecht). Der Bundesgerichtshof hat entschieden, dass sich die Pflichtteilsberechnung in solchen Fällen immer nur aus der *eigentlichen* Erbquote, also nicht aus der schematisch erhöhten Erbquote ergibt – was im Klartext bedeutet, dass der Ehepartner neben Abkömmlingen nicht ein Viertel vom Wert des Nachlasses, sondern nur ein Achtel erhält.

Der „Große Pflichtteil" spielt nur noch dort eine Rolle, wo der Ehepartner zwar nicht total enterbt ist, ihm aber durch → Verfügung von Todes wegen *weniger* zukommt, als eben der „Große Pflichtteil" ausmachen würde. In diesem Fall steht ihm ein sogenannter *Pflichtteilsrestanspruch* (auch *Zusatzpflichtteilsanspruch* genannt) zu, der sich aus der um den schematischen Zugewinn erhöhten Erbquote errechnet. Allerdings entfällt dann die Möglichkeit, Zugewinnausgleichsansprüche geltend zu machen.

Alternativ könnte der längerlebende Ehepartner auch das ihm Zugewandte *ausschlagen*. In diesem Fall behielte er die Möglichkeit, Zugewinnausgleichsansprüche geltend zu machen und *zusätzlich* den „Kleinen Pflichtteil". Der längerlebende Ehepartner wird sich

Pflichtteil (Pflichtteilsberechtigte, Pflichtteilsanspruch)

genau überlegen müssen, welchen Weg er wählt. Ist kein oder nur geringer Zugewinn gemacht worden, wird er der Geltendmachung des „Großen Pflichtteils" den Vorzug geben. Ist hingegen erheblicher Zugewinn gemacht worden, wird er besser fahren, wenn er das ihm Zugewandte *ausschlägt*, so dass er dann zwar nur den „Kleinen Pflichtteil" geltend machen kann, er andererseits aber die Möglichkeit der Geltendmachung des Zugewinnausgleichs behält.

Beispiel: Der Erblasser hatte unter Umgehung seiner Ehefrau seine vier Kinder zu Erben eingesetzt. Seiner Ehefrau hatte er durch Vermächtnis ein Wohnrecht an einem der vererbten Häuser eingeräumt. Der Nachlass, der einen Wert von 2 Mio. € hat, war vom Erblasser während der Ehe erworben worden, so dass er voll in dessen Zugewinn fiel. Die längerlebende Ehefrau hingegen hatte keinen Zugewinn erzielt. Nimmt die Ehefrau das Vermächtnis in Form des Wohnrechts an, dann stünde ihr ein Pflichtteilsanspruch zu, der auf den „Großen Pflichtteil" gerichtet wäre. Der „Große Pflichtteil" (die Hälfte des erhöhten gesetzlichen Erbteils) beliefe sich bei einem Nachlass von 2 Mio. € auf 500.000 €. Den Wert ihres Wohnrechts müsste sie sich darauf freilich anrechnen lassen, so dass sie als Pflichtteilsrestanspruch die Differenz zwischen dem Wert des Wohnrechts und jenen ihr zustehenden 500.000 € geltend machen könnte. Schlägt die Ehefrau hingegen das ihr zugewandte Wohnrecht aus, dann behält sie den Anspruch auf Zugewinnausgleich, der sich im hier gewählten Beispiel auf 1 Mio. € beläuft, nämlich die Hälfte des vom Mann erzielten Zugewinns. Außerdem stünde ihr noch ein Pflichtteilsanspruch zu, der sich wiederum aus der Hälfte ihrer gesetzlichen Erbquote ergibt, diesmal allerdings nur aus der Hälfte von einem *Viertel* („Kleiner Pflichtteil"), weil im Falle des Ausschlagens die schematische Erhöhung der Erbquote nicht stattfindet. Ihr Pflichtteilsanspruch beträgt somit ein Achtel. Dieses Achtel wiederum errechnet sich nicht aus dem ursprünglichen Nachlasswert von 2 Mio. €, sondern nur aus 1 Mio. €, weil die Zugewinnausgleichsforderung eine *Nachlassverbindlichkeit* ist, folglich diese 1 Mio. € vom Nachlasswert abgezogen werden muss, bevor der Pflichtteil berechnet wird. Dennoch würde die Ehefrau im gewählten Beispiel durch Ausschlagung des Wohnrechts und stattdessen Geltendmachung des Zugewinns und ferner des „Kleinen Pflichtteils" bei weitem besser fahren als durch Annahme des Wohnrechts und Geltendmachung des „Großen Pflichtteils".

IV. Der Lebenspartner einer Lebenspartnerschaft unter Gleichgeschlechtlichen als Pflichtteilsberechtigter

→ Lebenspartnerschaft zwischen Gleichgeschlechtlichen

V. Errechnung des Pflichtteilsanspruchs

Um den Pflichtteil berechnen zu können, benötigt der Pflichtteilsberechtigte Kenntnis über den Bestand des Nachlasses. Das Gesetz gewährt ihm deswegen gegen den Erben einen Anspruch auf *Auskunft* über Höhe und Wert des Nachlasses. Das Auskunftsverlangen kann in unterschiedlicher Weise vom Pflichtteilsberechtigten geltend gemacht werden. Er kann sich darauf beschränken, eine vom Erben selbst erstellte Auskunft nebst Vorschlägen zur Bewertung von Nachlassgegenständen zu verlangen. Damit eine solche Auskunft ordnungsgemäß erteilt wird, muss sie die Aktiva und die Passiva des Nachlasses getrennt auflisten, also die Nachlassgegenstände und Verbindlichkeiten genau bezeichnen. Stets können sich der Pflichtteilsberechtigte und der Erbe über einen bestimmten Auskunftsinhalt einigen. Kommt es nicht zu einer solchen Einigung kann der Pflichtteilsberechtigte verlangen, bei der Erstellung eines den gesetzlichen Vorgaben entsprechenden Nachlassverzeichnisses anwesend zu sein. Er kann ferner verlangen, dass das Nachlassverzeichnis von einem *Notar* aufgenommen wird. Von dieser Möglichkeit wird in den letzten Jahren verstärkt Gebrauch gemacht. Die entsprechende Rechtsprechung der Oberlandesgerichte ist in diesem Punkt bisweilen deutlich über das Ziel hinaus geschossen. Der Notar soll danach bisweilen als eine Art „Detektiv" für den Pflichtteilsberechtigten die Zusammensetzung des Nachlasses ermitteln. So soll er Kontenbewegungen des Erblassers für die vergangenen 10 Jahre vor dem Erbfall durchsehen und sich deshalb alle Kontoauszüge (ggfs. als Zweitschriften von den Banken) geben lassen.

Pflichtteil (Pflichtteilsberechtigte, Pflichtteilsanspruch)

Von Rechtsanwälten wird die Möglichkeit, ein notarielles Verzeichnis zu verlangen, bisweilen missbräuchlich eingesetzt, indem sie in ihrer Korrespondenz ankündigen, das Verlangen zu stellen, wenn der Erbe sich nicht bereit erklärt, einen bestimmten Pflichtteil zu zahlen. Auch bei kleineren Nachlässen kann das Verlangen nach einem notariellen Nachlassverzeichnis missbräuchlich sein.

Der Pflichtteilsberechtigte kann, sofern er mit dem Erben nicht zu einer Einigung kommt, ferner verlangen, dass die Nachlassgegenstände bewertet werden, und zwar auf Kosten des Nachlasses. Maßgebend für die Wertfeststellung ist der Zeitpunkt des *Erbfalls*, also nicht der Zeitpunkt, zu welchem der Pflichtteilsanspruch geltend gemacht wird. Im Normalfall wird dieser Bewertungsanspruch von Pflichtteilsberechtigten für Immobilien geltend gemacht, die sich im Nachlass befinden. Der Bewertungsanspruch ist darauf aber nicht begrenzt. Auch dann, wenn beispielsweise teure Bilder oder antike Möbel zur Erbschaft gehören, müssen diese bewertet werden, ja, theoretisch besteht sogar die Möglichkeit, dass alle Einzelgegenstände (selbst jedes Möbelstück in der ehemaligen Wohnung, die Kleider und die Wäsche des Erblassers) zu bewerten sind, wenn es der Pflichtteilsberechtigte verlangt. Bewertet werden müssen die Gegenstände von jemandem, der über hinreichende Kenntnis für derartige Bewertungen verfügt, in der Regel von einem Sachverständigen, wobei es sich nicht um einen vereidigten Sachverständigen handeln muss. Die Kosten der Bewertung trägt der Nachlass. Der Pflichtteilsberechtigte wird aber mittelbar an den Kosten beteiligt, weil die Kosten Nachlassverbindlichkeiten darstellen. Die so vom Erben eingeholten Wertgutachten sind allerdings nicht verbindlich. Wenn der Pflichtteilsberechtigte sich beispielsweise auf den Standpunkt stellt, der vom Sachverständigen ermittelte Wert einer Immobilie sei zu niedrig geschätzt, kann er den Erben bei Gericht auch mit der Begründung auf einen weitergehenden Pflichtteil verklagen, dass die betreffende Immobilie einen höheren Wert hat. Das Gericht würde dann eine weitere Bewertung, diesmal durch einen vom Gericht bestellten und damit unparteiischen Sachverständigen veranlassen.

Soweit der Erblasser selbst eine Wertbestimmung vorgenommen hat, beispielsweise für eine Nachlassimmobilie, ist grundsätzlich

Pflichtteil (Pflichtteilsberechtigte, Pflichtteilsanspruch)

nicht maßgebend. Lediglich dann, wenn ein landwirtschaftlicher Betrieb vererbt wird, kann der Erblasser unter bestimmten Voraussetzungen anordnen, dass der Erbe den Betrieb zum *Ertragswert* übernimmt. Der Ertragswert ist dann auch für die Pflichtteilsberechnung maßgebend (vgl. →Höferecht).

Besteht Grund zu der Annahme, dass der Erbe die Auskunft nicht richtig oder nicht vollständig erteilt hat, kann der Pflichtteilsberechtigte vom Erben verlangen, dass dieser die *Richtigkeit* der Auskunft an Eides statt versichert. Macht der Erbe vorsätzlich falsche Angaben, dann macht er sich wegen Betrugs strafbar, gegebenenfalls auch noch wegen Abgabe einer unrichtigen Versicherung an Eides statt.

Bei der Berechnung des Pflichtteils wird zunächst der *Nettowert* des Nachlasses ermittelt. Dazu werden vom festgestellten Nachlasswert die Nachlassschulden abgezogen (Verbindlichkeiten des Erblassers, aber auch z.B. die Beerdigungskosten). Nicht abgezogen wird der Wert der etwa zu erfüllenden →Vermächtnisse oder →Auflagen. Abzugsfähig hingegen ist der sogenannte →Voraus, dieser allerdings nur dann, wenn der längerlebende Ehepartner aufgrund →*gesetzlicher Erbfolge* Erbe geworden ist, und zwar neben anderen gesetzlichen Erben.

Dem Nettonachlasswert *hinzuzurechnen* ist der Wert aller *Schenkungen*, die der Erblasser gemacht hat. (Hiervon ausgenommen sind sogenannte „Anstandsschenkungen", worunter man solche Schenkungen versteht, die einer moralischen oder sittlichen Pflicht entsprechen.) Es soll durch die Hinzurechnung der Schenkungen verhindert werden, dass der Erblasser den Pflichtteilsanspruch aushöhlt, indem er durch vorweggenommene Schenkungen sein Vermögen schmälert. Schenkungen, die *länger als 10 Jahre* zurückliegen, bleiben in der Regel unberücksichtigt. Geht es dabei um eine Grundstücksschenkung, dann ist nicht das Datum des Schenkungsvertrages, sondern das Datum der Eintragung des Beschenkten im Grundbuch maßgebend. Bei Schenkungen an den *Ehepartner* gilt eine Besonderheit: Da beginnt die Zehnjahresfrist erst mit *Auflösung* der Ehe (Tod oder Scheidung) zu laufen. Eine weitere in der Praxis häufige Ausnahme von der Zehnjahresfrist besteht dann, wenn der Erblasser sich die Nutzung des verschenkten Gegenstandes vorbehalten hatte, also beispielsweise einen Nießbrauch an der übertragenen Immobilie. In diesen Fällen beginnt die Frist erst mit der Beendigung des Nutzungsrechts. Indem bei der Pflichtteilsberechnung früher getätigte Schenkungen des Erblassers dem Nachlass fiktiv hinzugerechnet werden, wird dem Pflichtteilsberechtigten ein sogenannter → *Pflichtteilsergänzungsanspruch* zugebilligt. In Anbetracht der großen Bedeutung, die der Pflichtteilsergänzungsanspruch in der Praxis hat, wird er unter einem *eigenen* Stichwort noch gesondert behandelt.

Daneben muss der Pflichtteilsberechtigte *selbst* – insoweit besteht eine Parallele zum → Ausgleich von Vorempfängen – sich *Schenkungen* anrechnen lassen, die er vom Erblasser irgendwann einmal mit der Bestimmung erhalten hat, dass eine Anrechnungspflicht auf den Pflichtteil besteht. Für den *Wert* der Schenkung ist der *Zeitpunkt der Zuwendung* maßgebend. So steht es im Gesetz. Die Rechtsprechung allerdings hat es dabei nicht bewenden lassen: Zu dem Wert des geschenkten Gegenstandes zum Zeitpunkt der Schenkung kommt hinzu, dass die konkrete *Geldentwertung* berücksichtigt werden muss. Zur Berechnung dient dabei der vom Statistischen Bundesamt regelmäßig veröffentlichte *Verbraucherpreisindex*. Man spricht in diesem Zusammenhang von der „*Indexierung*" des Wertes des geschenkten Gegenstandes. Die Art und Weise, in welcher der Pflichtteilsanspruch in solchen Fällen berechnet wird, ist etwas kompliziert: Der Nachlass, der durch die frühere Schenkung zwangsläufig eine *Reduzierung* erfahren hat, wird gedanklich zunächst wieder um den Wert der – indexierten – Schenkung *aufgestockt*. Ist der Pflichtteilsanspruch auf diese Weise errechnet worden, wird die sich errechnende Pflichtteilsforderung um den Wert der indexierten Schenkung *gekürzt*.

Beispiel: Der verwitwete Erblasser, Inhaber einer Schreinerei, hat zwei Söhne. Der ältere Sohn hat das Schreinerhandwerk erlernt, die Meisterprüfung gemacht und soll den Betrieb einmal übernehmen. Der jüngere Sohn hat ein Studium absolviert und ist Studienrat geworden. Um seine Söhne nun in etwa gleich zu behandeln, schenkt der Vater, welcher gewillt ist, den älteren Sohn – als dem gelernten Schreiner – zum Alleinerben einzusetzen, dem Studienrat ein Wiesengrundstück mit einer Obstplantage, welches zum Zeitpunkt der

Pflichtteil (Pflichtteilsberechtigte, Pflichtteilsanspruch)

Schenkung einen Wert von 50.000 € hat, und zwar mit der Bestimmung, dass dieser Sohn sich die Schenkung auf seinen späteren Pflichtteil anrechnen lassen muss. Der ältere Sohn, der vom Vater testamentarisch zum *Alleinerben* eingesetzt wurde, erhält nichts geschenkt. Als der Vater stirbt, hinterlässt er seinen Handwerksbetrieb, der einen Wert von 500.000 € hat. Der ältere Sohn als Alleinerbe wird nunmehr alleiniger Eigentümer des Betriebes. Der jüngere Sohn macht Pflichtteilsansprüche geltend. Das ihm früher geschenkte Grundstück ist inzwischen Bauland geworden und hat einen Wert von 200.000 €. Bei der Pflichtteilsberechnung ist nicht etwa dieser gestiegene Wert dem Nachlassvermögen gedanklich hinzuzurechnen, sondern der Wert, den das Grundstück zum Zeitpunkt der Schenkung hatte, wobei es allerdings nicht bei dem Wert von 50.000 € bleibt, denn es muss wegen der inzwischen stattgefundenen Geldentwertung die *Indexierung* vorgenommen werden. Angenommen, im konkreten Fall würde die Indexierung 20.000 € ergeben, so erhöht sich der Wert der Schenkung von ursprünglich 50.000 € auf 70.000 €. Es sind dem oben als Ausgangspunkt angenommenen effektiven Nachlass von 500.000 € also zunächst erst einmal 70.000 € hinzuzurechnen, so dass sich ein fiktiver Nachlasswert von 570.000 € ergibt. Aus diesem Nachlasswert errechnet sich der Pflichtteilsanspruch des pflichtteilsberechtigten Sohnes. Da der Pflichtteil die Hälfte des gesetzlichen Erbteils beträgt (der gesetzliche Erbteil beliefe sich auf ein Halb, der Pflichtteil beträgt demgemäß ein Viertel), hat der jüngere Bruder gegenüber seinem älteren Bruder einen Pflichtteilsanspruch von 142.500 €. Auf diesen Betrag nun muss er sich den indexierten Wert der Schenkung von 70.000 € anrechnen lassen. Er hat somit noch 72.500 € als Pflichtteil zu fordern.

VI. Beschränkung des Pflichtteilsanspruchs

In gewissem Umfang kann man sich gegen die Geltendmachung von Pflichtteilsansprüchen dadurch schützen, dass man in das Testament eine sogenannte „Gehorsamsklausel" aufnimmt (→ Ehegattentestament), und in *Ausnahmefällen* kann der Erblasser sogar den Pflichtteil *entziehen*. Merke: Die Pflichtteilsentziehung ist von der *Ent-*

erbung zu unterscheiden. Während die Enterbung *immer* verfügt werden kann (der durch eine Verfügung von Todes wegen enterbte nahe Angehörige behält bekanntlich immer noch einen ihm zustehenden Pflichtteilsanspruch), ist eine *Pflichtteilsentziehung* an viel strengere Voraussetzungen geknüpft.

Ein Entziehungsgrund liegt nur dann vor, wenn der Pflichtteilsberechtigte dem Erblasser, dem Ehepartner des Erblassers, einem Abkömmling des Erblassers oder einer anderen, dem Erblasser ähnlich nahestehenden Person *nach dem Leben trachtet*. Dasselbe gilt, wenn der Pflichtteilsberechtigte sich gegenüber einer Person des vorgenannten Kreises eines Verbrechens oder eines schweren vorsätzlichen Vergehens schuldig macht (beispielhaft seien genannt: schwerwiegende körperliche Misshandlung, ein besonders perfider Diebstahl oder Betrug, Erpressung, besonders grobe Beleidigung usw.). Ein Entziehungsgrund liegt auch dann vor, wenn der Pflichtteilsberechtigte eine ihm gegenüber dem Erblasser obliegende gesetzliche Unterhaltspflicht böswillig verletzt. Schließlich besteht ein Entziehungsgrund dann, wenn eine wirtschaftliche Beteiligung des Pflichtteilsberechtigten am Nachlass für den Erblasser deswegen unzumutbar ist, weil der Pflichtteilsberechtigte wegen einer vorsätzlich begangenen Straftat zu einer Freiheitsstrafe von mindestens einem Jahr (ohne Bewährung) verurteilt wurde oder wenn für den Pflichtteilsberechtigten wegen einer ähnlich schwerwiegenden Straftat eine Unterbringung in einem psychiatrischen Krankenhaus oder einer Entziehungsanstalt angeordnet worden ist.

Die Entziehung des Pflichtteils erfolgt durch *testamentarische Verfügung*. Der Entziehungsgrund muss zum Zeitpunkt der Testamentserrichtung bestehen, er muss im Testament *ausdrücklich* genannt und zweckmäßigerweise erläutert werden. Hat der Erblasser dem Pflichtteilsberechtigten in der Zeit zwischen Testamentserrichtung und Tod verziehen (was der Pflichtteilsberechtigte beweisen müsste), so steht ihm der Pflichtteilsanspruch wieder zu.

Außer einer Pflichtteilsentziehung sieht das Gesetz gegenüber *Abkömmlingen* auch eine *Pflichtteilsbeschränkung* vor, und zwar – wie es im Gesetz heißt – „in guter Absicht": Bei *Verschwendungssucht* oder *erheblicher Verschuldung* des Abkömmlings kann der Erblasser *testamentarisch* bestimmen, dass dem pflichtteilsberech-

Pflichtteilsentziehung, Pflichtteilsbeschränkung

tigten Abkömmling das Verfügungsrecht über den Pflichtteil entzogen ist. Er kann dies tun, indem er die *gesetzlichen Erben* des Abkömmlings als *Nacherben* einsetzt *oder* einen *Testamentsvollstrecker* zur Verwaltung des Pflichtteils bestellt und dem Pflichtteilsberechtigten nur Anspruch auf den jährlichen Reinertrag einräumt. Auch die Pflichtteilsbeschränkung in guter Absicht muss im Testament angeordnet und begründet werden.

Pflichtteilsentziehung, Pflichtteilsbeschränkung
→ Pflichtteil (Pflichtteilsberechtigte, Pflichtteilsanspruch)

Pflichtteilsergänzungsanspruch

Der Pflichtteilsergänzungsanspruch hat in der Rechtspraxis große Bedeutung. Es ist der Anspruch eines „zu kurz gekommenen" Pflichtteilsberechtigten. *Dass* der Betroffene zu kurz gekommen ist, geht mitunter auf das Bestreben des Erblassers zurück, die Pflichtteilsansprüche eines Pflichtteilsberechtigten so gering wie möglich zu halten. Anders ausgedrückt: Der Erblasser möchte nach Möglichkeit vermeiden, dass die von ihm in einer → Verfügung von Todes wegen eingesetzten Erben (oder ein einzelner Erbe) mit womöglich ruinösen Pflichtteilsansprüchen konfrontiert werden.

Beispiel 1: Der Erblasser, der eine nichteheliche Tochter hat, ist gemeinsam mit seiner Ehefrau hälftiger Miteigentümer eines Einfamilienhauses. Er überträgt die ihm gehörende Miteigentumshälfte unentgeltlich auf seine Ehefrau. Der Erblasser erhofft sich mit dieser Übertragung, die → Pflichtteilsansprüche seiner nichtehelichen Tochter, mit der er niemals Kontakt gehabt hat, zu minimieren.

Beispiel 2: Ein Ehepaar hat zwei Kinder, einen Sohn und eine Tochter. Die Tochter ist in Ordnung, der Sohn aber ist auf die schiefe Bahn geraten. Seit einigen Jahren ist er abgetaucht, angeblich lebt er nun in Südamerika, weil er von seinen Gläubigern bedrängt wird. Die jetzt 70 und 65 Jahre alten Eltern sind u.a. Eigentümer eines Mehrfamilienhauses. Dieses Haus übertragen sie unentgeltlich auf ihre Tochter, behalten sich aber ein lebtägliches *Nießbrauchsrecht* an dem Haus vor, um mit den Mieteinnahmen ihre bescheidene Rente aufzubessern.

Beispiel 3: Hier haben wir als Ausgangspunkt dieselbe Situation wie im Beispiel 2. Der Unterschied ist nur der, dass die Eltern, die ihr Hausgrundstück auf die Tochter übertragen haben, sich keinen Nießbrauch daran vorbehalten haben. Sie sind beide Beamte im Ruhestand, die Rente (Pension), die sie beziehen, reicht gut aus, um ihren Lebensunterhalt zu bestreiten.

Dies sind drei Beispiele, in denen sich Erblasser (hier also demonstriert am Beispiel von Eheleuten) zu Lebzeiten „ärmer machen", damit, wenn sie gestorben sind, bestimmte Pflichtteilsberechtigte möglichst nur geringe Pflichtteilsansprüche geltend machen können.

Diese Rechnung geht nicht bzw. nur bedingt auf. Das Recht des Pflichtteilsberechtigten auf den ihm zustehenden Pflichtteil ist nämlich im Bürgerlichen Gesetzbuch stark ausgeprägt. Nach dem Willen des Gesetzes soll es nur unter *erschwerten* Umständen möglich sein, einen Pflichtteilsanspruch dadurch auszuhöhlen, dass der Erblasser schon zu Lebzeiten sein Vermögen „wegschenkt". Aus diesem Grund billigt das Gesetz dem Pflichtteilsberechtigten den *Pflichtteilsergänzungsanspruch* zu, und der funktioniert folgendermaßen: Aufgrund des Pflichtteilsergänzungsanspruchs wird der Nachlass dem Pflichtteilsberechtigten gegenüber so bewertet, als habe die zwecks Minderung bzw. Aushöhlung des Erblasservermögens getätigte Schenkung überhaupt nicht stattgefunden. Die *Berechnung* des Pflichtteilsergänzungsanspruchs erfolgt in der Weise, dass der *Wert* des geschenkten Gegenstandes dem Nachlass hinzugerechnet wird. Aus dem auf diese Weise *fiktiv* aufgefüllten Nachlass errechnet sich die Höhe des Pflichtteilsergänzungsanspruchs.

Gehen wir von der Situation aus, dass wir es mit einer Familie zu tun haben, bestehend aus den beiden Ehepartnern, die in Zugewinngemeinschaft verheiratet sind, und zwei Kindern. Der Ehemann ist sodann gestorben und sein Nachlass hat einen Wert von 500.000 €. In seinem Testament hatte er seine Ehefrau zur alleinigen Erbin eingesetzt. Die Kinder sind also nicht Erben geworden, sie haben aber einen Pflichtteilsanspruch an dem Nachlass ihres Vaters. In dem hier gewählten Beispiel beträgt die Pflichtteilsquote eines jeden

Pflichtteilsergänzungsanspruch

Kindes ein Achtel (= 62.500 €) am Vermögen des Vaters (→ Pflichtteil). Gehen wir nun des Weiteren davon aus, dass der Vater, zwei Jahre bevor er starb, seiner Ehefrau (also der Mutter der Kinder) einen Barbetrag von 300.000 € geschenkt hatte. Diese geschenkten 300.000 € sind bei der Pflichtteilsberechnung fiktiv dem Nachlass hinzuzurechnen, so dass die Kinder bei der Berechnung des Pflichtteils nicht von einem Nachlass von nur 500.000 € sondern von einem *Fiktivnachlass* von 800.000 € ausgehen können. Ihr Pflichtteilsanspruch beträgt somit je 100.000 €.

Bei der *Bewertung* des geschenkten Gegenstandes wird, sofern es sich um ein Grundstück (oder eine andere sogenannte *unverbrauchbare Sache*) handelt, das „Niederstwertprinzip" angewandt: Ist der Wert zum Zeitpunkt des Erbfalls *niedriger* als zum Zeitpunkt der Schenkung, dann ist für die Bewertung der *Zeitpunkt des Erbfalls* maßgeblich. Hatte der geschenkte Gegenstand zum Zeitpunkt der Schenkung einen *niedrigeren* Wert als zum Zeitpunkt des Erbfalls, dann ist der *Schenkungszeitpunkt* bei der Wertberechnung maßgebend. Im Normalfall, insbesondere dann, wenn es sich um ein *Grundstück* handelt, das durch eine Schenkung übertragen wurde, ist meistens der Wert zur *Zeit der Schenkung* maßgeblich, da Grundstücke im Allgemeinen im Wert gestiegen sind. Zu dem Wert des geschenkten Gegenstandes kommt dann allerdings noch hinzu, dass die konkrete *Geldentwertung* berücksichtigt werden muss. Zur Berechnung dient dabei der vom Statistischen Bundesamt regelmäßig veröffentliche *Verbraucherpreisindex*. Man spricht in diesem Zusammenhang von der *„Indexierung"* des Wertes des geschenkten Gegenstandes.

Besondere Probleme im Zusammenhang mit der Wertermittlung ergeben sich regelmäßig dann, wenn ein Grundstück unentgeltlich übertragen wurde, der Schenker sich aber daran den Nießbrauch oder ein anderes Nutzungsrecht (beispielsweise das Wohnrecht) vorbehalten hat. Der vorbehaltene Nießbrauch bzw. die sonstigen Nutzungsrechte mindern naturgemäß den Wert der Schenkung, weil das Grundstück insoweit belastet ist. In der Rechtsprechung ist derzeit noch nicht eindeutig geklärt, in welcher Weise die Wertermittlung in solchen Fällen zu erfolgen hat. Regelmäßig wird man den jährlichen Wohn- bzw. Nutzwert der Immobilie, auf die sich der

Nießbrauch bezieht, ermitteln und diesen Wert mit der restlichen Lebenserwartung des Nießbrauchers multiplizieren. Der sich ergebende Betrag wäre sodann nach allgemeinen Regeln abzuzinsen. In die Bewertung müssen aber auch die Besonderheiten des Einzelfalles einbezogen werden. So wird man die allgemeine restliche Lebenserwartung des Nießbrauchers nicht bei der Bewertung zugrunde legen können, wenn bei der Begründung des Nießbrauchs schon absehbar ist, dass der Nießbraucher ein entsprechendes Alter nicht erreichen wird, weil er beispielsweise an einer unheilbaren Krankheit leidet. Zur Ermittlung der „allgemeinen restlichen Lebenserwartung" stehen Tabellen zur Verfügung (Stichwort „statistische Lebenserwartung").

Nicht jede unentgeltliche Zuwendung hat von vornherein den Charakter einer *Schenkung*. Speziell bei Grundstücksübertragungsverträgen, die eine *Gegenleistung* des *Erwerbers* vorsehen, wird der Begriff „Schenkung" gerade nicht verwendet. Hier liegt aber in vielen Fällen eine sogenannte „gemischte Schenkung" vor. Dies ist immer dann der Fall, wenn Leistung und Gegenleistung in einem offensichtlichen Missverhältnis zueinander stehen. Ein solches Missverhältnis ist in der Regel anzunehmen, wenn das übertragene Grundstück wertmäßig die Gegenleistung um mehr als das Doppelte übersteigt. In einem solchen Fall ist es der *Schenkungsanteil* des Übertragungsvertrags, der vom Pflichtteilsergänzungsanspruch erfasst wird.

Problematisch ist die Wertermittlung insbesondere dann, wenn – was sehr oft vorkommt – der Beschenkte in dem Übertragungsvertrag die Verpflichtung übernommen hat, den Schenker, wenn dieser pflegebedürftig werden sollte, zu pflegen. Der häufigste Fall in diesem Zusammenhang ist der, dass ein Kind, dem das Haus zu Lebzeiten der Eltern von diesen übertragen wird, sich zu einer solchen Pflege verpflichtet. Oft ist es so, dass nur der Vater oder die Mutter alleiniger Eigentümer des zur Übertragung anstehenden Hauses ist. Selbstverständlich (jedenfalls in der Regel) übernimmt das Kind, wenn eine Pflegeverpflichtung in den Übertragungsvertrag aufgenommen wird, die Verpflichtung nicht nur gegenüber demjenigen Elternteil, von dem es das Haus übertragen bekommen hat, sondern gegenüber *beiden* Elternteilen.

Pflichtteilsergänzungsanspruch

Es ist durchaus denkbar, dass, wenn als Gegenleistung eine Pflegeverpflichtung vereinbart wird, überhaupt nicht mehr von einer *Schenkung* auszugehen ist. Das hängt davon ab, wie hoch der Wert der übernommenen Pflegeverpflichtung in Relation zum Wert des übertragenen Hauses zu veranschlagen ist. Das Alter der Eltern zum Zeitpunkt der Übertragung könnte da eine Rolle spielen, ferner ihr Gesundheitszustand. Eine einheitliche Linie in der Rechtsprechung hinsichtlich der Bewertung von Pflegeverpflichtungen gibt es derzeit noch nicht. Ein erheblicher Wert wird einer Pflegeverpflichtung allerdings dann von den Gerichten beigemessen, wenn zum Zeitpunkt der Grundstücksübertragung bereits eine Pflegebedürftigkeit vorlag und die Pflege vom Begünstigten auch tatsächlich erbracht wurde. Die Tendenz der Gerichte geht dahin, bei der Berechnung einer Pflegeverpflichtung die ersparten Kosten anzusetzen, die sich aus der Übernahme der Verpflichtung ergeben.

Ein weiterer in der Praxis häufiger Fall ist der, dass die Eltern ihr Hausgrundstück – beispielsweise – dem einen Sohn übertragen, die Pflegeverpflichtung aber nicht nur von dem Sohn, sondern von dessen Ehefrau mit übernommen wird. Dies führt zu der Frage: Wie ist die Rechtslage, wenn die Ehe geschieden wird? Bleibt die Schwiegertochter verpflichtet? Diese Frage ist grundsätzlich mit „ja" zu beantworten, und das würde zu einer weiteren Erhöhung des Wertes der Pflegeverpflichtung führen. (Denkbar ist allerdings, dass die Pflegeverpflichtung wegen einer sogenannten „Störung der Geschäftsgrundlage" entfällt. Hier spielen die konkreten Umstände des Einzelfalls eine entscheidende Rolle.)

Eine Schenkung in Bezug auf die *Errechnung des Pflichtteils* bzw. des *Pflichtteilsergänzungsanspruchs* ist auch die sogenannte *unbenannte Zuwendung*, auch *ehebedingte Zuwendung* genannt. Es handelt sich dabei um eine Vermögensübertragung des einen Ehepartners auf den anderen Ehepartner, ohne dass dafür ein konkreter Zweck angegeben wird. Typischer Fall ist die Übertragung eines Miteigentumsanteils an einem im Alleineigentum des einen Ehepartners stehenden Grundstücks, weil die Eheleute gemeinsam ein Eigenheim auf dem Grundstück errichten wollen. An sich gelten nach der Rechtsprechung des Bundesgerichtshofes derartige Zuwendungen *nicht* als Schenkungen. Auswirkungen hat die unbenannte Zuwendung grundsätzlich nur im Verhältnis der Ehepartner untereinander. Eine Auswirkung auf *andere* Personen (sogenannte „Drittwirkung") ist ausgeschlossen. Im Bereich des Erbrechts hat der Bundesgerichtshof zum *Schutz des Pflichtteilsberechtigten* die unbenannten Zuwendungen dem Recht der Pflichtteilsergänzung unterstellt. Mit anderen Worten: Ein Erblasser kann den Pflichtteilsergänzungsanspruch seiner Abkömmlinge nicht dadurch vereiteln, dass er – womöglich noch kurz vor seinem Tode – sein Vermögen auf seinen Ehepartner überträgt. Nur im *Einzelfall* fallen ehebedingte Zuwendungen nicht unter den Pflichtteilsergänzungsanspruch, und zwar dann nicht, wenn sie im konkreten Einzelfall dem laufenden *Unterhalt* dienen oder eine *Vergütung* für langjährige Dienste des anderen Ehepartners darstellen sollen. Auch mag ein Pflichtteilsergänzungsanspruch in begrenzten Ausnahmefällen dann nicht bestehen, wenn die Übertragung zu einem Zeitpunkt erfolgte, als die Ehepartner Fragen eines späteren Erbrechts noch gar nicht in ihre Überlegung einbezogen hatten.

Eine im Rahmen des Pflichtteilsergänzungsanspruchs relevante Schenkung liegt auch dann vor, wenn der Beschenkte die Leistung erst mit dem *Tode des Erblassers* erhält. Das ist häufig z.B. bei → Lebensversicherungen der Fall, nämlich dann, wenn der Erblasser einen *Dritten* (z.B. den Lebenspartner) als *Bezugsberechtigten* bestimmt. Die Versicherungssumme, die der Bezugsberechtigte erhält, fällt nicht in den Nachlass, die Bezugsberechtigung ist aber eine *Schenkung* des Erblassers an den Bezugsberechtigten. Als Schenkwert wird dabei der Betrag in Ansatz gebracht, den der Erblasser selbst unmittelbar vor seinem Ableben noch hätte realisieren können. Das ist im Normalfall der sog. Rückkaufswert der Versicherung.

Nicht *jede* Schenkung allerdings ist geeignet, Pflichtteilsergänzungsansprüche auszulösen: Anstands- und Gelegenheitsgeschenke (z.B. die üblichen Weihnachts- und Geburtstagsgeschenke, das Auto zum bestandenen Abitur, der Brillantring zum 25. Hochzeitstag) bleiben bei der Geltendmachung des Pflichtteilsergänzungsanspruchs unberücksichtigt.

Außerdem kommt es auf den Zeitpunkt der Schenkung an. Tritt der Erbfall vor Ablauf eines Jahres nach der Schenkung ein, so wird die Schenkung mit ihrem gesamten Wert berücksichtigt. Nach Ablauf des ersten Jahres werden nur noch neun Zehntel berücksichtigt, nach Ablauf jedes weiteren Jahres bleibt jeweils ein weiteres Zehntel unberücksichtigt, so dass nach Ablauf von zehn Jahren der Anspruch ganz entfällt. Dieses sogenannte Abschmelzmodell gilt für alle Erbfälle ab dem 1.1.2009. Für die Erbfälle, die sich vor diesem Datum ereignet haben, gilt die Zehnjahresfrist als fixe Größe: Lagen zwischen der Schenkung und dem Tod des Erblassers weniger als zehn Jahre (beispielsweise neun Jahre und elf Monate), so bestand der Pflichtteilsergänzungsanspruch in vollem Umfang. Erst mit vollem Ablauf der Zehnjahresfrist entfiel dann der Anspruch vollständig.

Bei der dargelegten Einschränkung des Pflichtteilsergänzungsanspruchs durch die Zehnjahresfrist gibt es in sich aber wieder eine Einschränkung (sozusagen eine Ausnahme von der Ausnahme), durch welche die Zehnjahresfrist für den Pflichtteilsberechtigten praktisch ohne nachteilige Folgen bleibt: Liegt nämlich eine Schenkung vor, die die *Eheleute* unter sich getätigt haben (siehe oben Beispiel 1), dann beginnt die Zehnjahresfrist nicht ab dem Vollzug der *Schenkung* zu laufen, sondern erst ab *Auflösung* der Ehe. Die Auflösung der Ehe ist hier der *einzige* Grund dafür, dass eine Zehnjahresfrist zu laufen beginnt. Die in der Praxis bedeutsamen zwei Auflösungsgründe für eine Ehe sind der *Tod* eines Ehepartners oder die *Ehescheidung*. Der Ehemann im oben angeführten Beispiel 1, der seiner Ehefrau seinen Miteigentumsanteil am Hausgrundstück übertragen hat, um Pflichtteilsansprüche seiner nichtehelichen Tochter zu minimieren, hätte den beabsichtigten Zweck also auch dann nicht erreicht, wenn zwischen der Schenkung und seinem Tod ein Zeitraum von *mehr* als 10 Jahren gelegen hätte. Anders läge der Fall nur dann, wenn die beschenkte Ehefrau nach der Schenkung verstorben und (aufgrund testamentarischer Verfügung) beispielsweise von den aus ihrer Ehe hervorgegangenen Kindern beerbt worden wäre. In diesem Fall beginnt die Zehnjahresfrist mit dem Tod der Ehefrau. Der Anspruch verringert sich also mit jedem vollendeten Jahr nach deren Tod um ein Zehntel und entfällt nach Ablauf von zehn Jahren vollständig. Dasselbe gilt, wenn die Ehe des Vaters nach erfolgter Schenkung geschieden worden wäre. Auch hier blieben für jedes Jahr, welches zwischen der Ehescheidung und dem Tod des Vaters vergeht, ein Zehntel der Schenkung unberücksichtigt und es entfiele der Anspruch nach Ablauf von zehn Jahren vollständig.

Der *Zeitpunkt*, an dem die Zehnjahresfrist zu laufen beginnt, kann aber auch bei anderen unentgeltlichen Übertragungsfällen problematisch sein. So ist für den *Beginn* der Zehnjahresfrist bei *Grundstücksübertragungen* nicht der Zeitpunkt des Abschlusses des Übertragungsvertrages, sondern der Tag der *Eintragung* des Beschenkten als neuer Eigentümer im Grundbuch maßgebend.

Allgemein lässt sich sagen, dass eine „Leistung" (im Sinne einer unentgeltlichen Übertragung), welche den Fristbeginn auslöst, nach der Rechtsprechung erst dann vorliegt, wenn der Erblasser sich von dem verschenkten Gegenstand auch tatsächlich „entwöhnt" hat. Erst wenn er sich „entwöhnt" hat, beginnt die Frist zu laufen. „Entwöhnung" bedeutet, dass der Schenker den verschenkten Gegenstand auch faktisch zugunsten des Beschenkten entbehren musste. Eine „Entwöhnung" in diesem Sinne liegt also nicht vor, solange der Schenker sich – wie im oben angeführten Beispiel 2 – den *Nießbrauch* an dem verschenkten Gegenstand vorbehalten hat. Im Hinblick darauf, dass die Eltern sich im genannten Beispiel ein *lebtägliches* Nießbrauchsrecht vorbehalten haben, hat also die Übertragung des Mehrfamilienhauses auf die Tochter keinen Einfluss auf die Pflichtteilsergänzungsansprüche des auf die schiefe Bahn geratenen Sohnes, es sei denn, die Eltern hätten den Nießbrauch vorzeitig aufgegeben. In diesem Fall würde die Zehnjahresfrist mit der Aufgabe des Nießbrauchs beginnen, und es würde die Anrechnung für jedes Jahr, welches nach der Aufgabe vollendet wurde, um ein Zehntel reduziert.

Ganz anders freilich liegen die Dinge für den auf die schiefe Bahn geratenen Sohn im Beispiel 3. Dort hatten die Eltern das Hausgrundstück ohne Nießbrauchsvorbehalt durch Schenkung auf die Tochter übertragen. In diesem Fall beginnt die Zehnjahresfrist mit dem Vollzug der Schenkung im Grundbuch. Für jedes anschließend vollendete Jahr fällt ein Zehntel des Schenkwertes bei der Berechnung des Pflichtteilsergänzungsanspruchs weg, und nach Ablauf von zehn Jahren entfällt der Anspruch vollständig.

Merke: Die vorerwähnte Zehnjahresfrist ist streng zu trennen von der Frist, innerhalb derer die Pflichtteilsergänzungsansprüche *verjähren*. Ein Pflichtteilsergänzungsanspruch verjährt (ebenso wie ein normaler Pflichtteilsanspruch) innerhalb von *drei* Jahren. Die Verjährungsfrist beginnt mit Ablauf des Jahres, in dem der Berechtigte Kenntnis vom Erbfall und den weiteren Anspruchsvoraussetzungen erlangt. Ist dem Pflichtteilsberechtigten also beispielsweise bei Eintritt des Erbfalles, von dem er Kenntnis hat, die Schenkung (noch) nicht bekannt, dann beginnt die Frist allerdings erst mit Ablauf des Jahres zu laufen, in dem er (auch) von der Schenkung Kenntnis erlangt. Unabhängig davon verjährt der Anspruch *immer* in dreißig Jahren ab dem Erbfall.

Bei der Frage, ob Pflichtteilsergänzungsansprüche bestehen, gilt es noch folgende Besonderheit zu beachten: Der Pflichtteilsergänzungsanspruch ist ein Anspruch, der sich immer nur gegen den *Erben* richtet. Reicht der Nachlass allerdings nicht aus, um den Pflichtteilsergänzungsanspruch zu erfüllen bzw. in voller Höhe zu erfüllen, kann der Berechtigte sich sozusagen „ersatzweise" direkt an den Beschenkten halten. Es handelt sich hier aber nicht um einen Pflichtteilsergänzungsanspruch, sondern um einen Anspruch anderer Art. Der Pflichtteilsberechtigte kann von dem *Beschenkten* die Herausgabe des Geschenks zum Zwecke der Befriedigung seines Pflichtteilsergänzungsanspruchs verlangen, und zwar nach den Vorschriften über die sogenannte *ungerechtfertigte Bereicherung* – was allerdings bedeutet, dass der Beschenkte seinerseits dem Pflichtteilsberechtigten diejenigen Einwände entgegenhalten kann, die ihm das Gesetz nach den speziellen Regeln der ungerechtfertigten Bereicherung gewährt (bedeutsamstes Stichwort: *Wegfall der Bereicherung*).

Folgendes Beispiel: Der Erblasser hat sein Hausgrundstück seiner zweiten Ehefrau geschenkt, die auch seine alleinige testamentarische Erbin ist. Nach dem Tod des Erblassers macht sein Sohn, der aus der ersten Ehe stammt, Pflichtteilsansprüche geltend. Es stellt sich heraus, dass der Erblasser keinerlei sonstiges Vermögen hinterlassen hat. Im Hinblick auf das seiner Stiefmutter geschenkte Haus stehen dem Sohn dieser gegenüber aber Pflichtteilsergänzungsansprüche zu, die sich nach dem (indexierten) Wert des Hauses zum Zeitpunkt der Schenkung richten. Hat die Ehefrau das Haus inzwischen verkauft, dann tritt der Verkaufserlös als sogenanntes Surrogat an die Stelle des Hauses. Hat die Stiefmutter nach Verkauf des Hauses den Verkaufserlös allerdings ausgegeben, beispielsweise durch luxuriöse Reisen etc., so schuldet sie nichts. Der Sohn geht in diesem Fall leer aus.

Ein anderes Beispiel: Ist der Nachlass aus anderen Gründen, beispielsweise durch einen entsprechenden Lebensstil des Erblassers (vielleicht weil er *neben* seiner Ehefrau eine anspruchsvolle Geliebte oder weil er *nach dem Tod* seiner Ehefrau eine dem Luxus zugewandte Lebenspartnerin gefunden hat) so weit ausgehöhlt, dass zum Zeitpunkt des Erbfalls überhaupt kein Nachlassvermögen mehr vorhanden ist, dann hat die Erbin (das mag die Ehefrau sein oder die Geliebte oder die spätere Lebenspartnerin) nichts erhalten. Sie muss daher auch keine Zahlungen an etwaige Pflichtteilsberechtigte leisten bzw. Ergänzungsansprüche erfüllen. Der Pflichtteilsberechtigte kann auch nicht etwa an die Geliebte seines Vaters oder an dessen spätere Lebenspartnerin herantreten und von dort Zahlung wegen des luxuriösen Aufwandes verlangen, zu dem diese seinen Vater verführt hatte.

S

Schenkung auf den Todesfall

Eine rechtswirksame Schenkung auf den Todesfall liegt nur dann vor, wenn das Schenkungsversprechen in *notariell* beurkundeter Form abgegeben worden ist. Man könnte jedoch eine normale Schenkung annehmen, wenn das Sparbuch oder die Kraftfahrzeugpapiere schon auf den Namen desjenigen, der das Guthaben oder das Kraftfahrzeug einmal erhalten soll, abgeändert worden ist. Merke: Im Falle der Umschreibung eines Sparbuchs (oder beispielsweise auch eines Depots) kann der Schenker sich der Bank gegenüber das *alleinige Verfügungsrecht* vorbehalten.

Eine noch einfachere Lösung wäre es an sich, wenn man die Bank anweist, im Falle des Todes das Guthaben nur an die Person auszuzahlen, die man auf diese Weise bedenken möchte. Es handelt sich dann um einen sogenannten *Vertrag zugunsten Dritter*. Die Banken haben dafür entsprechende Formulare. Eine absolut sichere Sache ist das für den Begünstigten allerdings nicht, denn auch dieser Vertrag zugunsten Dritter ist eine *Schenkung*, die zu ihrer Rechtswirksamkeit der *Annahme* durch den Beschenkten bedarf: Es gehört nämlich zum Inhalt eines solchermaßen abgeschlossenen Vertrages zugunsten Dritter, dass die Bank das Schenkungsangebot erst nach dem Tode des Erblassers dem Schenkungsempfänger übermitteln soll. Die Erben nun könnten, bevor die Bank den Schenkungsempfänger informiert und dieser die Schenkung angenommen hat, das Schenkungsangebot zwischenzeitlich *widerrufen*, womit die Zuwendung *gescheitert* wäre. Der Bundesgerichtshof hat entschieden, dass ein solcher Widerruf einer Schenkung auch durch den Erblasser selbst in einem Testament erfolgen kann. Dasselbe gilt für den Fall, dass Wertpapiere nach dem Tode des Erblassers an einen Begünstigten übertragen werden sollen („Depotverträge zugunsten Dritter").

Sittenwidriges Testament

Obwohl grundsätzlich → Testierfreiheit besteht, findet diese ihre Grenze dort, wo das Testament gegen die guten Sitten verstößt. Ein solches Testament wäre nichtig. Beispiel: Der Erblasser hat eine Philippinin geheiratet. Aus der (inzwischen geschiedenen) Ehe ist ein Kind hervorgegangen. Der Erblasser verfügt die Enterbung seines Kindes mit dem Hinweis, dass es sich um einen „Mischling" handelt. Hingegen verstoßen Enterbungen aus *politischen* oder *religiösen* Gründen nicht unbedingt gegen die guten Sitten, denn im Rahmen der Testierfreiheit trifft den Erblasser keine Pflicht zur Beachtung des Gleichheitsgrundsatzes gemäß Art. 3 des Grundgesetzes. Beispiel: Ein Erblasser, der ein Unternehmen aufgebaut hat, enterbt seinen Sohn, weil dieser einer radikal linksgerichteten Partei angehört. Ein anderer Erblasser enterbt seine Tochter, weil diese sich einer Sekte angeschlossen hat. (Bei den letztgenannten beiden Beispielen kann die Frage allerdings problematisch werden, ob die enterbten Kinder mittels → Anfechtung des Testaments ihre Erbenstellung doch wieder begründen können, wenn sie nachweisen, dass sie sich inzwischen von der radikalen Partei bzw. Sekte losgesagt haben.)

Der ursprünglich einmal „klassische" Fall eines sittenwidrigen Testaments war das sogenannte *Geliebtentestament*. Im Hinblick auf die vielfach bestehenden → nichtehelichen Lebensgemeinschaften haben diese Testamente inzwischen an praktischer Bedeutung verloren. Als sittenwidrig und damit nichtig gilt aber nach wie vor ein Testament, in welchem der Erblasser zum Nachteil seiner Familie eine andere Person zu seinem Erben eingesetzt hat, mit der ihn sexuelle Interessen verbinden, sofern die sexuelle Verbindung der einzige Zweck der Verbundenheit ist und die testamentarische Zuwendung der Lohn für die sexuelle Hingabe sein soll (flapsige Redewendung: „Hergabe für Hingabe"). Jedoch: Bei längeren → nichtehelichen Lebensgemeinschaften wird es sogar als *moralische Pflicht* angesehen, die wirtschaftliche Existenz des längerlebenden Partners testamentarisch zu sichern. In jedem Fall obliegt demjenigen, der sich auf die Nichtigkeit eines derartigen Testaments beruft, die volle Beweislast dafür, dass es sich um ein „Geliebtentestament" handelt.

Sittenwidriges Testament

Unter dem Gesichtspunkt der Sittenwidrigkeit eines Testaments wird häufig auch der Fall erörtert, dass ein behindertes Kind, das dauernder stationärer Pflege bedarf, enterbt wird, um den Erbteil dem Zugriff des Sozialhilfeträgers zu entziehen (→ Sozialhilfeempfänger als Erbe). Der Bundesgerichtshof beanstandet eine solche Testierung jedoch nicht, d. h. das Testament ist nicht sittenwidrig.

Ein Testament kann aber wegen Sittenwidrigkeit bzw. wegen Gesetzesverstoßes dann nichtig sein, wenn ein *Heimbewohner* (Altenheim, Pflegeheim, Blindenheim etc.) darin den *Heimträger* oder einen *Mitarbeiter* des Heims als Erben einsetzt (→ Heimgesetz und Erbfall). Insoweit kann ein Verstoß gegen eine Bestimmung des Heimgesetzes vorliegen, weil sich der Heimträger oder ein Mitarbeiter des Heims vom Heimbewohner grundsätzlich keine Vermögensvorteile *versprechen* lassen darf. Die Rechtsprechung wendet diese Bestimmung im Heimgesetz auch auf → Verfügungen von Todes wegen an (→ Heimgesetz und Erbfall). Allerdings ist eine Testierung des Heimbewohners zugunsten des Heimträgers oder eines Mitarbeiters des Heims ohne Weiteres dann zulässig, wenn der Bedachte von einer solchen testamentarischen Verfügung nichts gewusst hat. Überdies kann die Heimaufsichtsbehörde in Einzelfällen Dispens erteilen.

Ferner wird die Auffassung vertreten, dass eine Nichtigkeit dann vorliegt, wenn es sich beim Erben um eine durch *Testament* eingesetzte *staatliche* Pflege- oder Betreuungsperson (Arzt, Schwester, Pflegepersonal) handelt, die nicht zu den nahen Angehörigen des Erblassers zählt. Dieser Auffassung liegt der Rechtsgedanke zugrunde, dass der Beamte/Angestellte des öffentlichen Dienstes Belohnungen oder Geschenke in Bezug auf seine dienstliche Tätigkeit nur mit Zustimmung des Dienstherrn/Arbeitgebers annehmen darf.

(Siehe auch → Testierfreiheit, → Heimgesetz und Erbfall, → Sozialhilfeempfänger als Erbe)

Sozialhilfeempfänger als Erbe

Der in der Praxis häufigste Fall für diese Thematik ist der, dass ein als Erbe in Betracht kommender naher Familienangehöriger (in den meisten Fällen handelt es sich um eines der Kinder des Erblassers) körperlich oder geistig so stark behindert ist, dass er ein „Sozialfall" ist oder werden kann. Dies bedeutet, dass er Leistungen aus der öffentlichen Fürsorge (vom sogenannten Fürsorgeträger, auch Sozialhilfeträger genannt) erhält, wenn die Eltern verstorben sind. Leider auch recht häufig hat man sich mit den Fällen zu befassen, bei denen der als Erbe in Betracht kommende Familienangehörige drogen- oder alkoholabhängig ist und dadurch (möglicherweise) nicht befähigt sein wird, für sich selbst zu sorgen, so dass letzten Endes die Sozialfürsorge für ihn aufkommen muss. Noch ein weiterer Fall ist der, dass eines der Kinder das sogenannte „Schwarze Schaf" in der Familie ist, weil es einen leichtsinnigen oder liederlichen Lebenswandel führt, mit Geld und sonstigen Vermögenswerten nicht umgehen kann, überschuldet ist und von seinen Gläubigern so bedrängt wird, dass es aus diesem Grunde nicht auf eigenen Füßen stehen kann. Dann ist es auf Sozialhilfe angewiesen, so dass bei einer anfallenden Erbschaft (neben den Gläubigern) sofort das Sozialamt Zugriff auf die Erbschaft nehmen würde. Diese Zugriffsmöglichkeit soll durch eine entsprechende testamentarische oder erbvertragliche Regelung verhindert werden. Obendrein soll – was speziell bei einem *behinderten* Kind ein selbstverständliches Anliegen der Eltern sein dürfte – die *Lebenssituation* des Fürsorgeempfängers verbessert werden.

Die Träger der Sozialhilfe sind bestrebt, eine derartige Regelung als eine sittenwidrige und daher unzulässige *Manipulation* anzusehen, die sich zu Lasten der Allgemeinheit auswirkt. Dem ist der Bundesgerichtshof in seiner Rechtsprechung aber nicht gefolgt. Solche Nachlassregelungen sind nach seiner Auffassung grundsätzlich nicht sittenwidrig. Im Gegenteil: Es würde eine im Ergebnis unzulässige Einschränkung der *verfassungsrechtlich* gewährleisteten → *Testierfreiheit* bedeuten, wenn die Angehörigen nicht Sorge dafür tragen könnten, ihr Vermögen vor dem Zugriff des Sozialhilfeträgers abzusichern. In einer auf Privatautonomie gegründeten Ordnung der Vermögensbeziehungen stellt die Testierfreiheit eine zentrale Ausprägung dieser Autonomie dar.

Als ausgewogene Lösung hat sich in der Praxis folgende Konstruktion bewährt: Der behinderte oder drogen- bzw. alkoholabhängige Angehörige wird in einem Testament oder durch Erbvertrag zum *nichtbefreiten Vorerben* (→ Vor- und Nacherbschaft) bezüglich eines Teils des Nachlasses eingesetzt, und zwar eines Teils, der den → Pflichtteil leicht *übersteigt*. (Erhielte er den Pflichtteil oder weniger als den Pflichtteil, scheidet die Möglichkeit aus, ihm die Rechtsstellung eines Vorerben zu geben.) Die übrigen Angehörigen (in der Regel werden es die Geschwister des betroffenen Kindes sein) werden zu *Vollerben* des übrigen Vermögens und gleichzeitig zu *Nacherben* des zum Vorerben eingesetzten Angehörigen bestimmt. Auf das Vermögen, das zur nichtbefreiten Vorerbschaft gehört, hat der Sozialhilfeträger kein Zugriffsrecht, weil dem die gesetzliche Regelung entgegensteht, derzufolge der nichtbefreite Vorerbe verpflichtet ist, die Vorerbschaft bei Eintritt des Nacherbfalls an die Nacherben herauszugeben.

Allerdings steht dem Vorerben das Recht zu, die Erträge aus der Vorerbschaft für sich zu beanspruchen. Dies bedeutet, dass ihm beispielsweise die Zinsen zufließen, die das zur Vorerbschaft gehörende Geldvermögen einbringt, oder er die Mieten kassieren kann, die ein der Vorerbschaft unterliegendes Mehrfamilienhaus abwirft. Die Erträge sind naturgemäß um so geringer, je geringer seine Erbquote ist. Es empfiehlt sich daher, die Quote so zu bemessen, dass sie nur geringfügig über der Pflichtteilsquote liegt.

Um dem Sozialhilfeträger auch den Zugriff auf die Erträge zu verwehren, wäre es erforderlich, hinsichtlich der Vorerbschaft eine → *Testamentsvollstreckung* in Form einer *Dauervollstreckung* vorzusehen. Allein damit allerdings wäre es noch nicht getan. Da der Vorerbe gegenüber dem Testamentsvollstrecker einen *Rechtsanspruch* auf Herausgabe der Erträge hat, also beispielsweise Anspruch auf die Zinsen aus dem Kapitalvermögen, auf den Mietzins eines Renditehauses, auf die Dividende oder die Ausschüttung des Gesellschaftsanteils, könnte auch der Sozialhilfeträger Zugriff auf diesen Anspruch nehmen. Um dies zu verhindern, müsste der Erblasser testamentarisch bestimmen (oder es müsste in einem Erbvertrag eine solche Regelung getroffen sein), dass der Testamentsvollstrecker auch die *Erträge* des der Vorerbschaft unterliegenden Nachlasses zu verwalten hat. Aufgrund einer solchen Verwaltungsanordnung wird ein Rechtsanspruch des Vorerben gegen den Testamentsvollstrecker ausgeschlossen mit der Folge, dass auch der Sozialhilfeträger auf die Erträge keinen Zugriff nehmen kann.

Der Erblasser kann darüber hinaus dem Testamentsvollstrecker die konkrete Anweisung erteilen, dass dieser dem Vorerben aus den Erträgnissen der Vorerbschaft zu bestimmten Anlässen (z. B. Geburtstag oder Weihnachten) *Zuwendungen* zu machen hat, die in das sogenannte *Schonvermögen* des Fürsorgeempfängers fallen. Unter Schonvermögen versteht man die Gelder, auf die der Sozialhilfeträger wegen ihrer relativen Geringfügigkeit keinen Zugriff nehmen kann. Im Übrigen braucht es sich dabei nicht um Geldzuwendungen zu handeln, es können auch sonstige Annehmlichkeiten sein, z. B. Gewährung von zusätzlicher Kleidung, Urlaubsreisen oder Freizeitaktivitäten. Der Testamentsvollstrecker wäre – allerdings nur mit Zustimmung des/der Nacherben – sogar befugt, im Bedarfsfall auch die *Substanz* der Vorerbschaft anzugreifen, um dem Vorerben die vorerwähnten Annehmlichkeiten zukommen zu lassen. Um diese Möglichkeit zu erleichtern, wäre es nahe liegend, den Nacherben oder einen der Nacherben zum Testamentsvollstrecker zu bestimmen oder auch *alle* Nacherben mit dem Amt des Testamentsvollstreckers zu betrauen.

Freilich hat der testamentarisch zum nichtbefreiten Vorerben eingesetzte Angehörige allemal die Möglichkeit, die Erbschaft *auszuschlagen* (→ Ausschlagung der Erbschaft) und stattdessen den → Pflichtteil zu verlangen. Kann man sich, noch bevor der Erbfall eingetreten ist, mit dem Betroffenen in vernünftiger Weise verständigen und ist auch (noch) keine *Betreuung* angeordnet, besteht die Möglichkeit, dass der Erblasser mit ihm einen *Pflichtteilsverzicht* vereinbart, was zweckmäßigerweise in Gestalt eines → *Erbvertrages* erfolgt, in welchem außer dem Pflichtteilsverzicht gleichzeitig vereinbart wird, dass der Betroffene nach dem Tod des Erblassers nichtbefreiter Vorerbe werden soll. Pflichtteilsverzicht und Erbvertrag bedürfen der notariellen Beurkundung. Ist für den Betroffenen bereits eine Betreuung angeordnet, bedarf ein Pflichtteilsverzicht allerdings der Zustimmung des Betreuers, die auch noch vom Betreuungsgericht genehmigt werden muss. Da es insoweit auf das *Wohl* des Betreuten ankommt, wird das Betreuungsgericht die Vor- und Nachteile des Pflichtteilsverzichts abwägen. Wird für den Pflichtteilsverzicht eine adäquate *Gegenleistung* gewährt (eine solche Gegenleistung könnte die vorbeschriebene Anweisung an den Testamentsvollstrecker darstellen), steht einer Genehmigung im Allgemeinen nichts im Wege.

Aber auch dann, wenn man einen Pflichtteilsverzicht nicht herbeiführt, kann durchaus in der vorbeschriebenen Weise *testiert* werden. Ein nicht unter Betreuung Stehender wird in aller Regel keine Erbausschlagung vornehmen, um stattdessen den Pflichtteil zu fordern. Denn damit würde er seine Position *verschlechtern*, weil der Sozialhilfeträger ja auf den Pflichtteil *Zugriff* nehmen könnte. Steht der Behinderte bzw. Drogen- oder Alkoholabhängige unter Betreuung, so dass an seiner Stelle der Betreuer entscheiden müsste, dann wird auch dieser keine Erbausschlagung vornehmen (zu der er überdies die Genehmigung des Betreuungsgerichts einholen müsste, welches die Genehmigung aus den dargelegten Gründen in aller Regel versagen wird, und stattdessen Pflichtteilsansprüche für den Betreuten geltend machen, weil eine solche Handlungsweise dem Wohl und den Interessen des Betreuten, denen der Betreuer verpflichtet ist, zuwiderlaufen würde. Es kommt hinzu, dass der Betreuer meistens ein naher Familienangehöriger ist, der gleichzeitig auch den Willen des Erblassers respektieren wird.

Eine Ausschlagung der Erbschaft durch den Sozialhilfeträger, um sodann Pflichtteilsansprüche geltend machen zu können, scheidet sowieso aus, da das Ausschlagungsrecht als *höchstpersönliches* Gestaltungsrecht nicht überleitbar ist. Ein Zugriff auf den Nacherben scheidet aus, weil der Nacherbe nicht Erbe des Vorerben, sondern Erbe des ursprünglichen Erblassers wird.

Nicht empfehlenswert ist, wenn es um die Vermeidung des Zugriffs durch das Sozialamt geht, eine Testamentsgestaltung in Form des →Berliner Testaments. Wenn nämlich die Ehepartner sich gegenseitig zu alleinigen Erben einsetzen, hingegen das als Sozialhilfeempfänger in Frage kommende Kind erst zum Erben (nichtbefreiten Vorerben) des längerlebenden Ehepartners berufen, dann kann das

Sozialamt selbständig die diesem Kind zustehenden →Pflichtteilsansprüche geltend machen. Somit empfiehlt es sich, das betreffende Kind schon für den erstversterbenden Elternteil zum Erben einzusetzen, und zwar mit einer Quote, die geringfügig über seinem Pflichtteil liegt. Dadurch entfällt für das Sozialamt die Geltendmachung von Pflichtteilsansprüchen. Das betreffende Kind wird man natürlich nicht als Vollerben, sondern als (nichtbefreiten) Vorerben einsetzen, zu Nacherben dieses Kindes wieder, wie im eingangs gewählten Modell aufgezeigt, die anderen Kinder. Durch eine gleichzeitig angeordnete Testamentsvollstreckung kann im Weiteren dann so verfahren werden, wie oben dargelegt.

T

Teilungsanordnung

Der → Erblasser kann durch → Verfügung von Todes wegen anordnen, wie der Nachlass unter den Miterben verteilt werden soll. Vor allzu starren und ins Detail gehenden Regelungen muss aber gewarnt werden, denn sie können nicht nur zu einer Verzettelung des Nachlasses, sondern auch zu Unfrieden unter den Erben führen, so dass gerade das Gegenteil von dem eintritt, was man durch eine Teilungsanordnung hat erreichen wollen. Da andererseits jeder Miterbe die Aufhebung der Erbengemeinschaft betreiben und Nachlassgrundstücke oder Unternehmen zur Zwangsversteigerung bringen kann, kann es sich durchaus empfehlen, dass der Erblasser von vornherein Bestimmungen über die Aufteilung trifft.

Durch eine Teilungsanordnung wird dem einzelnen Miterben ein bestimmter *Vermögensgegenstand* zugewiesen. Nur dann, wenn der Erbe sich diesen Vermögensgegenstand voll auf seinen Miterbenteil anrechnen lassen muss, liegt eine Teilungsanordnung vor. Hat der Erblasser einen einzelnen Erben hingegen *bevorzugen* wollen, dann handelt es sich um ein → *Vorausvermächtnis*. Während der Miterbe bei der Teilungsanordnung nur einen Anspruch auf *Auseinandersetzung* entsprechend der vom Erblasser gewünschten Teilung hat, kann er beim Vorausvermächtnis vorab die Herausgabe des betreffenden Vermögensgegenstandes verlangen. Der durch die Teilungsanordnung Begünstigte wird durch eine solche Anordnung nicht etwa alleiniger Eigentümer des betreffenden Gegenstandes; er hat vielmehr nur einen schuldrechtlichen Auseinandersetzungsanspruch. Die Abgrenzung zwischen Teilungsanordnung und Vorausvermächtnis ist mitunter schwierig. Man sollte sich daher bei Abfassung des Testaments entsprechenden Rechtsrat einholen.

Sollte sich abzeichnen, dass infolge der Teilungsanordnung ein

Miterbe wertmäßig mehr erhält als ein anderer, dann empfiehlt es sich, schon gleich eine als *Wertausgleich* vorgesehene Summe (also das an die anderen Erben zu zahlende Gleichstellungsgeld) mit in das Testament aufzunehmen. Hierbei wiederum muss darauf geachtet werden, dass das zu zahlende Ausgleichsgeld (Gleichstellungsgeld) nicht zu hoch oder zu niedrig angesetzt wird. Gegebenenfalls müsste man im Turnus von einigen Jahren überprüfen, ob die im Testament eingesetzten Zahlen noch den ursprünglichen Wertverhältnissen entsprechen.

Sind sich die Miterben untereinander einig, dann können sie sich über die Teilungsanordnung des Erblassers hinwegsetzen und für die Erbauseinandersetzung eine andere Vereinbarung treffen. Nur ein eingesetzter → Testamentsvollstrecker ist an sich daran gebunden, die Verteilung der einzelnen Nachlassgegenstände gemäß der Teilungsanordnung vorzunehmen. Der Erblasser dürfte aber bei der Abfassung seines Testaments in erster Linie daran interessiert gewesen sein, dass unter den Erben kein Streit entsteht. Daher kann es auch ganz in seinem Sinne liegen, wenn die Erben sich untereinander einigen, mag auch die Einigung anders aussehen, als der Erblasser sie sich bei der Abfassung des Testaments vorgestellt hat. Ein besonnener Testamentsvollstrecker würde dann nicht hinderlich im Wege stehen – einmal abgesehen davon, dass die Erben nach Beendigung der Testamentsvollstreckung die Dinge unter sich ohnehin so regeln können, wie es ihnen beliebt.

Teilungsverbot

Der → Erblasser hat die Möglichkeit, ein *Teilungsverbot* festzulegen; das bedeutet, dass es den in einer → Erbengemeinschaft lebenden Miterben für die Dauer des Teilungsverbots untersagt ist, eine *Erbauseinandersetzung* durchzuführen. Ein solches Teilungsverbot kann beispielsweise dort in Betracht kommen, wo der Erblasser ein Familienunternehmen (→ Gesellschaftsrecht im Erbfall) vererbt, das er auf möglichst lange Zeit im Familienbesitz bewahrt wissen möchte.

Teilungsverbote kürzerer Dauer können sich gegenüber erbenden Kindern empfehlen, solange diese noch nicht ein bestimmtes Alter erreicht haben, beispielsweise bis zur Vollendung des 25. oder 30. Lebensjahres. Denn bei jungen Leuten, denen plötzlich ein Vermögen zufällt, ohne dass sie die erforderliche Reife haben, besteht die Gefahr, dass sie allzu leichtfertig mit dem Vermögen umgehen. Auch könnten sie leicht irgendwelchen Beeinflussungen erliegen.

Die Miterben können sich aber einvernehmlich über das Teilungsverbot hinwegsetzen, sofern keine → Testamentsvollstreckung angeordnet ist. (→ Erbengemeinschaft)

Teilungsversteigerung

Können sich die Erben über die Auseinandersetzung des Nachlasses nicht einigen, besteht nur die Möglichkeit, den Nachlass zwangsweise, das heißt mit einer Erbauseinandersetzungsklage (→ Erbauseinandersetzung) auseinander zu setzen. Die Erbauseinandersetzungsklage setzt aber wiederum voraus, dass der Nachlass *teilungsreif* ist. Teilungsreife fehlt, solange sich im Nachlass Gegenstände befinden, die nicht „in Natur" geteilt werden können. Bei beweglichen Gegenständen erfolgt die Auseinandersetzung in diesem Fall durch den sog. „Pfandverkauf". Das ist eine Versteigerung der Gegenstände durch den Gerichtsvollzieher. Dem müssen grundsätzlich alle Miterben zustimmen. Stimmt einer nicht zu, muss er auf Zustimmung verklagt werden. Anders ist die Rechtslage, wenn sich Grundstücke oder Anteile von Grundstücken im Nachlass befinden. Hier erfolgt die Aufhebung der Gemeinschaft durch die Teilungsversteigerung des Grundstücks. Nachdem in den letzten Jahren die Immobilienpreise bisweilen exorbitant gestiegen sind und sich durch die vermehrte Nachfrage in manchen Regionen ein Engpass an angebotenen Immobilien einstellte, ist die Teilungsversteigerung von Immobilien immer attraktiver geworden. Nicht selten übersteigen die Preise, die in der Teilungsversteigerung erzielt werden, die üblichen am Markt gebotenen Preise. In diesem Buch können wir natürlich nicht das gesamte Versteigerungsverfahren von Grundstücken darstellen, das wegen der Komplexität der Materie in einem eigenen Gesetz geregelt ist, nämlich dem Zwangsversteigerungsgesetz. Wir beschränken uns auf das absolut Wesentliche.

Teilungsversteigerung

Die Teilungsversteigerung von Grundstücken erfolgt zur Auseinandersetzung der Erbengemeinschaft durch einen einfachen Antrag beim Versteigerungsgericht. Zuständiges Gericht ist das Amtsgericht, in dessen Bezirk die Immobilie belegen ist. Antragsberechtigt ist jeder Miterbe. Auch der Vorerbe, der bereits Miteigentümer der Immobilie war und infolge der Vorerbschaft der alleinige Eigentümer des Grundstücks geworden ist, kann die Teilungsversteigerung betreiben und insoweit ein Grundstück, an dem er teils als ursprünglicher Eigentümer, teils als Vorerbe beteiligt ist, versteigern lassen. Ein Vollstreckungstitel, etwa ein Gerichtsurteil, ist für die Einleitung der Teilungsversteigerung nicht erforderlich. Steht die Erbengemeinschaft noch nicht im Grundbuch, muss jedoch ein Erbschein vorgelegt werden. Eine Zustimmungserforderung der Miterben zur Durchführung der Teilungsversteigerung gibt es nicht. *Unzulässig* ist die Durchführung der Teilungsversteigerung allerdings, wenn sich aus dem Testament des Erblassers oder aus anderen Umständen ein *Versteigerungsverbot* ergibt. Das ist beispielsweise der Fall, wenn der Erblasser testamentarisch angeordnet hat, dass der Nachlass nicht auseinandergesetzt werden soll. Das gleiche gilt, wenn der Erblasser für konkrete Gegenstände eine Teilungsanordnung oder ein Vermächtnis angeordnet hat. Beispiel: Der verwitwete Erblasser verstirbt und wird von seinen drei Kindern beerbt. Testamentarisch hatte der Erblasser verfügt, dass ein bestimmtes Kind im Wege einer Teilungsanordnung sein Haus erhalten soll. In diesem Fall können die anderen beiden Kinder nicht die Teilungsversteigerung des Hauses beantragen, wenn sie sich über die Auseinandersetzung des Nachlasses nicht einigen. Ebenfalls unzulässig ist die Durchführung der Teilungsversteigerung bei Vorliegen einer Testamentsvollstreckung. Denn dann ist es Aufgabe des Testamentsvollstreckers, den Nachlass auseinanderzusetzen. Die Unzulässigkeit der Teilungsversteigerung wird im Normalfall vom Versteigerungsgericht nicht beachtet. Derjenige, der sich gegen die Versteigerung wendet, muss eine sog. Zwangsvollstreckungsabwehrklage erheben, damit das Verfahren eingestellt wird. Dem Versteigerungsverfahren können die anderen Erben beitreten. Das ist von Bedeutung für die Verfahrensfortsetzung. Denn grundsätzlich hat es der Antragsteller in der Hand, ob es tatsächlich zur Versteigerung kommt. Er kann beim Gericht jederzeit die Einstellung des Verfahrens beantragen. Die Befürchtung, die bisweilen bei Miterben besteht, dass dann, wenn sie das Versteigerungsverfahren einmal in Gang gesetzt haben, sie dieses nicht mehr aufhalten können, ist mithin unbegründet. Der Antragsteller ist der *Herr des Verfahrens.* Die erste Einstellung kann auf die Dauer von sechs Monaten erfolgen. Dann muss das Verfahren fortgesetzt werden, andernfalls gilt der Antrag als zurückgenommen. Diese erste Einstellung kann einmal wiederholt werden. Sind weitere Miterben dem Verfahren beigetreten, müssen Einstellungsanträge von allen gestellt werden, nicht nur vom ursprünglichen Antragsteller.

Von großer Bedeutung in der Teilungsversteigerung von Grundstücken ist die Frage, welche Rechte, die im Grundbuch eingetragen sind, auch nach Abschluss des Verfahrens bestehen bleiben. Das sind grundsätzlich nur die Rechte, die den Anteil des Antragstellers belasten und die einer solchen Belastung im Rang vorgehen oder gleichstehen. Andere Rechte an den Anteilen der übrigen Miteigentümer werden nicht berücksichtigt. Sie erlöschen durch Zuschlagserteilung und werden ggfs. bei der Erlösverteilung berücksichtigt.

Bevor es zur Versteigerung kommt, muss das Amtsgericht den Wert der Immobilie durch ein Sachverständigengutachten ermitteln. Denn auch in der Teilungsversteigerung gilt der Grundsatz, dass Immobilieneigentum nicht verschleudert werden darf. Im ersten Versteigerungstermin darf das Amtsgericht den sog. „Zuschlag" nur erteilen, wenn das Meistgebot (das Meistgebot setzt sich zusammen aus dem Meistbargebot und den bestehenbleibenden Rechten) 5/10 des Verkehrswertes der Immobilie erreicht. Wenn in einem ersten Termin diese Grenze nicht erreicht und deshalb jeglicher Zuschlag versagt wird, gilt sie in einem zweiten Termin nicht mehr. Wird der Zuschlag, wie üblich, im Versteigerungstermin erteilt, wird der Ersteher in diesem Augenblick Eigentümer des Grundstücks. Er wird dann vom Gericht verpflichtet, innerhalb eines bestimmten Zeitraumes (üblicherweise vier Wochen) das Bargebot an das Versteigerungsgericht zu bezahlen. Einem Ersteher ist allerdings zu raten, möglichst umgehend zu zahlen, da das Bargebot mit 4 % zu verzinsen ist. Mit dem Zuschlag hat die Erbengemeinschaft ihr Eigentum am Grundstück verloren. Die Erbengemeinschaft setzt sich jedoch am Versteigerungserlös fort. Das Versteigerungsgericht setzt dann einen sog. Verteilungstermin an, in dem der Versteigerungserlös verteilt wird. Vorab werden die Kosten in Abzug gebracht. Das sind in der Regel die Verfahrenskosten und ein etwaiger Vorschuss, den der Antragsteller bezahlt hat. Diesen Vorschuss erhält er zurück. Das Amtsgericht unterbreitet der Erbengemeinschaft dann einen Verteilungsvorschlag. Stimmen alle zu, wird der Erlös entsprechend verteilt. Widerspricht nur einer der Verteilung, wird der Erlös vom Amtsgericht hinterlegt und die streitigen Miterben müssen dann beim zuständigen Zivilgericht, das ist dann in der Regel das Landgericht, um die Aufteilung des Erlöses streiten.

Testament, Testamentserrichtung (→ Ehegattentestament)

Der sechzigjährige Cicero klagte sich in einer Senatsrede zweier schwerwiegender Vergehen an: Zum einen habe er sich nicht genug für eine maßvollere Außenpolitik Cäsars eingesetzt, zum anderen habe er in testierfähigem Alter mehrere Tage ohne Testament gelebt. In unserer Zeit ist das Bewusstsein, dass es zweckmäßig oder gar notwendig ist, ein Testament zu errichten, weit weniger ausgeprägt als in der Zeit des klassischen Roms. Manche Menschen empfinden eine Scheu davor, „ihr Testament zu machen". Sogar der Aberglaube (nicht nur in ländlichen Kreisen) spielt da mit hinein: Mancher meint, dass, wenn er ein Testament gemacht habe, er bald darauf sterben würde. Viele erkennen zwar die Notwendigkeit einer Testamentserrichtung, schieben diese Aufgabe aber, weil sie ihnen „lästig" ist, ständig vor sich her. Mitunter kommt dann der Tod (beispielsweise durch einen Unfall) dem Testament zuvor. Und oft wird das Testament erst unter dem Druck einer schweren Krankheit errichtet, oder weil eine komplizierte Operation bevorsteht.

Jeder, der „etwas zu vererben" hat, egal wie alt er ist, sollte ein Testament errichten, und zwar gerade dann, wenn sich bei der Abfassung des Testaments noch keine Gedanken an Tod und Sterben aufdrängen. In einer Stimmung in Dur, nicht in Moll, sollte man über die Erbfolge nachdenken, jedenfalls in einer gelassenen Stimmung, vielleicht bei einem Glas Wein, damit man auf Gesundheit und langes Leben anstoßen kann.

Nie werden Familienbande so häufig zerschnitten wie im Zuge einer Erbauseinandersetzung. Ehedem herzlich verbundene Angehörige, ein Elternteil mit den Kindern, Geschwister untereinander, gehen sich aus dem Weg, grüßen einander nicht mehr, korrespondieren nur noch über Rechtsanwälte. Bei verfeindeten Geschwistern werden deren Kinder einbezogen. Cousins und Cousinen spielen nicht mehr miteinander; es bilden sich verfeindete Blöcke. Dabei fühlt sich jeder im Recht. Schuld hat immer der andere. Ein alter und weiser Spruch (er hängt in der Kanzlei der Verfasser) lautet:

DU KENNST DEYN SIPPSCHAFT?
ERB ERST MIT IHNEN!

Allein der Erblasser hätte es in der Hand gehabt, diese nach seinem Tod eingetretene Disharmonie zu verhindern, wenn er in einem *Testament* klare und eindeutige Bestimmungen über die Verteilung des Nachlasses getroffen hätte. Er allein hätte wahrscheinlich gewährleisten können, dass die zu seinen Lebzeiten herrschende familiäre Eintracht auch nach seinem Tode fortbesteht – kurzum: ein Testament hätte er machen müssen!

Für Testamente besteht eine gesetzlich vorgeschriebene *Ablieferungspflicht:* Jeder, der ein Testament vorfindet, muss es sofort dem → Nachlassgericht (oder auch dem Bürgermeisteramt zwecks Weiterleitung) übergeben, nachdem er vom Tode des Erblassers erfahren hat; andernfalls könnte er sich wegen Urkundenunterdrückung strafbar machen. Die Ablieferungspflicht erstreckt sich auch auf alle *früheren* Testamente, die der Erblasser einmal errichtet hatte.

Testamente können in *zwei* verschiedenen Formen errichtet werden, entweder *privatschriftlich* oder *öffentlich.* (Besondere Formen gelten für das → Nottestament.) Es liegt ganz in der Entscheidung eines jeden, ob er in *privatschriftlicher* oder *öffentlicher* Form testieren möchte. Unabhängig von der Testamentsform – privatschriftlich oder öffentlich – sollte sich der Erblasser bei der Errichtung seines Testaments eines kompetenten juristischen Beraters bedienen, um in einem eingehenden Gespräch sowohl die Zweckmäßigkeit seiner Vorstellungen als auch deren juristische Durchsetzbarkeit zu erör-

Testament, Testamentserrichtung (

tern. Als Faustregel gilt, dass ein Testament möglichst einfach und vor allem klar und eindeutig sein soll. Man hüte sich davor, alles bis ins Detail regeln und jede nur denkbare Situation einkalkulieren zu wollen. Starre Weisungen, z. B. *welches* Kind ein *bestimmtes* Grundstück übernehmen oder wie die *Anlage* eines Vermögens erfolgen soll, können sich leicht als Nachteil erweisen.

Das privatschriftliche Testament muss man *selbst* von A bis Z *mit der Hand* niederschreiben und *unterschreiben.* Von dieser strengen Formvorschrift gibt es keine Ausnahme. Mit dem Computer geschriebene oder eigenhändig zwar geschriebene, aber nicht unterschriebene (beispielsweise nur mit einem Stempel oder Unterschriftsautomaten versehene) Testamente sind unwirksam. Es gilt dann die → gesetzliche Erbfolge oder, wenn der Erblasser früher ein formgültiges und noch nicht vernichtetes oder widerrufenes Testament errichtet hatte, dieses frühere Testament.

Es ist ganz egal, welchen Schreibmittels man sich bedient: Tinte, Kugelschreiber oder Bleistift. Selbst mit Kreide auf einer Schiefertafel könnte man sein Testament errichten oder, um ein in der Praxis noch unwahrscheinlicheres, akademisch vorgetragenes Beispiel zu nehmen) es mit einem Skistock in den Schnee schreiben oder ins Eis ritzen. Unter Umständen kann auch ein unterschriebener Brief als gültiges privatschriftliches Testament angesehen werden, sofern in dem Brief erbrechtlich relevante Dinge niedergeschrieben sind, die den Willen des Schreibenden erkennen lassen, dass er seinen Nachlass so geregelt haben möchte, wie er es in dem Brief zum Ausdruck gebracht hat.

Die Unterschrift vollzieht man zweckmäßigerweise mit Vor- und Zunamen. Als Unterschrift gilt aber auch z. B. „Euer Vater" oder „Dein lieber Mann" oder „Dein Putzi" (wenn Putzi der Kosename war). Ort und Datum sollten angeführt werden, doch macht ihr Fehlen das Testament nicht ungültig.

Der Vorteil des *privatschriftlichen* Testaments vor dem öffentlichen kann darin liegen,

– dass man erst einmal einen Entwurf machen kann, diesen überdenkt und überschläft;
– dass man Abänderungen, Streichungen, Ergänzungen und Neufassungen jederzeit vornehmen kann, wenn die Zeiten, die Ver-

hältnisse oder die persönliche Meinung sich geändert haben sollten;
- dass man sich von einem *Rechtssachkundigen* (Rechtsanwalt oder Notar) seines persönlichen Vertrauens ausführlich und individuell beraten lassen kann.

Das öffentliche Testament wird vor einem *Notar* errichtet. Der Vorteil des *öffentlichen* Testaments vor dem privatschriftlichen besteht darin, dass einem jegliche eigene Schreibarbeit in Form einer handschriftlichen Niederschrift erspart bleibt, weil die Niederschrift vom Notar besorgt wird. (Man hätte allerdings auch die Möglichkeit, dem Notar den maschinenschriftlich niedergelegten testamentarischen Willen, den man selbst getippt oder sich durch einen Dritten hat tippen lassen, offen oder in einem verschlossenen Umschlag zu übergeben; darüber fertigt der Notar ein Protokoll an, so dass auch dadurch ein wirksames öffentliches Testament zustande kommt.) Bedeutsam ist auch der Umstand, dass das öffentliche Testament niemals verloren gehen oder von unbefugter Hand vernichtet werden kann, weil das öffentliche Testament stets in die amtliche Verwahrung genommen wird.

Auch ein privatschriftliches Testament kann freilich, um das Risiko des Verlustes auszuschließen, in amtliche Verwahrung gegeben werden. Wird ein privatschriftliches Testament anschließend wieder aus der Verwahrung genommen, so wird es dadurch allein nicht unwirksam.

Der Hauptvorteil des öffentlichen Testaments ist, dass nicht die Gefahr *sachlicher Fehler* besteht. Privatschriftliche Testamente, laienhaft konzipiert, sind häufig fehlerhaft. Das kann sogar dazu führen, dass das gesamte Testament ungültig ist. (Die wohl prominenteste Persönlichkeit, die ein formungültiges Testament errichtet hat, war Martin Luther. Seine Frau Käthe, die er hatte bedenken wollen, ging leer aus und musste den Lebensunterhalt von ihren Kostgängern verdienen. Luther hätte sich Rechtsrat einholen sollen, aber er hatte – obwohl er selbst Jura studiert hatte – eine unüberwindbare Abneigung gegen Juristen.) Mindestens aber können Unklarheiten im Text zu *Auslegungsschwierigkeiten* und damit zu späteren *Streitereien* führen; dies ist sicherlich nicht im Sinne des Erblassers. Dieser Gefahr freilich kann auch durch ein privatschriftliches Testament vorgebeugt werden, indem derjenige, der ein solches Testament zu errichten gedenkt, vorher fachkundigen Rat einholt.

Es ist empfehlenswert, dass man ein einmal errichtetes Testament von Zeit zu Zeit dahin überprüft, ob es noch dem *aktuellen Stand* aller Absichten entspricht. Die *Verhältnisse* oder die *persönliche Meinung* könnten sich ja im Laufe der Zeit geändert haben. Auch eine Änderung der *gesetzlichen Vorschriften* kann eine Überprüfung notwendig machen.

Ein öffentliches wie ein privatschriftliches Testament kann jederzeit *problemlos* widerrufen, geändert oder ergänzt werden. Beim *privatschriftlichen* Testament müssen auch die Änderungen und Ergänzungen *mit der Hand* geschrieben und *unterschrieben* werden. Bei Ergänzungen muss freilich darauf geachtet werden, dass die jeweiligen Ergänzungen nicht im Widerspruch zum sonstigen Testamentsinhalt stehen.

Ein weit verbreiteter Irrtum ist der, dass durch ein später errichtetes Testament das früher errichtete automatisch als *aufgehoben* gilt; als aufgehoben gelten nur diejenigen Verfügungen in dem älteren Testament, die im *Widerspruch* zu den Verfügungen im neueren Testament stehen. Möglicherweise sind also mehrere Testamente *nebeneinander* gültig. Am sichersten geht man, wenn man das nunmehr Gewollte ganz neu niederschreibt und das überholte Testament vernichtet. Oder man formuliert bei der Abfassung des neuen Testaments einleitend: „Unter Aufhebung aller früheren testamentarischen Verfügungen testiere ich nunmehr wie folgt: …"

Ein Testament, das sich in amtlicher Verwahrung befindet, kann man widerrufen oder ändern, ohne es aus der amtlichen Verwahrung holen zu müssen, indem man ein neues Testament errichtet. Die Herausnahme eines privatschriftlichen Testaments aus der amtlichen Verwahrung bedeutet noch *keinen* Widerruf. Hingegen gilt ein *öffentliches Testament*, das man aus der Verwahrung abholt, *damit* als widerrufen. Merke: Ein *öffentliches* Testament kann auch durch ein *privatschriftliches* aufgehoben oder geändert werden und umgekehrt.

Obwohl das Prinzip der → Testierfreiheit besteht, folgt eine Einschränkung aus dem Grundsatz des sogenannten *Typenzwangs*, welcher besagt, dass es eine bestimmte Reihe festgelegter *Möglich-*

keiten gibt, in deren *Grenzen* die Testierung zu erfolgen hat. Als wichtigste dieser Möglichkeiten sind zu nennen: Die Einsetzung eines →Erben, die Regelung einer →Ersatzerbschaft, die Anordnung einer →Vor- und Nacherbschaft, die →Teilungsanordnung, die Regelung des →Ausgleichs von Vorempfängen, die Zuwendung von →Vermächtnissen, die Bestimmung von →Auflagen, die →Pflichtteilsentziehung und die Ernennung eines →Testamentsvollstreckers. Daneben kann ein Testament noch die verschiedenartigsten sonstigen Verfügungen enthalten, so z. B. die →*Enterbung*. Das bedeutet, dass ein Erblasser einen Verwandten oder den Ehepartner von der Erbfolge ausschließen kann, ohne andererseits einen Erben einzusetzen (→Testierfreiheit).

Ist der Erblasser an einem Unternehmen beteiligt (→Gesellschaftsrecht im Erbfall), das in der Rechtsform einer Personengesellschaft (z. B. Gesellschaft des bürgerlichen Rechts oder offene Handelsgesellschaft) betrieben wird, so hängt es wesentlich vom Inhalt des Gesellschaftsvertrags ab, wie das Testament inhaltlich zu gestalten ist. Mangelnde Sorgfalt kann hier dazu führen, dass weder das Testament noch die vertraglichen Vereinbarungen verwirklicht werden können. Der Erblasser, welcher Gesellschafter einer Gesellschaft des Bürgerlichen Rechts ist (betroffen sind in erster Linie Handwerker und Landwirte), muss bedenken, dass, wenn im Gesellschaftsvertrag nichts anderes bestimmt ist, die Gesellschaft durch den Tod eines Gesellschafters aufgelöst wird. Da die Auflösung der Gesellschaft durch den Tod eines Gesellschafters meistens nicht gewollt ist, muss schon im Gesellschaftsvertrag die Regelung getroffen werden, ob die übrigen Gesellschafter die Gesellschaft unter Abfindung der Erben des verstorbenen Gesellschafters *allein* fortsetzen wollen oder ob die Gesellschaft mit einem oder mehreren Erben des verstorbenen Gesellschafters fortgesetzt werden soll, wie es das Gesetz bei der offenen Handelsgesellschaft und der Kommanditgesellschaft als Regelfall vorsieht. So kann schon der Gesellschaftsvertrag bestimmen, wer Nachfolger des verstorbenen Gesellschafters wird. Der Gesellschaftsvertrag kann aber auch den Gesellschafter ermächtigen, seinen Nachfolger durch Testament zu bestimmen.

(Siehe auch → Ehegattentestament, → Gesellschaftsrecht im Erbfall, → Unternehmensnachfolge, Unternehmertestament)

Testamentseröffnung

Die Testamentseröffnung erfolgt in der Form, dass das → Nachlassgericht hierfür einen Termin festsetzt. Hierzu werden die *gesetzlichen Erben* und sonstigen Beteiligten „soweit tunlich" geladen. In der Praxis wird auf die Ladung meist verzichtet, zumal die Geladenen nicht verpflichtet sind, der Ladung Folge zu leisten. Wer im Termin zur Eröffnung nicht anwesend ist, erhält von dem Inhalt des Testaments, soweit es ihn betrifft, durch das Nachlassgericht Kenntnis. Außerdem steht jedem, der ein rechtliches Interesse glaubhaft macht, das Recht zu, ein eröffnetes Testament einzusehen oder eine beglaubigte Abschrift zu fordern.

Das Datum der Testamentseröffnung ist von besonderer Bedeutung für die *Ausschlagung* der Erbschaft. Die Ausschlagungsfrist beginnt zu dem Zeitpunkt, zu dem die Testamentseröffnungsurkunde dem Erben zugestellt worden ist (→ Annahme und Ausschlagung der Erbschaft).

Testamentsvollstrecker, Testamentsvollstreckung

Die Anordnung einer Testamentsvollstreckung erfolgt im → Testament häufig dadurch, dass eine bestimmte Person zum Testamentsvollstrecker ernannt wird. Zur Bestimmung eines Testamentsvollstreckers genügt es, dies im Testament kurz aufzunehmen. Die Wortwahl ist nicht entscheidend. Auch in der Bezeichnung „Pfleger", „Verwalter" oder „Bevollmächtigter" kann die Anordnung einer Testamentsvollstreckung liegen, wenn der entsprechende Wille des Erblassers erkennbar ist.

Dem → Erblasser, der ein Testament errichtet (auch Ehepartnern, die ein → Ehegattentestament errichten), wird es in vielen Fällen eine Beruhigung sein, wenn eine gegenüber den Erben *neutrale* Person des besonderen Vertrauens ausgewählt werden kann, welche die Gewähr dafür bietet, dass die letztwilligen Verfügungen auch gewissenhaft ausgeführt werden. Es empfiehlt sich daher nicht, einen der *Miterben* (oder dessen Ehepartner) zum Testamentsvollstrecker zu bestimmen. Familienangehörige unterliegen bekanntlich ganz allgemein dem „Familiengeflecht", die Gefahr eines „Sippendenkens" ist nicht von der Hand zu weisen. Dies wiederum könnte auf Kosten der wünschenswerten Neutralität gehen. Rechtlich zulässig ist es allerdings durchaus, einen der *Miterben* zum Testamentsvollstrecker zu bestimmen; nur der Alleinerbe kann nicht auch zum Testamentsvollstrecker bestimmt werden. *Mehrere* Testamentsvollstrecker können zwecks *gemeinschaftlicher* Amtsführung ernannt werden. Bei Meinungsverschiedenheiten unter ihnen entscheidet das Nachlassgericht.

Der Testamentsvollstrecker kann nicht *gegen seinen Willen* eingesetzt werden. Es ist daher unbedingt anzuraten, mit der vorgesehenen Person vorher Kontakt aufzunehmen und sie zu fragen, ob sie zur Übernahme des Amtes bereit ist. In der Regel wird der Ausgewählte dann später auch dem Nachlassgericht gegenüber seine Bereitschaft bestätigen; verpflichtet aber ist er dazu nicht – so wie er das Amt auch nach erfolgter Annahme *jederzeit* kündigen kann.

Der Testamentsvollstrecker ist nicht der Interessenvertreter des Erben oder derjenigen, die vom Erben etwas aus der Erbschaft zu fordern haben (→ Pflichtteilsberechtigte, → Vermächtnisnehmer). Der Testamentsvollstrecker ist dafür verantwortlich, den Willen des Erblassers gegebenenfalls auch *gegen die Erben* durchzusetzen – wenngleich es natürlich zu den vornehmsten Aufgaben des Testamentsvollstreckers gehört, gerade die Harmonie unter den Erben zu fördern und einer vernünftigen Einigung nicht hinderlich im Wege zu stehen.

Die Erben ihrerseits werden oft froh sein, wenn bei der Erbauseinandersetzung ein „Neutraler" mitwirkt, der das Vertrauen des Erblassers hatte und befähigt ist, auch etwa aufkommende Interessengegensätze auszugleichen und sachkundig alle mit der Erbschaftsabwicklung zusammenhängenden Tätigkeiten für sie zu erledigen. Aufgrund einer Entscheidung des Bundesgerichtshofs (BGHZ 56, 276) geht die Befugnis des Testamentsvollstreckers so weit, dass er im *Einvernehmen mit dem Erben* bzw. auf dessen ausdrücklichen *Wunsch* hin über einen Nachlassgegenstand verfügen kann, über den zu verfügen der Erblasser verboten hatte. Dies gilt insbesondere auch für ein den Erben auferlegtes → Teilungsverbot. Der Testamentsvollstrecker wird sich gewissenhaft fragen müssen, ob er derlei Eigenmächtigkeiten verantworten kann. Er wird sie dann verantworten, wenn er zu der Überzeugung kommt, dass in der Zwischenzeit Umstände eingetreten sind, die den Erblasser, hätte dieser die veränderten Umstände gekannt, veranlasst hätten, auf das Verbot zu verzichten.

Dass *fachkundige Rechtsanwälte* und *kompetente Steuerberater* für das Amt des Testamentsvollstreckers besonders geeignet sind, ergibt sich aus der Natur der Sache. Als geeigneter Testamentsvollstrecker kommt aber auch eine *Bank* in Betracht, in erster Linie die Bank, welcher der Erblasser zu seinen Lebzeiten sein besonderes Vertrauen entgegengebracht hatte. Der Erblasser wird davon ausgehen können, dass die Bank das ihr von ihm entgegengebrachte Vertrauen auch nach seinem Tod rechtfertigen wird. Allerdings betreiben nicht alle Banken das Geschäft der Vermögensverwaltung; der Erblasser sollte sich also erst einmal erkundigen.

In Anbetracht der Wichtigkeit und Bewährtheit einer Testamentsvollstreckung sollte man freilich ins Testament mit aufnehmen, dass eine Testamentsvollstreckung auch dann durchgeführt werden soll, wenn der ausgewählte Testamentsvollstrecker verstorben oder aus anderen Gründen nicht in der Lage sein sollte, das Amt anzunehmen oder durchzuführen. In diesem Fall würde, falls der Erblasser nicht selbst einen *Ersatztestamentsvollstrecker* ernannt hat, das zuständige Nachlassgericht einen anderen geeigneten Testamentsvollstrecker ernennen. Auch der *ursprünglich benannte* Testamentsvollstrecker kann ermächtigt werden, seinerseits einen Nachfolger zu bestimmen.

Fehlt es an der testamentarischen Bestimmung eines Ersatztestamentsvollstreckers, hat das Nachlassgericht zu prüfen, ob die Testamentsvollstreckung mit der Person des benannten Testamentsvollstreckers stehen und fallen soll.

Im Übrigen steht es dem testierenden Erblasser bzw. den im Rahmen eines Ehegattentestaments testierenden Ehepartnern jederzeit frei, den ursprünglich einmal ausgewählten Testamentsvollstrecker durch einen anderen zu ersetzen. Denn der ursprünglich Ausgewählte könnte im Laufe der Jahre alt geworden sein, oder er könnte in seinen geistigen Kräften nachgelassen haben, oder sein Leumund könnte in der Zwischenzeit nachhaltig gelitten haben. Es kann auch vorkommen, dass man nach einiger Zeit einer anderen rechtskundigen Person begegnet, die nunmehr im Vergleich mit der früheren das größere Vertrauen genießt. Solche Umstände könnten zu einer *Änderung* der Person des Testamentsvollstreckers Anlass geben, und der ursprünglich ausgewählte Testamentsvollstrecker wird von der Änderung zunächst nicht einmal etwas erfahren, wenn man es ihm nicht ausdrücklich mitteilt.

Merke: Der in einem → *Berliner Testament* von *beiden* Ehepartnern für den Schlusserbfall benannte Testamentsvollstrecker kann von dem längerlebenden Ehepartner noch *einseitig* durch einen anderen Testamentsvollstrecker ausgetauscht werden, ja der längerlebende Ehepartner kann sogar noch einseitig verfügen, dass die Testamentsvollstreckung ganz entfallen soll. Hingegen kann der längerlebende Ehepartner nicht noch *einseitig* eine Testamentsvollstreckung anordnen, wenn in dem Ehegattentestament keine Testamentsvollstreckung vorgesehen war.

Dem Erblasser steht es frei, die Testamentsvollstreckung auf *einzelne Nachlassgegenstände* zu beschränken. Er kann z.B. anordnen, dass nur der zum Nachlass gehörende *Geschäftsbetrieb* von der Testamentsvollstreckung umfasst ist. Auch den *Wirkungskreis* kann er bestimmen, etwa dergestalt, dass der Testamentsvollstrecker nur für die Erfüllung von → *Auflagen* oder → *Vermächtnissen* zuständig sein soll. Der Erblasser kann auch einen *Nacherbenvollstrecker* zu dem Zweck ernennen, dass dieser bis zum Eintritt der angeordneten Nacherbfolge die Rechte des Nacherben überwacht.

Der Erblasser kann aber auch anordnen – man spricht dann von einer *Dauervollstreckung* –, dass der Testamentsvollstrecker die Verwaltung nach Erledigung der ihm sonst zugewiesenen Aufgaben *fortzusetzen* hat, beispielsweise um zu überwachen, dass die Erben über das geerbte Grundstück so lange nicht verfügen, bis sie ein bestimmtes Lebensjahr vollendet haben oder (bei Anordnung einer Vor- und Nacherbschaft) dass der Vorerbe die ihm vom Erblasser auferlegten Bedingungen erfüllt, andernfalls der Nacherbfall ausgelöst wird. Es handelt sich somit, im Gegensatz zur reinen *Abwicklungsvollstreckung*, die normalerweise mit der schlichten Abwicklung des Nachlasses endet, um eine Art lang anhaltende Betreuung des Nachlasses. Die Dauervollstreckung wird unwirksam, wenn seit dem Erbfall dreißig Jahre verstrichen sind, es sei denn, die Verwaltung soll laut testamentarischer Anordnung bis zum Tode des Erben oder des Testamentsvollstreckers oder bis zum Eintritt eines anderen Ereignisses in der Person des einen oder anderen fortdauern. Bei der Einsetzung einer juristischen Person (z. B. einer Bank) findet die Grenze von dreißig Jahren *immer* Anwendung.

Die „Bestallung" des Testamentsvollstreckers erfolgt durch das Nachlassgericht; dieses stellt, sofern sich der im Testament vorgesehene Testamentsvollstrecker auf ausdrückliche Anfrage hin bereit erklärt, das Amt anzunehmen, ein *Testamentsvollstreckerzeugnis* aus. Vom Nachlassgericht kann der Testamentsvollstrecker – auf entsprechenden Antrag oder Beschwerde eines oder mehrerer Erben oder eines oder mehrerer Vermächtnisnehmer hin – auch wieder entlassen werden, wenn er sein Amt nicht mit der erforderlichen Gewissenhaftigkeit ausüben oder wenn er sich schlicht als unfähig erweisen sollte.

Als Verwalter *fremden Vermögens* muss der Testamentsvollstrecker größte Sorgfalt walten lassen und auch den bloßen *Anschein* mangelnder Sorgfalt vermeiden. Die sorgfältige Trennung, die beispielsweise ein Rechtsanwalt zwischen seinem eigenen Vermögen und dem von ihm zu verwaltenden Fremdvermögen anstellen muss, ist nicht zuletzt auch aus folgendem, ganz einleuchtendem Grund geboten: Wenn nämlich dieser Rechtsanwalt *stirbt*, fallen die Gelder, die sich auf seinem Privatkonto befinden, in das Vermögen seiner Erben, wohingegen seine Erben mit den Geldern, die sich auf seinem Anderkonto befinden, nichts zu tun hätten; diese Gelder fallen von vornherein nicht in seine Erbmasse. Inhaber des Anderkontos wird – mit denselben Treuhandverpflichtungen, die dem verstorbenen Rechtsanwalt oblagen – ein anderer Rechtsanwalt, und zwar derjenige Rechtsanwalt, den der ursprüngliche Inhaber des Anderkontos gegenüber der Rechtsanwaltskammer benannt hat. Hat er für den Fall seines Todes keinen anderen Rechtsanwalt benannt, fällt die Verfügungsbefugnis über das Anderkonto an die *Rechtsanwaltskammer*, die dann selbstredend in die Treueverpflichtung eintritt.

Die Aufgabe des Testamentsvollstreckers besteht darin, für die Durchsetzung des Erblasserwillens Sorge zu tragen, → Vermächtnisse und →Auflagen zu erfüllen, bei der Erfüllung von →Pflichtteilsansprüchen mitzuwirken (der Erfüllungsanspruch des Pflichtteilsberechtigten richtet sich allerdings immer nur gegen den Erben und nicht etwa gegen den Testamentsvollstrecker) und den Nachlass ordnungsgemäß zu verwalten.

Der Testamentsvollstrecker führt die Erbauseinandersetzung unter den Miterben durch, indem er den Nachlass gemäß dem Willen und den Anordnungen des Erblassers unter den Erben verteilt. Er hat die vom Erblasser verfügten →Teilungsanordnungen zu beachten, er veranlasst Übertragung und Umschreibung von Grundstücken auf den vom Erblasser eingesetzten Erben, zahlt die Ausgleichsgelder an die übrigen Erben. Sollten Nachlassgegenstände (z.B. ein Grundstück) zu veräußern sein, so führt dies der Testamentsvollstrecker im Rahmen der ihm erteilten Anweisungen durch.

Dem Testamentsvollstrecker obliegt es, die *Nachlassverbindlichkeiten* zu erfüllen, auch die Zahlung der →Erbschaftsteuer hat er sicherzustellen. Er wird den Nachlass erst dann vollständig an die Erben herausgeben, wenn die Höhe der zu zahlenden Erbschaftsteuer verbindlich feststeht. Denn für die Erfüllung der Erbschaftsteuer haftet der Testamentsvollstrecker *persönlich* mit seinem *eigenen* Vermögen. Natürlich kann er vorher schon *Abschlagszahlungen* an die Erben leisten. In jedem Fall untersagt ist es dem Testamentsvollstrecker, *Schenkungen* (sogenannte *Anstandsschenkungen* ausgenommen) aus dem Nachlass vorzunehmen. Etwaige Schenkungen wären *unwirksam*.

Der Testamentsvollstrecker ist verpflichtet (sofern ihn die Erben von dieser Verpflichtung nicht befreit haben), unverzüglich ein Verzeichnis über den Bestand des Nachlasses zu erstellen. Er hat den Nachlass ordnungsgemäß zu verwalten, darüber den Erben auf deren Verlangen Auskunft zu erteilen, und zwar bei längerer Dauer von sich aus jährlich, sofern die Erben ihm hiervon nicht ausdrücklich oder stillschweigend Dispens erteilt haben. Er haftet den Erben und Vermächtnisnehmern für jedes Verschulden, auch für nur leichte Fahrlässigkeit.

Das Amt des Testamentsvollstreckers endet, wenn dieser die sich aus seinem Amt ergebenden und die im Testament festgelegten Aufgaben erfüllt hat. Nach Beendigung seines Amtes muss er den Erben Rechenschaft geben. Für seine Tätigkeit erhält der Testamentsvollstrecker eine angemessene Vergütung. In der Regel werden sich die Erben und der Testamentsvollstrecker über die Höhe der Vergütung verständigen. Sie kann übrigens auch schon im Testament festgelegt werden.

(Siehe auch → Vollmacht über den Tod hinaus)

Testierfähigkeit

Testierfähig ist man ab Vollendung des 16. Lebensjahres; *privatschriftlich* testieren kann man jedoch erst ab *Volljährigkeit*. Wer nicht *lesen* kann, *blind* oder *stumm* ist, kann ebenfalls nicht privatschriftlich testieren. In solchen Fällen muss ein *öffentliches* Testament errichtet werden. Als „blind" gilt auch derjenige, der nur mit *Brille* lesen kann, die Brille aber nicht aufgesetzt bzw. nicht bei sich hat, jedenfalls das Testament ohne Brille geschrieben hat.

Mehrfach Behinderte (schreibunfähige Stumme, leseunfähige Stumme, stumme Blinde, taube Analphabeten) konnten nach früherem Recht nicht wirksam testieren, auch nicht in öffentlicher Form. Diese Einschränkung der Testierfreiheit hat das Bundesverfassungsgericht wegen Verstoßes gegen das Grundgesetz aufgehoben. Der Gesetzgeber hat inzwischen entsprechend der Weisung des Bundesverfassungsgerichts eine Neuregelung getroffen. Mehrfach Behinderte können nunmehr ein öffentliches Testament errichten, sofern es ihnen möglich ist, ihren Willen in irgendeiner Form durch Gebärden zu äußern.

Jedenfalls: Testierunfähig ist derjenige, der wegen krankhafter Störung der Geistestätigkeit, Geistesschwäche oder Bewusstseinstrübung nicht in der Lage ist, die *Bedeutung* einer testamentarischen Verfügung zu erfassen. Dies ist der in der Praxis bedeutsamste Fall, in welchem man mit der Frage einer etwaigen *Unwirksamkeit* des Testaments konfrontiert wird. Es kommt häufig vor, dass *Erbschleicher* sich einer älteren Person zuwenden, ihr eine angebliche Zuneigung vorgaukeln, die Vereinsamung ausnutzen, indem sie Spazierfahrten mit dem Auto unternehmen usw. Aus „Dankbarkeit" wird dann zugunsten des Erbschleichers testiert, wobei dieser häufig sogar eine *Formulierungshilfe* leistet.

Wird ein solches Testament von den Angehörigen „angefochten" (→ Anfechtung des Testaments), dann muss vom Nachlassgericht durch Anhörung der Ärzte, die den Erblasser vor seinem Tode behandelt haben, aber eventuell auch durch Befragung anderer Personen, die mit dem Erblasser zusammengetroffen sind, herausgefunden werden, ob das Bewusstsein des Testierenden noch so ungetrübt war, dass er die Bedeutung des Testamentsinhalts und die daraus resultierenden Konsequenzen voll erfasst hat, so dass sie Ausdruck seines klaren Willensentschlusses sind. Häufig wird zur Beantwortung dieser schwierigen Fragen auch ein sich an der Krankheitsgeschichte und den Zeugenaussagen orientierendes psychiatrisches Sachverständigengutachten eingeholt.

Bis zum 31.12.1991 konnte jemand, der *entmündigt* war, überhaupt kein Testament errichten. Zum 1.1.1992 ist eine ganz wesentliche Gesetzesänderung in Kraft getreten, welche die alten Vorschriften über Entmündigung und Pflegschaft aufgehoben hat. An deren Stelle ist die sogenannte *Betreuung* getreten. Wer sich darüber näher informieren will, sei auf das Buch *„Eherecht und Familienrecht für jedermann"* von Fricke/Märker/Otto, Verlag Karl Alber, Freiburg, verwiesen (dort Stichwort: *Betreuung*). Auch derjenige, der unter Betreuung steht, kann prinzipiell frei testieren. Es gelten für ihn die *allgemeinen Regeln* über die Testierfähigkeit. Es ist also im Einzelfall zu erforschen, ob der Testierende in der Lage war, die Bedeutung der testamentarischen Verfügung zu erfassen.

Ein von einem Testierunfähigen errichtetes Testament ist *nichtig*. Es wird so behandelt, als sei es überhaupt nicht errichtet worden. Entweder tritt dann ein früheres, in testierfähigem Zustand errichtetes Testament in Kraft (wenn es ein solches gibt), oder es tritt die → gesetzliche Erbfolge ein.

Testierfreiheit

Dieser Grundsatz besagt, dass der → Erblasser nach freiem Ermessen entscheiden kann, *wen* er als → Erben oder → Vermächtnis-

Testierfreiheit

nehmer einsetzen oder welche → Auflagen er erteilen will. Er besagt ferner, dass man sich nicht etwa vertraglich binden kann, in bestimmter Weise zu testieren. Bei der Auswahl der Erben kann der Erblasser sogar nächste Angehörige übergehen, mit anderen Worten: Er kann sie *enterben*. Die → Enterbung erstreckt sich im Zweifel aber nicht auf die Abkömmlinge des Enterbten. Hier kommt es auf die Umstände des Einzelfalls an. Irgendwelche Gründe brauchen – im Gegensatz zur *Pflichtteilsentziehung* – für die *Enterbung* nicht angegeben zu werden. Das deutsche Recht kennt (anders als z. B. das französische Recht) kein *Noterbenrecht* der nahen Angehörigen. Dem berechtigten Interesse der engen Familienangehörigen trägt das Gesetz stattdessen durch den Anspruch auf den → Pflichtteil Rechnung. Die Grenze der Testierfreiheit liegt dort, wo ein Testament gegen die *guten Sitten* verstößt (→ sittenwidriges Testament).

Eine *Einschränkung* der Testierfreiheit bringt auch ein → Ehegattentestament mit sich. Ist ein solches errichtet worden, kann es schon zu *Lebzeiten* der Eheleute nicht mehr ohne Weiteres *einseitig* von *einem* der Ehepartner abgeändert werden; dies ist vielmehr nur unter *erschwerten* Umständen möglich. Haben wir es dann mit der Situation zu tun, dass der eine Ehepartner gestorben ist, tritt für den anderen grundsätzlich eine sehr weitgehende *Bindung* an die gemeinsam getroffenen testamentarischen Verfügungen ein. Abweichende Testierungen kann der Längerlebende nur noch in den Bereichen treffen, in denen das Ehegattentestament ihn ausdrücklich dazu *ermächtigt*, ferner bezüglich solcher Regelungen, die nicht als „wechselbezüglich" anzusehen sind. Wechselbezüglichkeit bedeutet: Die in einem Ehegattentestament getroffenen Verfügungen sind derart miteinander verknüpft, dass sie sich gegenseitig *bedingen*, d. h. jeder Ehepartner *seine* Verfügung nicht ohne die Verfügung des *anderen* Ehepartners getroffen hätte. Beispiel: Die Eheleute haben sich gegenseitig zu Alleinerben eingesetzt und ihre beiden gemeinsamen Kinder als Schlusserben bestimmt. Wegen der Wechselbezüglichkeit kann nun nicht etwa einfach einer der beiden Ehepartner einseitig seine Verfügung ändern (sei es noch zu Lebzeiten des anderen Ehepartners oder sei es auch nach dessen Tod) und statt der beiden Kinder eine anderweitige Schlusserbenbestimmung treffen. In einem Ehegattentestament werden naturgemäß nur ganz wenige der gemeinsam getroffenen Regelungen von der Wechselbezüglichkeit ausgenommen sein; es sind diejenigen Regelungen, die nicht den eigentlichen „Kern" des Ehegattentestaments betreffen. Beispiel: Der gemeinsam benannte Testamentsvollstrecker kann von dem längerlebenden Ehepartner einseitig gegen einen anderen ausgetauscht werden.

(Siehe auch → Ehegattentestament, → Enterbung, → Erbvertrag)

Totenfürsorge

Unter Totenfürsorge versteht man das Bestimmungsrecht über den *Leichnam*, die Art und Weise der Bestattung, die Auswahl der letzten Ruhestätte, aber beispielsweise auch die Möglichkeit, den Leichnam der medizinischen Wissenschaft zur Verfügung zu stellen, etwa um eine Organentnahme vornehmen zu lassen. Dieses Recht leitet sich nicht von einer *Erbenstellung* ab, sondern vom *Angehörigenstatus*. Anders ausgedrückt: Es steht den *nächsten Angehörigen* zu, somit in erster Linie dem Ehepartner des Verstorbenen, in zweiter Linie den Kindern, in dritter Linie den Eltern, in vierter Linie den Geschwistern, in fünfter Linie den dann folgenden Verwandten.

Hat ein bestimmter *Angehöriger* noch zu Lebzeiten des Erblassers dessen *Pflege* übernommen gehabt, ist es gewohnheitsrechtlich anerkannt, dass dieser Angehörige auch zur Totenfürsorge berechtigt ist.

Zu berücksichtigen ist allerdings immer der *Wille* des Verstorbenen. Hat dieser in einem *Testament* oder auf *andere* Weise zum Ausdruck gebracht, wem das Totenfürsorgerecht zustehen soll, geht diese Bestimmung vor.

(Siehe auch → Patientenverfügung, → Grabpflege)

U

Übergabevertrag, Übertragungsvertrag
→ Vorweggenommene Erbfolge

Überschuldung des Nachlasses
→ Haftung des Erben

Unternehmensnachfolge, Unternehmertestament

    I. Vorbemerkung 202
    II. Die Bestimmung des Unternehmensnachfolgers 204
    III. Versorgung und Abfindung der „weichenden Erben" . . 207
    IV. Vererbung eines Einzelunternehmens 210
    V. Vererbung innerhalb einer Personengesellschaft 211
    VI. Vererbung des Kommanditanteils 213
    VII. Vererbung von GmbH-Anteilen 213

I. Vorbemerkung

Der Unternehmer, der zugleich eine Familie hat, trägt hinsichtlich der Fortführung des Unternehmens nach seinem Tod eine doppelte Verantwortung. Zum einen ist es die Verantwortung, die er als Familienvater gegenüber seiner Familie hat, zum anderen die Verantwortung, die ihn als Arbeitgeber seinen Mitarbeitern gegenüber trifft.

    Nur leider, was in Bezug auf *alle* Testamente typisch ist, gilt für das Unternehmertestament in ganz besonderem Maße: Man erkennt zwar die Notwendigkeit, die Angelegenheiten des Nachlasses testamentarisch zu regeln, schiebt diese Aufgabe aber, weil sie lästig ist, ständig vor sich her. Mitunter kommt dann der Tod (beispielsweise durch einen Unfall) dem Testament zuvor. Bei einem Unternehmer, namentlich bei einem *erfolgreichen* Unternehmer, kommt häufig hinzu, dass er die Möglichkeiten seines Ablebens, insbesondere die Möglichkeit eines plötzlichen Unfalltodes, weitgehend verdrängt. Der Gedanke an eine Unternehmensnachfolge erscheint ihm (zumindest im Unterbewusstsein) „verfrüht". Dieser Verdrängungsprozess des Unternehmers ist es, der schon viele Unternehmen in den Ruin geführt hat.

Der Fortbestand des Unternehmens kann entweder dadurch gesichert werden, dass man die Unternehmensnachfolge schon zu Lebzeiten regelt, so dass sich ein *spezielles Unternehmertestament* erübrigt bzw. es sich nur als eine Begleitmaßnahme einer Reihe anderweitig getroffener Maßnahmen darstellen würde, oder dass der Unternehmer sich (und dies gilt auch schon für den jungen Unternehmer!) Gedanken hinsichtlich der Fortführung seines Unternehmens macht und diese in einer → Verfügung von Todes wegen, in der Regel also in der Form eines → Testaments, zu Papier bringt. Und: Mehr noch als bei sonstigen Testamenten ist es beim Unternehmertestament wichtig, dass man es in bestimmten Zeitabständen auf seine Aktualität hin überprüft.

Merke: Das Kapitel „Unternehmensnachfolge, Unternehmertestament" sollte nicht isoliert, sondern in Verbindung mit dem Kapitel → „Gesellschaftsrecht im Erbfall" gelesen werden. Beide Kapitel bilden eine gedankliche Einheit. Sie unterscheiden sich dadurch, dass das eine sich mit den gesellschaftsrechtlichen und vertraglichen Regeln befasst, die beim Eintritt eines Erbfalls zu beachten sind, wohingegen das andere – hier abgehandelte – eher Hinweise auf den Einzelfall gibt.

Nicht genug kann betont werden, dass die Regelung der Unternehmensnachfolge *immer* äußerst komplizierte steuerrechtliche Fragen im Gefolge hat. Unter steuerrechtlichen Gesichtspunkten ebenso kompliziert sind die Fragen einer *Versorgung* bzw. *Abfindung* der sogenannten „weichenden Erben". Es seien in diesem Zu-

sammenhang nur einige Gesichtspunkte genannt, die es zu beachten gilt:
- der Nießbrauch an betrieblich genutzten Gegenständen; der Ertragsnießbrauch als Quotennießbrauch;
- das Rentenvermächtnis als „dauernde Last" im Bereich des Steuerrechts;
- der Nießbrauch an Personengesellschaftsanteilen;
- der Nießbrauch an GmbH-Anteilen;
- die steuerlichen Aspekte der Stillen Beteiligung;
- die Ertragsteuerfolgen des Erbfalls;
- Veräußerungsgewinne bei Abfindungszahlungen;
- Vermeidung von Veräußerungsgewinnen durch das „Frankfurter Testament";
- Vermeidung von Entnahmen beim Sonderbetriebsvermögen;
- mögliche Doppelbelastung mit Erbschaftsteuer und Einkommensteuer;
- Betriebsvermögen als Nachlassbestandteil;
- erbschaftsteuerliche Wertermittlung bei Betriebsvermögen;
- steuerliche Begünstigung von Betriebsvermögen;
- einkommensteuerliche Behandlung von wiederkehrenden Leistungen bei Erbfolge und vorweggenommener Erbfolge;
- existenzsichernde Wirtschaftseinheiten.

Hier tun sich Fragen auf, die weder von einem Notar noch von einem Rechtsanwalt (mag dieser auch auf dem Gebiet des Erbrechts spezialisiert sein) mit hinreichender Zuverlässigkeit beantwortet werden können. Rechtsanwalt und *Steuerberater* – beide qualifiziert auf dem hier in Rede stehenden Rechtsgebiet – sind zur Zusammenarbeit aufgerufen. Nur in ihrer Gemeinsamkeit können sie dem um Rechtsrat nachsuchenden Unternehmer eine adäquate Beratung zuteil werden lassen.

II. Die Bestimmung des Unternehmensnachfolgers

Es gibt traditionsreiche Familienunternehmen, die über Generationen hinweg an den (oder an mehrere) Nachfolger der jeweils nachrückenden Generation vererbt worden sind. Der Abkömmling, der für die Nachfolge vorgesehen ist, wird vom Unternehmensinhaber in der Regel auf seine spätere Aufgabe vorbereitet; entsprechend wird seine Ausbildung gelenkt und gefördert, so dass er stufenweise in die spätere Unternehmensführung hineinwächst. Der Übergang vollzieht sich meistens noch zu *Lebzeiten* des Unternehmensinhabers, spätestens aber nachdem dieser sich „zur Ruhe gesetzt" hat (wobei er häufig noch auf der Grundlage eines sogenannten Beratervertrages an den Geschicken seines Unternehmens mitwirkt) oder gar in der Weise, dass der Unternehmensnachfolger noch während seiner aktiven Tätigkeit als Partner in das Unternehmen aufgenommen wird. Oft natürlich geschieht es auch, dass der Unternehmensinhaber in Form eines durchdachten Unternehmertestaments für einen nahtlosen Fortgang seines Unternehmens nach seinem Tode vorgesorgt hat.

Jeder Unternehmer, dem daran gelegen ist, dass sein Unternehmen nach seinem Ausscheiden innerhalb der *Familie* fortgeführt wird, befindet sich zwangsläufig einmal (zumindest in jüngeren Jahren) in der Situation, dass ein Unternehmensnachfolger noch nicht vorhanden oder noch nicht herangewachsen ist. Für diesen Unternehmer stellt sich die Frage, wie es im Falle seines *unerwarteten Todes* mit dem Unternehmen „weitergehen" soll.

Vielleicht sagt er sich bzw. muss er sich sagen, dass in einem solchen Fall außer ihm auch sein *Wunsch* begraben werden muss, dass das Unternehmen innerhalb der Familie fortgeführt wird. Der Notwendigkeit, eine testamentarische Regelung zu treffen, ist er mit dieser Erkenntnis natürlich nicht enthoben. Ganz im Gegenteil, er wird als →Erblasser in seinem Testament anordnen, dass und auf welche Weise das Unternehmen schnellstmöglich zu verkaufen ist, um es vor *Wertverlusten* zu schützen. Diese Aufgabe sollte er einer neutralen Person, nämlich einem sachkundigen →*Testamentsvollstrecker* übertragen. Dass Rechtsanwälte und Steuerberater aufgrund ihrer beruflichen Stellung für dieses Amt besonders geeignet sind, liegt auf der Hand. Vorhandene Sachkunde sollte aber nicht das einzige Kriterium für die Auswahl des Testamentsvollstreckers sein. Der Erblasser sollte sein Vertrauen nur solchen Personen entgegenbringen, deren Integrität über jeden Zweifel erhaben ist. Nur ein in jeder Hinsicht qualifizierter Testamentsvollstrecker bietet die

Gewähr dafür, dass im Falle eines notwendigen Unternehmensverkaufs die Nachlassabwicklung im Sinne des Erblassers erfolgt.

Aber möglicherweise gibt es auch für den Fall, in dem der Unternehmensinhaber unerwartet stirbt, ohne dass ein Unternehmensnachfolger bereitsteht, noch immer eine Lösung zur *Erhaltung* des Unternehmens innerhalb der Familie, sofern rechtzeitig eine durchdachte testamentarische Verfügung getroffen worden ist. Zu denken wäre hier an eine *Interimslösung*, mit welcher man beispielsweise den Ehepartner oder einen qualifizierten Mitarbeiter mit der Fortführung des Unternehmens beauftragt, bis ein Abkömmling dafür zur Verfügung steht. Eine solche Lösung erinnert an Begriffe wie „*Regentschaft*" oder „*Reichsverweser*". Die Beauftragung einer Person, welche die Fortführung des Unternehmens für eine Übergangszeit bis zum Eintritt eines Abkömmlings überbrücken soll, ist rechtlich dann relativ unkompliziert, wenn der als Erbe einzusetzende spätere Unternehmensnachfolger schon feststeht. Es bedarf dann nur konkreter (zweckmäßigerweise von einem Testamentsvollstrecker zu überwachender) Anweisungen an die Interimsperson hinsichtlich der Strukturierung des Unternehmens mit Blick auf die schrittweise Unternehmensnachfolge.

Komplizierte Rechtsfragen treten dann auf, wenn der Erblasser zum Zeitpunkt der Testamentserrichtung sich noch gar nicht darüber im Klaren ist, wer von seinen Abkömmlingen sich als der Geeignetste zur Unternehmensnachfolge erweist. Es erhebt sich die Frage, ob es rechtlich möglich ist, die *Bestimmung* des Unternehmensnachfolgers der testamentarisch eingesetzten *Interimsperson* zu *überlassen*. Natürlich kann man für die Qualifikation des Nachfolgers Kriterien und Postulate aufstellen, so dass für die Bestimmbarkeit ein nur sehr enger Spielraum besteht. Es bleibt aber das Problem bestehen, wonach es aufgrund einer Bestimmung im Bürgerlichen Gesetzbuch (§ 2065 Abs. 2) nicht zulässig ist, die Bestimmung einer Person, die eine letztwillige Zuwendung erhalten soll, einem Dritten zu überlassen. Allerdings lässt die Rechtsprechung nun doch eine – freilich sehr eng begrenzte – Ausnahme zu: In verklausuliertem Juristendeutsch hat der Bundesgerichtshof entschieden, dass „eine Bestimmung durch einen Dritten zulässig ist, wenn die Bezeichnung jeder genügend sachkundigen Person nach vorgegebenen, objektiven Merkmalen" möglich sei, „ohne dass deren Ermessen bestimmend oder mitbestimmend ist". Für zulässig angesehen wird die Drittbestimmung des Erben beispielsweise dann, wenn es im Testament heißt, der Dritte solle von den Abkömmlingen des Erblassers denjenigen zum Erben bestimmen, der an einer bestimmten Universität das bessere Examen gemacht hat. Das Problem der Drittbestimmung des Erben bleibt aber dermaßen heikel, dass – zumindest derzeit noch – zu größter Vorsicht zu raten ist.

Eine praktikable Lösung könnte am ehesten vielleicht noch die „Vermächtnisschiene" sein: Es wäre möglich, dass der Unternehmer in seinem Testament einen Erben bestimmt – beispielsweise seine Ehefrau –, gleichzeitig den Kindern die Übernahme des Unternehmens als → Vermächtnis einräumt und es dem Erben überlässt, welchem der Kinder er das Unternehmen in Erfüllung des Vermächtnisses zum gegebenen Zeitpunkt überträgt.

Der Unternehmer könnte auch so testieren, dass er sowohl seine Ehefrau als auch seine Kinder als Erben einsetzt und den Kindern in Form eines sogenannten → *Vorausvermächtnisses* seine Beteiligung an der von ihm beherrschten GmbH vermacht, wobei er seiner Frau das Bestimmungsrecht darüber einräumt, welches Kind das Vorausvermächtnis bekommen soll.

Eine weitere Möglichkeit in diesem Zusammenhang wäre noch die, dass der Unternehmer eine → Teilungsanordnung verfügt, derzufolge die Kinder untereinander zu gleichen Teilen oder nach bestimmten Erbquoten als Erben eingesetzt werden und der als Miterbin eingesetzten Ehefrau das Recht eingeräumt wird, die Zuteilung des Geschäftsbetriebes oder eines GmbH-Anteils nach pflichtgemäßem Ermessen an dasjenige Kind vorzunehmen, das für die betriebliche Nachfolge am geeignetsten erscheint.

III. Versorgung und Abfindung der „weichenden Erben"

Wird einer der Abkömmlinge testamentarisch zum Unternehmensnachfolger bestimmt, spricht man in Bezug auf die anderen pflichtteilsberechtigten Erben von den „weichenden" Erben. Für diese steht dann der *Versorgungsgedanke* im Vordergrund. Soweit die Kinder bereits versorgt sind, könnte sich – aus Gründen der Gerechtigkeit – der Gedanke an eine ergänzende *Abfindung* ergeben.

Der Ehepartner des Unternehmers kann entweder mit einem zur Versorgung ausreichenden Teil des *Privatvermögens* bedacht werden oder mit einem gesonderten Vermächtnis, beispielsweise dergestalt, dass er einen *Teilnießbrauch* am vererbten Unternehmen erhält, ein Wohnrecht an einem vererbten Hausgrundstück oder ein Vermächtnis in Gestalt einer lebtäglichen Rente. In diesen Fragen sollte – wie überhaupt im Gesamtkomplex der Unternehmensnachfolge und der sich daraus für die übrigen Familienmitglieder ergebenden Konsequenzen – außer einem im Erbrecht versierten Rechtsanwalt oder einem Notar auch ein Steuerberater konsultiert werden.

Für die Versorgung bzw. Abfindung aller weichenden Erben bietet sich als Idealform an, dass sie eine Beteiligung am Privatvermögen erhalten bzw. das Privatvermögen insgesamt unter ihnen aufgeteilt wird. Sind im Privatvermögen nicht genügend Mittel vorhanden, um die Versorgung bzw. gerechte Abfindung sicherzustellen, bleibt nur die Beteiligung der weichenden Erben am Firmenvermögen. Hier bietet sich an, sie als Stille Gesellschafter oder als Unterbeteiligte an einer Mitgliedschaft eines einzelnen Gesellschafters zu beteiligen, der zum Erben berufen worden ist. Auf solche Weise wird – da es sich um eine *Innengesellschaft* handelt – vermieden, dass der weichende Erbe am Gesamtvermögen teilhat und nach außen hin in Erscheinung tritt. Die Beteiligung der weichenden Erben an der Erbschaft wird sogar häufig geheim gehalten, ja eine Unterbeteiligung an einer Mitgliedschaft kann vor der Gesellschaft selbst geheim gehalten werden.

Die Stellung des *typischen* Stillen Gesellschafters ähnelt in vielerlei Hinsicht der des Nießbrauchers: Der typische Stille Gesellschafter ist am Gewinn (möglicherweise auch am Verlust) des Unternehmens beteiligt, hingegen nicht am Gesellschaftsvermögen, den stillen Reserven, dem sogenannten Goodwill des Unternehmens und dem Veräußerungsgewinn. Der Stille Gesellschafter braucht nicht Kaufmann im Sinne der Definition des Handelsgesetzbuchs zu sein. Er wird nicht Mitunternehmer und nimmt nicht teil an der

Geschäftsführung. Folglich ist er auch nicht gewerbesteuerpflichtig. Jedoch bleibt es eine Frage der testamentarischen Gestaltung, die Beteiligung des Stillen Gesellschafters über die Beteiligung am Gewinn hinaus auszudehnen. Man spricht dann von einer *atypischen* Stillen Gesellschaft.

Der Erblasser muss darauf achten, dass er in seinem Testament den Anteil des Stillen Gesellschafters am Gewinn und Verlust ausdrücklich festlegt. Hat er das nicht getan, so sieht das Gesetz vor, dass dem Stillen Gesellschafter ein den Umständen nach angemessener Anteil am Gewinn zusteht. Entsprechend anteilig ist er am Verlust beteiligt. Der Erblasser muss also den Anteil quotenmäßig oder in Prozenten bestimmen. Der Anteil des Stillen Gesellschafters am *Verlust* des Unternehmens kann testamentarisch ausgeschlossen werden. Liegt ein solcher Ausschluss nicht vor, nimmt der Stille Gesellschafter allerdings nur bis zum Betrag seiner Einlage am Verlust teil. Bei Beendigung der Stillen Gesellschaft hat der typische Stille Gesellschafter Anspruch auf Zahlung des Buchwertes seiner Einlage einschließlich noch nicht entnommener Gewinne. Aber auch insoweit kann der Erblasser abweichende Bestimmungen treffen, indem er die Rechte des Stillen Gesellschafters bei Beendigung der Stillen Gesellschaft ausdehnt. Durch derartige Bestimmungen wird dann der typische Stille Gesellschafter ein atypischer Stiller Gesellschafter.

Dringend anzuraten ist dem Erblasser auch, dass er hinsichtlich der Beendigung der Stillen Gesellschaft Vorsorge für den Fall trifft, dass eine Illiquidität der zur Auszahlung verpflichteten Gesellschaft eintritt. Er wird vorsehen, dass die Auszahlung des Guthabens ratenweise erfolgen kann, wenn die wirtschaftliche Lage der Gesellschaft dies erfordert, und er wird ferner vorsehen, dass eine Verzinsung des Guthabens nach der Leistungsfähigkeit der Gesellschaft zu erfolgen hat. Denkbar ist ferner, dass der Erblasser testamentarisch bestimmt, dass die Auszahlung erst ab einem bestimmten späteren Zeitpunkt verlangt werden kann.

IV. Vererbung eines Einzelunternehmens

Das Handelsgeschäft eines Einzelkaufmanns wird vererbt wie jeder andere Nachlassgegenstand: Der Alleinerbe oder eine Erbengemeinschaft wird via Erbgang zum neuen Inhaber des Handelsgeschäfts. Als handelsrechtliche Besonderheit gilt, dass der Name der vererbten Firma fortgeführt werden kann, und zwar entweder so, wie er ist, oder mit einem Zusatz, der die Rechtsnachfolgeschaft kenntlich macht. Ist beispielsweise ein Herr Hercher, der das gut eingeführte Einzelunternehmen „Hercher" betrieben hat, von seinen Kindern beerbt worden, so können die Kinder das Unternehmen entweder mit dem alten Namen „Hercher" fortführen oder es nunmehr „Herchers Erben" oder „Hercher und Söhne" nennen. Mehrere Erben eines Handelsgeschäfts können dieses in ungeteilter Erbengemeinschaft fortführen, ohne dass eine oHG oder KG entsteht oder gegründet werden müsste.

Die Fortführung allerdings hat für den Alleinerben oder die Erbengemeinschaft eine ziemlich weitreichende Konsequenz, nämlich die einer *unbeschränkten Haftung* für alle *Geschäftsverbindlichkeiten* der Firma des Erblassers. Im Gegensatz zur *allgemeinen* Erbenhaftung (→ Haftung des Erben) ist eine *Beschränkung* auf das, was effektiv im Nachlass vorhanden ist, nicht möglich. Diese weitgehende Haftung kann der Erbe nur dadurch vermeiden, dass er die Fortführung des ererbten Handelsgeschäfts innerhalb von drei Monaten ab Kenntnisnahme vom Anfall der Erbschaft *einstellt*.

Der Unternehmer ist im Beratungsgespräch durch den Rechtsanwalt oder Steuerberater darauf hinzuweisen, dass eine Fortführung seines Handelsgeschäfts durch eine Erbengemeinschaft nicht anzuraten ist. Es ist ihm dringend anzuraten, eine testamentarische Verfügung zu treffen, derzufolge das Handelsgeschäft nur auf einen *einzigen* Erben übergeht und die anderen zu berücksichtigenden Erben auf andere Weise an der Erbschaft beteiligt werden oder dass er schon zu Lebzeiten hinsichtlich seines Unternehmens eine geeignete Lösung herbeiführt, was durch eine lebzeitige Umwandlung des Unternehmens in eine andere Unternehmensform geschehen könnte. Als geeignete Unternehmensform bietet sich in vielen Fällen die GmbH an. Gerade bei mittelständischen Unternehmen ist es Aufgabe der juristischen und steuerlichen Berater, dem Unternehmer eine geordnete Unternehmensnachfolge ins Bewusstsein zu bringen. Es gibt eine Vielzahl bewährter Typen der vorweggenommenen, gleitenden Unternehmensnachfolge. Von Steuerberatern werden steuerliche Erwägungen mitunter zu sehr in den Vordergrund gestellt. Außer den steuerlichen Gesichtspunkten gibt es aber noch eine Vielzahl anderer Gesichtspunkte, die in die Erwägungen unbedingt mit einfließen sollten.

V. Vererbung innerhalb einer Personengesellschaft

Durch den Tod eines Gesellschafters einer BGB-Gesellschaft wird, sofern keine anderslautende Bestimmung im Gesellschaftsvertrag enthalten ist, die Gesellschaft aufgelöst. Sie tritt in das *Liquidationsstadium* ein. Das Gesellschaftsvermögen wird unter den Gesellschaftern auseinandergesetzt, wobei an die Stelle des verstorbenen Gesellschafters dessen Erben treten. Die Erben erhalten seine Einlage oder deren Wert sowie seinen Anteil an einem etwa erwirtschafteten Überschuss.

Häufig freilich ist in Gesellschaftsverträgen von Personengesellschaften eine Bestimmung enthalten, die vorsieht, dass im Falle des Todes eines Gesellschafters die Gesellschaft nicht aufgelöst, sondern fortgesetzt werden soll, sei es unter den übrigen Gesellschaftern oder zusammen mit dem/den Erben des verstorbenen Gesellschafters. Der Tod eines oHG-Gesellschafters führte nach der früheren gesetzlichen Regelung stets zur Auflösung der Gesellschaft, wenn sich nicht etwas anderes aus dem Gesellschaftsvertrag ergab. Seit dem Handelsrechtsreformgesetz vom 22. 6. 1998 steht der Fall des Todes eines Gesellschafters (in der Regel) seinem Ausscheiden aus der Gesellschaft gleich. Die Gesellschaft wird also in diesem Fall mit den übrigen Gesellschaftern fortgesetzt. Mit dem Handelsrechtsreformgesetz wurde auch noch ein weiterer gesetzlicher Regelfall geschaffen: Stirbt ein *Kommanditist* einer Kommanditgesellschaft, so wird mangels anderer gesellschaftsvertraglicher Bestimmungen die Gesellschaft mit den Erben des Kommanditisten fortgesetzt. Stets haben freilich der Gesellschaftsvertrag und die dort enthaltenen Regelungen Vorrang.

Im Gesellschaftsvertrag wird auch bestimmt, ob den Erben, sofern die Gesellschaft ohne sie fortgesetzt wird, irgendwelche Ansprüche zustehen oder ob sie vom Abfindungsanspruch ausgeschlossen sind. Ist ein Abfindungsanspruch ausgeschlossen, so können an ihm auch keine →Pflichtteilsansprüche oder →Pflichtteilsergänzungsansprüche geltend gemacht werden. Seine Mitgliedschaft als solche kann der Gesellschafter nicht vererben; eine derartige Klausel in einem Testament wäre unwirksam. Nur im *Gesellschaftsvertrag* kann vorgesehen werden, dass ein bestimmter Erbe oder mehrere bestimmte Erben oder sämtliche Erben oder ein bestimmter Dritter oder mehrere Dritte das Recht haben, beim Tod des einen Gesellschafters in die Gesellschaft einzutreten. Natürlich kann ein solches Recht in einem Testament nochmals ausdrücklich bekräftigt werden; aber das Eintrittsrecht wird dadurch nicht zu einem „Erbrecht", sondern es bleibt allemal ein in der Person des Erben begründeter *schuldrechtlicher* Anspruch auf Aufnahme in die Gesellschaft. Macht der Begünstigte von seinem Recht keinen Gebrauch, stehen ihm (sofern im Gesellschaftsvertrag nichts anderes vereinbart ist) Abfindungsansprüche gegen die Gesellschaft zu. Daneben ist auch eine unmittelbare Rechtsnachfolge bezogen auf den Gesellschaftsanteil möglich (sogenannte *Sonderrechtsnachfolge*). In diesem Fall geht der Gesellschaftsanteil unmittelbar mit dem Tode des Gesellschafters auf den oder die Erben über. Voraussetzung dafür, dass ein solcher erbrechtlicher Übergang erfolgen kann, ist freilich, dass im Gesellschaftsvertrag eine entsprechende Nachfolgeklausel enthalten ist und zusätzlich eine hierauf abgestimmte letztwillige Verfügung des Gesellschafters vorliegt, in welcher die Nachfolge durch den oder die Erben angeordnet wird.

Der Gesellschaftsvertrag kann natürlich auch vorsehen, dass nur *Abkömmlinge* eines Gesellschafters dessen Gesellschaftsanteil erben können. Der Erblasser kann dann beispielsweise so testieren, dass er sowohl seine Ehefrau als auch seine beiden Söhne zu seinen Erben einsetzt und – in Anpassung an den Gesellschaftsvertrag – bestimmt, dass die Söhne im Wege der erbrechtlichen Sondernachfolge den Gesellschaftsanteil erhalten. Zu präzisieren wäre dann allerdings noch, ob die Söhne den Anteil im Wege einer *Teilungsanordnung* erhalten oder ob der Gesellschaftsanteil den Söhnen neben ihrem Anteil am sonstigen Vermögen als sogenanntes *Vorausvermächtnis* zufließen soll.

VI. Vererbung des Kommanditanteils

Der Tod eines Kommanditisten hat – im Gegensatz zum Tod eines persönlich haftenden Gesellschafters – keinen Einfluss auf das Fortbestehen der Kommanditgesellschaft. Die Mitgliedschaft des Kommanditisten und somit sein Kommanditanteil sind frei vererblich. Jedoch geht bei mehreren Erben der Anteil nicht en bloc ungeteilt in die Erbengemeinschaft über, sondern unmittelbar geteilt entsprechend den Erbteilen auf jeden einzelnen Miterben. Der Gesellschaftsvertrag kann die Vererblichkeit freilich ausschließen.

VII. Vererbung von GmbH-Anteilen

Der Gesellschafter einer GmbH kann seinen Anteil frei vererben. Die freie Vererblichkeit kann durch den Gesellschaftsvertrag nicht ausgeschlossen oder eingeschränkt werden. Jedoch: Im Gesellschaftsvertrag kann vorgesehen werden, wie der einzelne Erbe oder die mehreren Erben mit dem angefallenen Geschäftsanteil zu verfahren haben. Sogar die *Einziehung* eines Gesellschaftsanteils kann vereinbart werden. Ist – wie häufig – im Gesellschaftsvertrag vereinbart worden, dass die Veräußerung von Geschäftsanteilen der Genehmigung der Gesellschaft bedarf, dann geht diese Verpflichtung selbstverständlich auf den Erben über.

Anders als bei der Kommanditgesellschaft, wo jeder Erbe den KG-Anteil gemäß seiner Erbquote erwirbt, erwerben mehrere Erben den Geschäftsanteil einer GmbH in Erbengemeinschaft. Somit können sie ihre Gesellschafterrechte nur *gemeinsam* ausüben. Allerdings können sie einem von ihnen eine Vertretungsvollmacht erteilen. Dem Erblasser, der seinen GmbH-Anteil an mehrere Erben vererbt, ist dringend anzuraten, einen Testamentsvollstrecker zu bestimmen, dem – als neutrale Person – in diesen Fällen auch die Vertretung der Erbengemeinschaft obläge.

V

Verfügung von Todes wegen

Hierunter versteht man alle Rechtsgeschäfte für den Todesfall (oft auch „letztwillige Verfügung" genannt). Es ist der Oberbegriff für →Testament und →Erbvertrag. Eine Verfügung von Todes wegen bezieht sich aber auch auf *Vollmachten*, die für den Fall erteilt werden, dass ein Bevollmächtigter erst nach dem Tode des Vollmachtgebers handeln soll (→Vollmacht über den Tod hinaus).

Verjährung im Erbrecht

Verjährung bedeutet, dass ein bestimmter Anspruch vom Anspruchsinhaber nicht mehr verfolgt werden kann, wenn sich der Anspruchsgegner auf die Verjährung beruft. Er erhebt die „Verjährungseinrede", wie es in der Juristensprache heißt. Der Anspruch geht also nicht unter, sondern bleibt bestehen. Er kann nur nicht mehr durchgesetzt werden. Die Erbenstellung als solche unterliegt keiner Verjährung. Beispiel: Der geschiedene Erblasser ist im Jahr 1960 verstorben. Er hinterließ zwei Kinder, die, da kein Testament gefunden wurde, im Erbscheinsverfahren als gesetzliche Erben zu gleichen Teilen festgestellt wurden. Im Jahr 2018 wird in einem Safe ein Testament des Erblassers gefunden, in dem er eine gemeinnützige Stiftung zum alleinigen Erben eingesetzt hat. Die Stiftung kann auch nach 58 Jahren noch den falschen Erbschein des Jahres 1960 einziehen lassen und einen neuen Erbschein beantragen. Freilich dürfte die Abwicklung dieses Erbfalles auf vielfältige praktische Schwierigkeiten stoßen.

Auch der Anspruch auf Erbauseinandersetzung unterliegt keiner Verjährung. Wenn die Mitglieder einer Erbengemeinschaft den

Nachlass nicht auseinandersetzen, kann die Auseinandersetzung auch verlangt werden, wenn 30 Jahre und mehr vergangen sind.

Der Verjährung unterliegen Ansprüche aus der Erbschaft. In erster Linie ist damit der Pflichtteilsanspruch gemeint. Er verjährt, wie alle übrigen Ansprüche auch, nach Ablauf von *drei Jahren*. Voraussetzung dafür, dass die Verjährung zu laufen beginnt, ist aber, dass der Pflichtteilsberechtigte Kenntnis vom Erbfall und davon hat, dass er durch Testament von der Erbfolge ausgeschlossen ist. Die Verjährung beginnt in einem solchen Fall allerdings erst mit dem 1. Januar des Jahres, der auf die Kenntniserlangung folgt. Beispiel: Der Erblasser verstirbt am 30. Mai 2019. Er hat zwei Kinder. Zur Erbin hat der Erblasser seine Ehefrau eingesetzt. Die beiden Kinder sind pflichtteilsberechtigt. Den Kindern wird das Testament des Vaters am 15.7.2019 vom Nachlassgericht übersandt. Die Verjährung beginnt somit am 1.1.2020 zu laufen und endet am 31.12.2022. Kenntnisunabhängig verjährt ein erbrechtlicher Anspruch allerdings erst nach Ablauf von 30 Jahren. Wenn im obigen Beispiel eines der Kinder zu seiner Familie keinen Kontakt mehr hatte und im Ausland lebte, so dass ihn das Nachlassgericht nicht ermitteln konnte, kann er auch noch nach 20 Jahren seinen Pflichtteil einfordern. Ein weiterer Anspruch, welcher der Verjährung unterliegt ist das Vermächtnis. Auch insoweit gilt das oben Ausgeführte entsprechend. Eine Besonderheit ist hier allerdings das sog. Grundstücksvermächtnis. Ansprüche, die auf Übertragung eines Grundstücks gerichtet sind, verjähren erst nach Ablauf von 10 Jahren.

Die Verjährung kann gehemmt werden. Insbesondere tritt eine Hemmung ein, wenn über den Gegenstand des Anspruchs Verhandlungen geführt werden. Die Hemmung ergreift üblicherweise alle Ansprüche, die sich aus dem Erbfall ergeben. „Hemmung" bedeutet, dass die Verjährung nicht etwa unterbrochen wird. Lediglich die Zeit, in der der Anspruch gehemmt ist, wird nicht in die Verjährung eingerechnet. Beispiel: Der Erblasser ist verstorben und wurde von seiner Ehefrau beerbt. Der einzige Sohn der beiden unternimmt zunächst nichts. Nach zwei Jahren entschließt er sich, seinen Pflichtteilsanspruch geltend zu machen. Er nimmt Kontakt zu seiner Mutter auf, die ihm anbietet, darüber zu sprechen. Ab dem Zeitpunkt der Kontaktaufnahme ist der Anspruch gehemmt. Die Zeit davor,

Vermächtnis

wird allerdings in die Verjährung eingerechnet (allerdings erst ab dem 1.1., der auf den Erbfall folgt). Lässt in dem Beispiel der Sohn die Gespräche mit der Mutter über den Pflichtteil „einschlafen", endet die Hemmung drei Monate, nachdem die Verhandlungen endeten. Die Verjährung läuft dann weiter. Bei nicht voll geschäftsfähigen, etwa minderjährigen Personen ist die sog. Ablaufhemmung zu beachten. Die Verjährung beginnt bei ihnen nicht vor Ablauf von sechs Monaten nach Volljährigkeit des minderjährigen Anspruchsinhabers bzw. nach Herstellung einer ordnungsgemäßen Vertretung zu laufen.

Eine Hemmung der Verjährung tritt auch ein, wenn der Anspruchsinhaber gerichtliche Klage erhebt. Wird der Anspruch durch Urteil festgestellt, tritt allerdings an die übliche 3-jährige Verjährung eine 30-jährige Verjährung. Beispiel: Vermächtnisnehmer verklagt den Erben auf Herausgabe eines Pkw. Er gewinnt den Prozess und das Gericht gibt seiner Klage statt. Jetzt kann der Vermächtnisnehmer gegen den Erben die Zwangsvollstreckung aus dem Urteil betreiben und zwar auch dann noch, wenn er das Urteil erst einmal auf sich beruhen lässt und gar nichts unternimmt. Er könnte im Extremfall noch 30 Jahren warten.

Dem Erblasser steht es frei, in seinem Testament eine Verlängerung der Verjährungsfrist anzuordnen und so Einfluss auf die Verjährung zu nehmen. Verkürzen kann der Erblasser die Verjährung allerdings nicht.

Vermächtnis

Durch ein → Testament oder einen → Erbvertrag kann der → Erblasser verfügen, dass aus seinem Nachlass ein einzelner Vermögensgegenstand oder eine Geldsumme einer bestimmten Person (es kann auch eine juristische Person sein, eine karitative Einrichtung, z.B. ein Heim für behinderte Kinder, ein Blindenheim, eine Umweltschutzorganisation usw.) zufließt, ohne dass der Betreffende die gleichen Rechte und Pflichten haben soll wie der → Erbe. Wird jemand in solcher Weise bedacht, so spricht man von einem *Vermächtnis*. Das Vermächtnis wird im Gesetz definiert als Zuwendung eines Ver-

Vermächtnis

mögensvorteils an einen anderen, ohne diesen als → Erben einzusetzen.

Ein Vermächtnis kann aber auch bei → gesetzlicher Erbfolge entstehen, nämlich dann, wenn der Erblasser in seinem Testament keinen Erben, sondern nur einen Vermächtnisnehmer bestimmt hat. Beispiel: „Bei meinem Tode soll mein Neffe Oskar meinen Weinkeller bekommen." In diesem Fall wird der Erblasser von allen seinen gesetzlichen Erben beerbt, der Neffe Oskar kann von diesen die Herausgabe des im Weinkeller lagernden Bestandes verlangen.

Die Rechtsstellung des Vermächtnisnehmers unterscheidet sich *grundlegend* von der des Erben: Während der Erbe sofort und unmittelbar die *Gesamtrechtsnachfolge* des Erblassers antritt, was also bedeutet, dass er Eigentümer aller Sachen wird, die dem Erblasser gehörten, er auch die Schulden des Erblassers übernimmt, wird der Vermächtnisnehmer weder Eigentümer der ihm vermachten Sache, noch übernimmt er die Schulden des Erblassers. Das, was der Erblasser dem Vermächtnisnehmer zukommen lassen will, steht zunächst im *Eigentum* des oder der *Erben*. Der Vermächtnisnehmer hat nur einen sogenannten „schuldrechtlichen" Anspruch gegen den oder die Erben auf Erfüllung des Vermächtnisses.

Während der Erblasser nur höchstpersönlich bestimmen kann, wer sein → *Erbe* oder → *Ersatzerbe* werden soll, und dies nicht einem Dritten, auch nicht dem → Testamentsvollstrecker, bei einer → Vor- und Nacherbschaft auch nicht dem Vorerben überlassen kann, besteht bei einem *Vermächtnis* durchaus die Möglichkeit, dass der Vermächtnisnehmer nicht vom Erblasser selbst benannt wird, sondern dass dieser es in das Ermessen des Erben oder eines Testamentsvollstreckers stellt, wer als Vermächtnisnehmer ausgewählt wird. Der Erblasser muss allerdings in diesem Fall den Kreis der in Frage kommenden Vermächtnisnehmer umrissen haben.

Beispiel: Der Erblasser verfügt, dass das musikalischste Kind seiner Schwester den sich im Nachlass befindlichen Bechstein-Flügel als Vermächtnis erhalten soll. Die Schwester hat vier Kinder, die Entscheidung darüber, welches Kind als das musikalischste anzusehen ist, überlässt er dem Testamentsvollstrecker.

Vermächtnis

Ein Vermächtnis kann auch so gestaltet werden, dass eine *Auswahl* stattfinden soll, welchen Gegenstand der Vermächtnisnehmer unter mehreren möglichen Gegenständen erhalten soll.
Beispiel: „Mein Neffe Florian soll sich aus meinem Nachlass ein ihn besonders interessierendes Buch aussuchen dürfen." Oder: „Die Erben sollen meiner Nichte Susanne eines meiner Schmuckstücke geben."

Während der eingesetzte *Erbe* immer nur erben kann, wenn er zum Zeitpunkt des Erbfalls *gelebt* hat oder immerhin schon *gezeugt* war, kann ein Vermächtnis auch an jemanden fallen, der noch nicht einmal gezeugt ist. Für den Erben tritt in diesem Fall also ein *Schwebezustand* ein, es ist für ihn fraglich, ob er das Vermächtnis jemals erfüllen muss. Für den Schwebezustand gibt es aber eine vom Gesetz vorgesehene zeitliche Grenze: 30 Jahre. Das Vermächtnis wird also nach 30 Jahren ab Eintritt des Erbfalls unwirksam. Doch kann sich der Erbe schadenersatzpflichtig machen, wenn er während der Schwebezeit das durch das Vermächtnis Zugewendete schuldhaft beeinträchtigt.

Ähnlich wie bei der → Vor- und Nacherbschaft kann man auch ein Vermächtnis so gestalten, dass dieses an einen *Nachvermächtnisnehmer* fallen soll, wenn der eingesetzte *Vorvermächtnisnehmer* gestorben oder eine andere Bedingung eingetreten ist, die das Nachvermächtnis auslöst. Und ebenso wie bei der → Ersatzerbschaft kann man bestimmen, dass, wenn der Vermächtnisnehmer vor dem Erblasser verstorben ist oder er das Vermächtnis ausschlägt, ein Ersatzvermächtnisnehmer an seine Stelle tritt.

Die Abgrenzung, ob jemand, der im Testament bedacht ist, als Vermächtnisnehmer oder als Erbe (Miterbe) anzusehen ist, kann mitunter schwierig sein. Denn auf die *Wortwahl* des Erblassers kommt es nicht an. Wenn er beispielsweise bestimmt: Meiner Ehefrau „vermache" ich die Miteigentumshälfte an unserem Haus, unsere Tochter „erbt" das Klavier, so ist die Tochter doch nur als Vermächtnisnehmerin anzusehen, hingegen die Ehefrau als Erbin, sofern das Haus bzw. die Miteigentumshälfte des Hauses das hauptsächliche Vermögen des Erblassers darstellt. Auch wenn der Erblasser nicht sein ganzes Vermögen, sondern einen *Bruchteil* davon einer Person zuwendet, wird man in der Regel davon ausgehen kön-

Vermächtnis

nen, dass diese Person Erbe und nicht Vermächtnisnehmer ist. Handelt es sich bei der Zuwendung hingegen um *bestimmte* Vermögensgegenstände oder um eine *bestimmte* Geldsumme, dann liegt in der Regel ein *Vermächtnis* vor. Wenn freilich die bestimmten Vermögensgegenstände oder die bestimmte Geldsumme den Hauptteil des Nachlasses ausmachen, dann wiederum ist von einer *Erbschaft* auszugehen (→ Auslegung des Testaments).

Durch ein Vermächtnis kann eine *Vielzahl* von erbrechtlichen Regelungen getroffen werden. Beispielsweise kann auch ein *Nießbrauch* oder ein *Wohnrecht* im Wege eines Vermächtnisses eingeräumt werden, ebenso der *Erlass einer Schuld*, indem – was häufig geschieht – testamentarisch verfügt wird, dass ein vom Erblasser einer bestimmten Person gewährtes Darlehen von dieser nicht an die Erben zurückgezahlt zu werden braucht.

Für den Erben stellt sich das Vermächtnis als eine →*Nachlassverbindlichkeit* dar. Reicht der Nachlass zur Befriedigung sämtlicher Nachlassgläubiger nicht aus, so müssen die Vermächtnisnehmer hinter den übrigen Nachlassgläubigern *zurückstehen*, bis alle Gläubiger befriedigt sind. Auch die →Pflichtteilsberechtigten gehen den Vermächtnisnehmern vor: Gegenüber Pflichtteilsberechtigten kommen die Vermächtnisnehmer überhaupt nur dann zum Zuge, wenn die Pflichtteilsansprüche vollständig erfüllt sind.

Werden Pflichtteilsansprüche gegen den Erben geltend gemacht, dann kann der Erbe die Vermächtnisse *kürzen*. Er kann sie in Höhe der Quote kürzen, die der Quote der zu erfüllenden Pflichtteilsansprüche entspricht.

Beispiel: Der Erblasser hat seine Ehefrau zu seiner alleinigen Erbin eingesetzt und darüber hinaus verschiedene Vermächtnisnehmer bedacht. Der Wert des Nachlasses beträgt 500.000 €, die Vermächtnisse betragen insgesamt 100.000 €. Die Tochter aus erster Ehe des Erblassers macht gegen die Ehefrau Pflichtteilsansprüche geltend. Die Pflichtteilsquote beträgt ein Viertel. Die Ehefrau ist daher berechtigt, die Vermächtnisse jeweils um ein Viertel zu kürzen, so dass insgesamt nicht 100.000 € sondern nur 75.000 € an die Vermächtnisnehmer zu zahlen sind.

Untereinander haben die Vermächtnisnehmer gleichen Rang, soweit der Erblasser nicht etwas anderes bestimmt hat. Auch hier müssen, wenn der Nachlass nicht ausreicht, die Vermächtnisse wertmäßig gekürzt werden.

Wird dem Vermächtnisnehmer eine bestimmte Geldsumme zugedacht, dann sollte der Erblasser bedenken, dass dies u. U. zu Liquiditätsschwierigkeiten beim Erben führen kann, so dass es ratsam sein könnte, im Testament eine Stundung oder Ratenzahlung zu bestimmen.

Ist ein bestimmter *Gegenstand* vermacht worden, der sich dann aber zum Zeitpunkt des Erbfalls nicht mehr im Nachlass befindet (beispielsweise deswegen, weil der Erblasser ihn zuvor verschenkt oder verkauft hatte), dann ist das Vermächtnis unwirksam. Nur ausnahmsweise ist das Vermächtnis auch in einem solchen Fall wirksam, nämlich dann, wenn ein sogenanntes *Verschaffungsvermächtnis* vorliegt, d. h. wenn der Gegenstand nach dem Willen des Erblassers erst noch von dem/den Erben beschafft werden muss, um ihn dann dem Vermächtnisnehmer zu übereignen.

Unwirksam ist das Vermächtnis auch dann, wenn der Vermächtnisnehmer zur Zeit des Erbfalls bereits verstorben ist, es sei denn, es ist ein Ersatzvermächtnisnehmer bestimmt.

(Siehe auch → Vorausvermächtnis)

Vollmacht über den Tod hinaus

Die beizeiten erfolgte Erteilung einer Vollmacht des Erblassers kann auch schon zu dessen Lebzeiten hilfreich sein, beispielsweise dann, wenn er infolge schwerer körperlicher oder geistiger Krankheit seine Rechtsgeschäfte nicht mehr selbst erledigen kann. Dass die Vollmacht über den Tod des Erblassers *hinaus* wirkt, ist im Zweifel immer dann anzunehmen, wenn die Vollmacht sich auf die Durchführung eines Auftrags oder einen Geschäftsbesorgungsvertrag bezieht. Hat die erteilte Vollmacht nicht die Durchführung eines Auftrags oder eines Geschäftsbesorgungsvertrages zum Gegenstand, dann erlischt sie mit dem Tod des Vollmachtgebers, es sei denn, dass sie ausdrücklich entweder „auf den Todesfall" oder „über den Tod hinaus" erteilt worden ist.

Vollmacht über den Tod hinaus

Eine Vollmacht über den Tod hinaus gibt es besonders häufig unter *Ehepartnern*. Sie soll es dem in einem →Ehegattentestament zum Alleinerben eingesetzten längerlebenden Ehepartner ermöglichen, sofort über Konten des Erblassers zu verfügen, ohne dass er erst das Erbscheinsverfahren durchführen muss, um sich durch Vorlage eines →Erbscheins legitimieren zu können (vergleiche auch →Bankkonto im Todesfall). Wichtig ist, dass die Vollmacht sich auch auf den Zugang zu einem etwaigen Bankschließfach des Erblassers erstreckt, denn gerade im Schließfach könnten wichtige Unterlagen liegen, die sich speziell auf den Todesfall beziehen.

Die Banken sind, sofern keine entsprechende Vollmacht vorliegt, berechtigt, die Vorlage eines Erbscheins zu verlangen, bevor sie dem Erben erlauben, Verfügungen über Konten und Depots des Erblassers zu treffen. Aufgrund ihrer Allgemeinen Geschäftsbedingungen können sich die Banken aber auch damit begnügen, dass der Erbe sich durch Vorlage einer Ausfertigung oder beglaubigten Abschrift einer →Verfügung von Todes wegen, verbunden mit dem Protokoll über die Eröffnung, legitimiert.

Die Vollmacht kann schriftlich erteilt werden. Sie bedarf also nicht der Form des →Testaments. In bestimmten Fällen jedoch ist jedoch eine notarielle Unterschriftsbeglaubigung erforderlich, beispielsweise dann, wenn etwaige Grundstücksgeschäfte zu erledigen sind.

Selbstverständlich hat die *Bevollmächtigung* nichts mit einer *Erbeinsetzung* zu tun, wenngleich – gerade bei Ehepartnern – häufig der Vollmachtsinhaber auch der alleinige Erbe ist. Ist er das nicht, dann kann die vom Erblasser erteilte Vollmacht von *jedem Erben widerrufen* werden.

Trotz vieler Vorteile, die eine solche Vollmacht mit sich bringen kann, ist dem Vollmachtgeber *Vorsicht* anzuraten. Denn mit der Erteilung einer Vollmacht liefert er sich dem Inhaber der Vollmacht weitgehend aus. Unter Ehepartnern dürfte diese Gefahr im Allgemeinen allerdings nicht bestehen, zumal dann nicht, wenn die Ehepartner sich ohnehin gegenseitig zu Erben eingesetzt haben. Im Gegenteil: Im Zusammenhang mit einer *Betreuungsverfügung*, welche Eheleute, die in einer harmonischen Ehe leben, gegenseitig treffen sollten (siehe dazu Fricke/Märker/Otto, *„Eherecht und Familienrecht für jedermann"*, Verlag Karl Alber, Freiburg, 3. Auflage 2005,

Stichwort: *Betreuung*), ist auch die Erteilung einer umfassenden wechselseitigen Vorsorgevollmacht ratsam, die den anderen Ehepartner für den Fall der eigenen Handlungsunfähigkeit ermächtigt, für den Vollmachtgeber in dessen Namen umfassend in allen Lebensbereichen, aber auch über dessen Tod hinaus zu handeln.

„Voraus"

Beim sogenannten „Voraus" handelt es sich, sofern die → *gesetzliche* Erbfolge eingetreten ist, um ein besonders ausgestaltetes erbrechtliches Forderungsrecht des längerlebenden *Ehepartners*, demzufolge er die zum ehelichen *Haushalt* gehörenden Gegenstände und die *Hochzeitsgeschenke* neben seiner Erbquote für sich beanspruchen kann. Rechtlich gesehen handelt es sich beim Voraus um ein von *Gesetzes wegen* vorgesehenes → *Vermächtnis*.

Der Voraus hat besondere Bedeutung bei der Berechnung der → Pflichtteilsansprüche. (Dass bei Eintritt gesetzlicher Erbfolge auch Pflichtteilsansprüche geltend gemacht werden können, kommt in der Praxis allerdings so gut wie überhaupt nicht vor.) Der zur Erfüllung von Pflichtteilsansprüchen verpflichtete Ehepartner kann die zum Voraus gehörenden Gegenstände bei der Pflichtteilsberechnung abziehen. Mit anderen Worten: Der Wert des Nachlasses vermindert sich um den Wert der Gegenstände, die dem Voraus zuzurechnen sind. Merke: Diese Minderung tritt nur dann ein, wenn der Ehepartner „gesetzlicher" Erbe geworden ist, und zwar neben anderen gesetzlichen Erben. Gegenüber einem Ehepartner, der aufgrund einer → Verfügung von Todes wegen Erbe geworden ist, errechnet sich der Pflichtteil hingegen aus dem *vollen* Nachlass, also ohne Abzug des Wertes, den der Voraus hat.

Unter die zum Haushalt gehörenden Gegenstände fallen auch Antiquitäten, teure Teppiche, wertvolle Gegenstände sowie der privat genutzte Familien-Pkw. Erbt der Ehepartner zusammen mit Erben der 1. Ordnung des → Erblassers, also mit Abkömmlingen des Erblassers – egal, ob mit gemeinsamen oder nicht gemeinsamen Abkömmlingen –, dann hat der Ehepartner einen Anspruch auf diese Gegenstände allerdings nur insoweit, als er sie „zu einer angemessenen Haushaltsführung" benötigt. Was darunter zu verstehen ist, ist eine Frage des Einzelfalls. Er wird sie dann weitgehend für sich beanspruchen können, wenn die Gegenstände Bestandteil einer großzügigen oder repräsentativen Haushaltsführung im Zusammenhang mit einer entsprechenden beruflichen Position des Erblassers waren.

Vorausvermächtnis

Das Vorausvermächtnis beruht auf einer → Verfügung von Todes wegen (in der Regel handelt es sich um eine Anordnung im Testament), derzufolge ein → *Erbe* außer seinem Erbteil noch *zusätzlich* einen Vermögensgegenstand aus dem → Nachlass erhalten soll. Ein solches Vermächtnis setzt also voraus, dass der Empfänger gleichzeitig *Erbe* (Alleinerbe oder Miterbe) ist. Darin liegt der Unterschied zum reinen → Vermächtnis, bei welchem der Begünstigte nicht Erbe, sondern eine außenstehende dritte Person ist. In der Praxis bedeutsam ist der Fall, wenn unter mehreren *Miterben* einem der Erben *zusätzlich* ein bestimmter Vermögensgegenstand zugeteilt wird. Der so Bedachte ist dann also Erbe und *außerdem* Vermächtnisnehmer.

Oft allerdings ist es bei der → Auslegung des Testaments schwierig zu entscheiden, ob es sich wirklich um ein *Vorausvermächtnis* oder um eine bloße → *Teilungsanordnung* handelt. Vorausvermächtnis und Teilungsanordnung unterscheiden sich darin, dass bei einem Vorausvermächtnis der Erbe den betreffenden Vermögensgegenstand (z. B. ein Grundstück, eine Briefmarkensammlung oder eine Geldsumme) *zusätzlich* neben seinem Erbe erhält, während bei der Teilungsanordnung dem einzelnen Miterben im Rahmen seiner Erbquote ein bestimmter Vermögensgegenstand zugewiesen wird, mit dem er (wenn er die Erbschaft nicht insgesamt ausschlägt) vorlieb nehmen muss. Ein Vorausvermächtnis bedeutet in der Regel die Bevorzugung oder Besserstellung eines einzelnen Erben gegenüber den Miterben.

Der Erbe, der ein Vorausvermächtnis erhält, hat die Möglichkeit, die Erbschaft *auszuschlagen*, ohne dass er dadurch seinen Anspruch auf das Vermächtnis verlieren würde.

Vorempfänge
→ Ausgleich von Vorempfängen

Vor- und Nacherbschaft

Wird durch eine → Verfügung von Todes wegen jemand zum Erben eingesetzt, dann kann er, sofern nichts anderes angeordnet ist, über den Nachlass nach Belieben verfügen. Darunter fällt auch das Recht des Erben, *seinerseits* über den Nachlass *letztwillig* zu verfügen. Der Erblasser könnte nun aber ein Interesse daran haben, dass sein Nachlass in bestimmter Weise *gebunden* bleibt. In einem solchen Fall kann er bestimmen, dass sein Vermögen letzten Endes an eine Person fallen soll, die er im Testament zum *Nacherben* bestimmt hat, während er eine andere Person nur als *Vorerben* einsetzt. Auf die wörtliche Bezeichnung kommt es allerdings nicht an; es muss nur aus dem *Sinnzusammenhang* im Testament hervorgehen, dass Vor- und Nacherbschaft gewollt ist (siehe → Auslegung des Testaments). Der Nacherbe ist, anders als der *Schlusserbe* (→ Ehegattentestament), nicht Erbe desjenigen, der die Erbschaft *zunächst* erhalten hat, sondern er ist Erbe des *ursprünglichen* Erblassers. Bei der Nacherbfolge sind also mindestens zwei Erbfälle zu unterscheiden: Der eigentliche Erbfall *(Vorerbfall)*, welcher mit dem Tode des Erblassers eintritt, und der *Nacherbfall*, welcher mit dem vom Erblasser bestimmten Zeitpunkt oder Ereignis eintritt. Sofern im Testament nichts anderes bestimmt ist, tritt der Nacherbfall mit dem *Tod* des Vorerben ein.

Der Erblasser kann auch *mehrere* Personen *nacheinander* als Erben einsetzen.

Beispiel: „Zu meiner Erbin setze ich meine Ehefrau ein. Mit ihrem Tod soll unser Sohn Erbe werden, nach dessen Tod unsere Enkelkinder." In diesem Fall steht der zunächst berufene Nacherbe (Sohn) den folgenden Nacherben (Enkelkinder) wieder als Vorerbe gegenüber.

Im Hinblick darauf, dass die Anordnung der Nacherbfolge dazu dienen soll, den *Bestand des Vermögens* zugunsten des Nacherben zu erhalten, ist der Vorerbe in seiner *Verfügungsbefugnis* beschränkt.

Er muss das, was er geerbt hat, dem Nacherben im *Kern* erhalten. Im Übrigen aber ist der Vorerbe ab dem →Erbfall bis zum Eintritt der Nacherbfolge ein echter Erbe. Er ist also Inhaber sämtlicher Rechte, die zum Nachlass gehören, zugleich aber auch Schuldner der →Nachlassverbindlichkeiten. Auch steuerrechtlich (→Erbschaftsteuer) wird der Vorerbe wie ein Vollerbe behandelt.

Es gelten unterschiedliche Verfügungsbeschränkungen des Vorerben hinsichtlich des zum Nachlass gehörenden *Grundvermögens* einerseits und der *übrigen* Nachlassgegenstände andererseits: Über *Grundstücke*, die zum Nachlass gehören, darf der Vorerbe *überhaupt nicht* verfügen (es sei denn mit Zustimmung des Nacherben), er darf also diese Immobilien weder verkaufen noch belasten oder gar verschenken. Die juristische Konstruktion, mit der dieses „Verfügungsverbot" erreicht wird, ist freilich recht kompliziert. Die „Crux" liegt darin, dass der Vorerbe Verfügungen über zum Nachlass gehörendes Grundvermögen nicht treffen *darf*, aber doch treffen *kann*, so dass es einer besonderen Regelung bedarf, um dem *Schutzbedürfnis* des Nacherben Rechnung zu tragen. Dies geschieht auf folgende Weise: Wenn sich ein Grundstück im Nachlass befindet, wird schon beim Tode des Erblassers *von Amts wegen* ein sogenannter *Nacherbenvermerk* im Grundbuch eingetragen. Zwar hindert auch ein solcher Nacherbenvermerk den Vorerben nicht daran, dennoch über das betreffende Grundstück Verfügungen zu treffen, es also zu verkaufen oder sogar zu verschenken. Jedoch: Tritt dann später der *Nacherbfall* ein, dann wird die vom Vorerben getroffene Verfügung *unwirksam*, das Grundbuch wird *unrichtig*. Daraus folgt, dass der Nacherbe gegen den *Erwerber* des Grundstücks einen Herausgabe- und Grundbuchberichtigungsanspruch hat. In der Praxis bedeutet das, dass dem Vorerben die Verfügung über ein zum Nachlass gehörendes Grundstück *faktisch unmöglich* gemacht wird, denn ein potentieller Interessent wird durch den Nacherbenvermerk und den drohenden Herausgabeanspruch *abgeschreckt*. Der vorerwähnte Schutz des Nacherben setzt sich auch gegenüber etwaigen nachfolgenden Erwerbern fort. Sollte also der Fall vorliegen, dass der Vorerbe ein Grundstück trotz eingetragenen Nacherbenvermerks veräußert und der Erwerber dieses Grundstück dann weiterveräußert, so ist zwar auch diese Weiterveräußerung zunächst einmal

Vor- und Nacherbschaft

rechtswirksam, und der nachfolgende Erwerber wird ebenso wie sein Vorgänger im Grundbuch eingetragen. Bei Eintritt des Nacherbfalls aber werden sowohl die Verfügung des Vorerben als auch die weitere Verfügung des Erwerbers – und alle etwaigen Folgeverfügungen – unwirksam. Kurzum: Jemand, der ein Grundstück (von wem auch immer) erworben hat, welches mit einem Nacherbenvermerk belastet ist, muss es immer auf Verlangen des Nacherben an diesen herausgeben, sobald der Nacherbfall eingetreten ist.

Hinsichtlich der *sonstigen* Nachlassgegenstände gilt Folgendes: Hier ist dem Vorerben lediglich untersagt, *unentgeltliche* Verfügungen über diese Gegenstände zu treffen, mit anderen Worten: Er darf nichts aus dem Nachlass *verschenken*. (Nicht unter das Verbot fallen sogenannte *Anstandsschenkungen*, womit Schenkungen gemeint sind, die einer moralischen oder sittlichen Pflicht entsprechen.) Der Schutz des Nacherben vor unzulässigen Schenkungen seitens des Vorerben ist aber weniger stark ausgeprägt als bei den Grundstücksverfügungen. Auch die diesbezügliche juristische Konstruktion ist wieder denkbar kompliziert: Auch hier gilt, dass der Vorerbe eine unentgeltliche Verfügung – sprich: Schenkung – nicht vornehmen *darf*, aber doch vornehmen *kann*. Hat der Vorerbe trotz des Verbots einen Nachlassgegenstand verschenkt, so ist zu prüfen, ob der Beschenkte *wusste* (oder sich infolge grober Fahrlässigkeit über das „Wissen" keine Gedanken gemacht hat), dass der geschenkte Gegenstand *Bestandteil einer Vorerbschaft* war. Nur in diesem Fall wird die Schenkung später beim Eintritt des Nacherbfalls *unwirksam*. Wusste der Beschenkte hingegen *nicht*, dass der geschenkte Gegenstand zur Vorerbschaft gehört (und dies wird der Regelfall sein), dann bleibt die Schenkung auch beim Eintritt des Nacherbfalls *wirksam*. Der Beschenkte hat, wie der juristische Terminus lautet, den geschenkten Gegenstand „gutgläubig" erworben, er darf ihn also auch bei Eintritt des Nacherbfalls behalten. Allerdings kann der Nacherbe vom Beschenkten *Auskunft* über die Gründe und Zusammenhänge der Schenkung verlangen, um prüfen und beurteilen zu können, ob der Beschenkte tatsächlich gutgläubig war.

Während der Vorerbe über *Grundstücke*, die zum Nachlass gehören, überhaupt keine eigenen Verfügungen treffen darf, also auch keine entgeltlichen, sind ihm in Bezug auf *sonstige* Nachlassgegenstände *entgeltliche* Verfügungen grundsätzlich erlaubt. Beispielsweise einen zur Vorerbschaft gehörenden Pkw dürfte er verkaufen. Die Veräußerung von Nachlassgegenständen darf freilich nicht dazu führen, dass der Bestand der Vorerbschaft sich verringert; die Substanz darf nicht zum Nachteil des Nacherben geschmälert werden. Um eine solche Verringerung der Vorerbschaft zu verhindern, wird eine – in den Einzelheiten recht komplizierte – juristische Konstruktion herangezogen, die sogenannte „Surrogation". Kraft der Surrogation fällt das, was der Vorerbe als Gegenleistung seiner entgeltlichen Verfügung erhält, wiederum in den Nachlass.

Beispiel: Der Vorerbe verkauft eine zur Vorerbschaft gehörende wertvolle Münzsammlung. Er erzielt einen Kaufpreis von 80.000 €. Im Wege der Surrogation fällt nun der Kaufpreis kraft Gesetzes in die Vorerbschaft, er tritt gleichsam an die Stelle der Münzsammlung. Und wenn der Vorerbe anschließend den Kaufpreis dazu verwendet, eine Eigentumswohnung anzuschaffen, dann ist es die Eigentumswohnung, die in die Vorerbschaft fällt; die Eigentumswohnung tritt an die Stelle des Kaufpreises, so dass insgesamt ein Substanzabbau der Vorerbschaft verhindert wird.

Der Nacherbe hat bereits während der Dauer der Vorerbschaft, also vor Eintritt des Nacherbfalls, gegenüber dem Vorerben eine ausgeprägte Rechtsposition. So kann der Nacherbe beispielsweise vom Vorerben verlangen, dass Wertpapiere, die in den Nachlass fallen, hinterlegt oder mit einem Sperrvermerk versehen werden. Insbesondere steht dem Nacherben gegenüber dem Vorerben ein umfassendes Auskunftsrecht zu. Er kann den Zustand der Sachen feststellen lassen und dem Vorerben aufgeben, ein *Nachlassverzeichnis* zu erstellen. Unter besonderen Umständen kann er vom Vorerben sogar *Sicherheitsleistung* verlangen.

Der Vorerbe muss auch alle Kosten tragen, die zur *Erhaltung* der Sache notwendig sind (z.B. alle Reparaturkosten an dem zum Nachlass gehörenden Haus zahlen). Lediglich Einnahmen (Nutzungen), die der Nachlass abwirft, kann der Vorerbe gänzlich für sich verbrauchen – also beispielsweise die Zinsen aus einem Kapitalvermögen oder die Mietzinsen aus der Vermietung eines Hauses oder einer Wohnung. Selbstverständlich kann der Vorerbe das ererbte

Haus oder die Eigentumswohnung bewohnen, ohne dafür Miete zahlen zu müssen.

Die Stellung des Vorerben ist der eines Nießbrauchers ähnlich. Bei nicht präziser Formulierung im Testament ist es oft schwierig herauszufinden, ob man es mit einer Vorerbschaft oder einem Nießbrauchsvermächtnis zu tun hat. In steuerlicher Hinsicht stellt sich der Nießbrauch häufig günstiger dar als die Bestimmung einer Vor- und Nacherbschaft, weil *sowohl* der Vorerbfall *als auch* der Nacherbfall die volle *Erbschaftsteuer* auslöst, sofern die steuerfreien Beträge überschritten werden (→ Erbschaftsteuer).

Die strenge Verfügungsbeschränkung, welcher der Vorerbe unterliegt, kann nun dadurch entscheidend abgemildert werden, dass der Erblasser den Vorerben von bestimmten oder fast allen *Beschränkungen* ausdrücklich *befreit*. Man spricht dann von einer *befreiten Vorerbschaft*. Doch bleibt auch der „befreite" Vorerbe ein Erbe, hinter dem ein Nacherbe steht, dem die Erbschaft nach Eintritt des Nacherbfalls einmal zufallen soll, und daraus folgt, dass auch der *befreite* ebenso wie der nichtbefreite Vorerbe die gewöhnlichen *Erhaltungskosten* der zur Vorerbschaft gehörenden Gegenstände tragen muss (beispielsweise Durchführung von Hausreparaturen).

Die ganz *wesentliche* Einschränkung, welcher auch der befreite Vorerbe unterliegt, ist natürlich die, dass er über das zur Vorerbschaft gehörende Vermögen keine eigenständige → Verfügung von Todes wegen treffen *kann*. Darin liegt in der Regel auch das eigentliche Motiv dafür, dass der Erblasser eine – wenn auch befreite – Vorerbschaft gewählt hat: Er will sicherstellen, dass das von ihm vererbte Vermögen, soweit es beim Tod des Vorerben noch vorhanden ist, an die von ihm, dem Erblasser, vorgesehenen Personen (Nacherben) fällt und nicht an eine (oder auch mehrere) vom Vorerben in dessen Testament vorgesehene andere Person oder an dessen gesetzliche Erben – wobei die gesetzlichen Erben des Vorerben natürlich identisch sein können mit den vom Erblasser bestimmten Nacherben. Insgesamt ist die Stellung des befreiten Vorerben ähnlich der des längerlebenden Ehepartners im Falle eines → Ehegattentestaments mit Schlusserbenregelung.

Eine weitere Einschränkung, welcher auch der befreite Vorerbe unterliegt, ist die, dass er keine *Schenkungen* aus dem Nachlassvermögen zu Lasten des Nacherben (ausgenommen sogenannte Anstandsschenkungen) vornehmen darf. Handelt der Vorerbe dem zuwider, ergeben sich für den Nacherben dieselben Rechte wie im Falle des nichtbefreiten Vorerben. Insoweit also unterliegt der Vorerbe noch etwas stärkeren Einschränkungen als beispielsweise bei einem Berliner Testament der zum Vollerben eingesetzte längerlebende Ehepartner, welcher im Hinblick auf die Schlusserbenbestimmung ja durchaus auch gewissen Einschränkungen unterliegt: Während der in eine Schlusserbenbestimmung eingebundene längerlebende Ehepartner auch Schenkungen zum Nachteil der Schlusserben aus dem Nachlassvermögen vornehmen darf, sofern er ein „lebzeitiges Eigeninteresse" (→ Ehegattentestament, vergleiche auch → Erbvertrag) dartun kann, sind dem Vorerben, und zwar auch dem befreiten Vorerben, Schenkungen an Dritte absolut untersagt, sofern der Nacherbe nicht zustimmt.

Von diesen vorgenannten Einschränkungen abgesehen, kann der befreite Vorerbe über den Nachlass praktisch so verfügen wie ein „gewöhnlicher" Vollerbe. Er könnte z.B. den Nachlass für sich verbrauchen, indem er ihn veräußert und das Geld für eigene Zwecke ausgibt.

Wann der Nacherbfall eintreten soll, bestimmt der Erblasser im Testament. So etwa kann der *Ehepartner* als Vorerbe eingesetzt werden, die Kinder werden Nacherben, beispielsweise sobald sie volljährig geworden sind oder das 25. oder 30. Lebensjahr vollendet oder eine abgeschlossene Berufsausbildung haben. Oder es kann angeordnet werden, dass der längerlebende Ehepartner zwar uneingeschränkter Vollerbe beim Tod des erstversterbenden Ehepartners wird, dass er ab einer Wiederverheiratung diese Stellung aber verliert und ab diesem Zeitpunkt nur noch *Vorerbe* (→ Ehegattentestament) ist.

Aufgrund einer angeordneten Nacherbschaft erwirbt der *Nacherbe* beim Tod des Erblassers ein *Anwartschaftsrecht*. Es handelt sich, sofern der Erblasser nichts anderes bestimmt hat, um ein verfügbares Recht. Der Nacherbe kann es veräußern, und er kann testamentarisch darüber verfügen. Stirbt er nach dem Tod des Erblassers, jedoch vor Eintritt des Nacherbfalls, dann fällt sein Anwart-

Vorweggenommene Erbfolge

schaftsrecht an seine Erben, sofern der Erblasser dies nicht ausgeschlossen hat.

Mitunter stellt sich die Vorerbschaft – jedenfalls, wenn es sich *nicht* um eine *befreite* Vorerbschaft handelt – für den Vorerben auch als ein „Danaergeschenk" dar. Er ist zwar „Erbe" geworden, aber die Tatsache, dass er den Kern der Erbschaft nicht angreifen darf, sondern ihn dem Nacherben erhalten muss, gibt ihm – wirtschaftlich gesehen – doch recht wenig. Es kommt hinzu, dass den Vorerben in jedem Falle die Verpflichtung trifft, die gewöhnlichen Erhaltungskosten zu tragen, dass er den Nachlass *ordnungsgemäß verwalten* und dem Nacherben unter bestimmten Voraussetzungen *Auskunft* erteilen und *Rechenschaft* ablegen muss. Eventuell muss er dem Nacherben sogar *Sicherheit* leisten oder einer *gerichtlichen Verwaltung* zustimmen. So wird der Vorerbe, wenn er gleichzeitig zum Personenkreis der *Pflichtteilsberechtigten* zählt, die Überlegung anstellen, ob es für ihn wirtschaftlich nicht vorteilhafter ist, die Erbschaft auszuschlagen (→ Annahme und Ausschlagung der Erbschaft) und stattdessen den → Pflichtteilsanspruch geltend zu machen. Allerdings ist bei dieser Überlegung Vorsicht geboten; ohne vorherige Einholung des Rechtsrates eines sachkundigen Rechtsanwalts oder Notars sollte keine Ausschlagung vorgenommen werden.

Vorweggenommene Erbfolge

Häufig wird von Eltern erwogen, wesentliche Teile ihres Vermögens, insbesondere Immobilienbesitz, bereits zu Lebzeiten auf die Kinder zu übertragen. Volkstümlich werden solche Verfügungen gern als „Vererben mit warmer Hand" bezeichnet. Die Motive für derartige Vermögensübertragungen zu Lebzeiten liegen mitunter darin, dass die Eltern einer späteren Erbstreitigkeit unter den Kindern vorbeugen wollen oder aber (und das beruht oft auf einer Fehlbeurteilung!) darin, dass eine spätere → Erbschaftsteuer in beträchtlicher Höhe möglichst vermieden werden soll. Die häufigsten Gründe für einen solchen Entschluss aber sind folgende: Die Kinder (oder eines der Kinder) wollen auf dem Grundstück der Eltern einen Erweiterungsbau durchführen, um dort mit ihrer Familie zu wohnen, oder sie wollen das (oft ältere) Wohnhaus von Grund auf renovieren. Den Bankkredit, den sie zur Finanzierung benötigen, erhalten sie nur, wenn sie im Grundbuch eingetragene Eigentümer sind. Häufig liegt der Grund für eine vorzeitige Übertragung des Immobilienbesitzes auch darin, dass beispielsweise einer der Söhne in die Fußstapfen des Vaters tritt und das kaufmännische Unternehmen oder den Handwerksbetrieb übernehmen wird, so dass es verständlich ist, dass er noch zu Lebzeiten des Vaters Eigentümer des Betriebsgeländes werden möchte, nachdem er seinen beruflichen Werdegang auf diese Übernahme ausgerichtet hat.

Eltern, die Vermögen übertragen wollen, ist eine *sorgfältige Prüfung* ihres Entschlusses anzuraten. Der Abschluss eines Übertragungsvertrages stellt eine einschneidende Veränderung der *wirtschaftlichen Gesamtsituation* der Eltern dar. Nicht selten werden solche Übertragungen vorschnell, mitunter sogar auf Drängen der Kinder, vorgenommen und dann später bereut. Eine friedensstiftende Funktion kommt den Übertragungsverträgen in vielen Fällen deswegen nicht zu, weil beispielsweise diejenigen Abkömmlinge, die nicht bedacht worden sind, den Eltern Vorhaltungen wegen vermeintlicher (oder auch wirklicher) Bevorzugung der anderen Kinder oder eines bestimmten Kindes machen. Nicht selten kommt es auch vor, dass sich das Verhältnis zwischen den Eltern und den begünstigten Kindern verschlechtert – „Kinderdank ist Seltenheit", sagt bekanntlich auch die Spruchweisheit. Schließlich bietet ein Übertragungsvertrag im Regelfall keinen Vorteil bei der Steuer, weil für Übertragungen unter Lebenden grundsätzlich dieselben Steuern entstehen wie bei einem Erwerb durch *Erbgang*.

Gleichwohl kann es natürlich *gute Gründe* geben, mit den Kindern doch einen Übergabevertrag abzuschließen. Wer sich zu diesem Schritt entschließt, sollte sich aber in jedem Fall *zuvor* von fachkundiger Seite Rechtsrat einholen. Folgende Punkte gilt es zu beachten:
– Zunächst sollte erwogen werden, ob die Übergeber sich den Nießbrauch an der Immobilie (nicht also nur ein Wohnrecht) vorbehalten. Der Nießbrauchsvorbehalt ist immer zu empfehlen, wenn die Eltern gerade die von ihnen selbst bewohnte oder mitbewohnte Immobilie übertragen.

Vorweggenommene Erbfolge

- Ferner sollte ein Rückforderungsrecht für den Fall aufgenommen werden, dass das beschenkte Kind vor den Eltern (oder einem Elternteil) stirbt. In der Praxis erlebt man leider recht häufig, dass eine solche Regelung nicht getroffen wurde. Kommt dann das beschenkte Kind – beispielsweise durch einen Autounfall – ums Leben, dann wird es nicht selten von seinem Ehepartner (also dem Schwiegerkind des Schenkers) beerbt, und das bedeutet, dass die betreffende Immobilie in familienfremde Hände fällt, was sich dann noch um so ausgeprägter darstellt, wenn das Schwiegerkind einen anderen Partner findet und sich mit diesem verheiratet.
- Bedacht werden sollte auch, dass die Ehe des beschenkten Kindes in die Brüche gehen könnte. Dann nämlich besteht die Gefahr, dass das Schwiegerkind Zugewinnansprüche geltend machen kann. Hier sollte also Vorsorge getroffen werden.
- Es sollte ferner ein Rückforderungsrecht für den Fall vereinbart werden, dass sich bei dem beschenkten Kind eine Verschlechterung der Vermögenslage ergibt. Der Vermögensverfall des Kindes darf nicht dazu führen, dass die übertragene Immobilie letztlich an dessen Gläubiger fällt.
- Ein Rückforderungsrecht kann auch für den Fall vereinbart werden, dass sich das beschenkte Kind später einmal als undankbar erweist oder (was leider nicht selten vorkommt) eine in dem Übergabevertrag übernommene Pflegeverpflichtung nicht oder nur unzureichend erfüllt. Bei aller Harmonie, die zum Zeitpunkt der Übertragung zwischen den Eltern und dem Kind bestehen mag, kann man doch nie vorhersagen, dass diese Harmonie für immer und ewig bestehen bleibt. Es können Situationen eintreten, die beim Schenker zu einem „bösen Erwachen" führen, zumal man es meistens ja nicht nur mit den eigenen Kindern, sondern auch mit Schwiegerkindern zu tun hat. Für die Eltern wird es eine Beruhigung sein, wenn sie bei einem sich einstellenden Zerwürfnis mit dem beschenkten Kind oder bei sich einstellender Lieblosigkeit des Kindes immer noch die Gewissheit haben, gegebenenfalls die „Notbremse" ziehen und die geschenkte Immobilie zurückfordern zu können, und zwar unabhängig von der Zeit, die zwischen der Schenkung und dem eingetretenen Undank bzw. der sich offenbarenden Lieblosigkeit des Kindes verstrichen ist. In der

Praxis hat sich allerdings das vorstehend geschilderte Rückforderungsrecht nur wenig bewährt. Es kann ihm gewiss eine erzieherische Funktion zukommen. Geht es aber um die Voraussetzungen des Anspruchs, so sind diese oft nicht hinreichend konkret darstellbar.
- Eltern (dasselbe gilt natürlich für einen einzelnen Elternteil), die vor der Frage stehen, ob es sinnvoll ist, ihr wertvolles Immobiliarvermögen schon zu Lebzeiten auf die Kinder zu übertragen, sollten schließlich auch bedenken, dass sich ihre eigene wirtschaftliche Situation zu irgend einem Zeitpunkt einmal verschlechtern könnte, so dass sie sich wünschten, ihr Immobiliarvermögen noch zu besitzen, um es zur Verbesserung ihrer wirtschaftlichen Situation verwenden zu können. Gegen die Unbilden des Lebens ist bekanntlich niemand gefeit; man denke nur an die enormen Pflegekosten, die entstehen können, wenn man zu einem Schwerstpflegefall wird, der eine Heimaufnahme erforderlich macht. Wenn man sich also entschließt, den Kindern oder einem der Kinder schon zu Lebzeiten bedeutendes Vermögen, insbesondere Immobiliarvermögen, zu übertragen, dann kann es empfehlenswert sein, sich in dem Übertragungsvertrag ein Rückforderungsrecht für den Fall vorzubehalten, dass man aus wirtschaftlichen Gründen dringend auf die Immobilie bzw. auf den Wert, den sie verkörpert, angewiesen ist, und zwar unabhängig davon, wie viel Zeit zwischen der Übertragung und dem Eintritt der eigenen Bedürftigkeit verstrichen ist.
- Sofern neben dem durch den Übergabevertrag beschenkten Kind weitere Abkömmlinge vorhanden sind, sollte die Frage geklärt werden, ob und gegebenenfalls in welchem Umfang und zu welchem Zeitpunkt an die anderen Kinder Ausgleichszahlungen zu leisten sind, damit eine letzten Endes gerechte Aufteilung des elterlichen Vermögens unter den Kindern gewährleistet ist – wobei „gerecht" nicht unbedingt bedeuten muss, dass jedes Kind ebensoviel erhält wie das andere. Häufig wird vereinbart werden, dass, wenn ein bestimmter Vermögenswert nur auf eines der Kinder zu Lebzeiten übertragen wird, sich dieses Kind den übertragenen Vermögenswert voll auf das spätere Erbe anrechnen lassen muss,

so dass u. U. in den Übergabevertrag auch gleich ein Erb- und Pflichtteilsverzicht mit aufgenommen wird.
Jeder Übergabevertrag sollte – bezogen auf die ganz konkreten familiären Verhältnisse des Einzelfalles – „maßgeschneidert" sein. In der Praxis zeigt sich, dass eine umfassende und sorgfältige Regelung der hier geschilderten Punkte in aller Regel zu einer dauerhaften Erhaltung des familiären Friedens beiträgt und insbesondere den Eltern eine würdige Position erhält.

W

Waffen im Nachlass

Es kommt gar nicht so selten vor, dass sich Waffen in einem Nachlass befinden. Der Erblasser war vielleicht Jäger oder Mitglied in einem Schützenverein oder aber er war aufgrund anderer Umstände berechtigt, eine Waffe zu besitzen. Wer Schusswaffen oder Munition beim Tode eines Waffenbesitzers, als Finder oder in ähnlicher Weise, in Besitz nimmt, hat dies der zuständigen Behörde unverzüglich anzuzeigen. Will ein Erbe die Schusswaffen behalten, muss er binnen eines Monats, gerechnet ab Annahme der Erbschaft bzw. Ablauf der sechswöchigen Ausschlagungsfrist, einen Antrag auf Ausstellung einer Waffenbesitzkarte stellen. Die Pflicht, eine Waffenbesitzkarte zu beantragen, trifft auch denjenigen, dem die Waffe im Wege eines Vermächtnisses oder einer Auflage zufällt. Die Anmeldefrist läuft in diesen Fällen ab dem Zeitpunkt, in dem die Waffe vom Begünstigten in Besitz genommen wird. Die Waffenbesitzkarte wird in diesen Fällen unter erleichterten Umständen ausgestellt. Es kommt für die erforderliche Zuverlässigkeit und persönliche Geeignetheit nicht auf den Erben und/oder Vermächtnisnehmer an, sondern auf den Erblasser. Allerdings kann der Erbe damit keineswegs so hantieren wie der Erblasser. Er muss nämlich im Anschluss daran ein Bedürfnis und seine Geeignetheit nachweisen. Kann er das nicht, muss die Schusswaffe durch ein besonderes Blockiersystem unbrauchbar gemacht werden. Das kann der Erbe/Vermächtnisnehmer umgehen, indem er die Waffe einem Berechtigten überlässt, sie also beispielsweise an einen Jäger oder einen Waffenhändler verkauft.

Z

Zugewinnausgleich im Erbrecht

Die erbrechtliche Position des in Zugewinngemeinschaft lebenden Ehepartners hat zum einen Bedeutung im Rahmen des Eintritts der →gesetzlichen Erbfolge, zum anderen dort, wo der Ehepartner infolge →Enterbung →Pflichtteilsansprüche geltend macht. Der Zugewinnausgleich unter Ehepartnern entspricht demjenigen bei der →Lebenspartnerschaft unter Gleichgeschlechtlichen. Die nachfolgenden Ausführungen gelten für sie daher analog.

Tritt die *gesetzliche Erbfolge* ein (das ist dann der Fall, wenn keine →Verfügung von Todes wegen getroffen wurde), so richtet sich das Erbrecht des im gesetzlichen Güterstand der Zugewinngemeinschaft lebenden Ehepartners danach, ob er zusammen mit *Kindern* des Erblassers – meistens werden es gemeinsame Kinder sein – erbt oder nicht. Sind Kinder vorhanden, so erbt der Ehepartner ein Viertel (sogenannter Regelerbteil) sowie ein *weiteres Viertel* als Zugewinnausgleich, und zwar unabhängig davon, ob im konkreten Fall ein Zugewinn erzielt worden ist (schematischer Zugewinn, auch „Bonner Quart" genannt). Dieses Viertel wird als *Zugewinn* unterstellt, ohne Rücksicht darauf, wie hoch der Zugewinn tatsächlich gewesen ist oder ob überhaupt Zugewinn erzielt worden ist. Auch wenn das beim Tod eines Ehepartners vererbte Vermögen schon vor der Ehe vorhanden war oder wenn es im Laufe der Ehe durch Erbschaft oder Schenkung erworben wurde – es somit an sich nicht in den Zugewinn fällt –, erhöht sich der Erbteil des längerlebenden Ehepartners automatisch um dieses Viertel. Im Falle der gesetzlichen Erbfolge (also nicht der testamentarischen!) bedeutet dies, dass der längerlebende Ehepartner außer seinem Regelerbteil von einem Viertel noch dieses *weitere* Viertel dazu erhält. Der juristische Laie allerdings wird diese feine Unterscheidung nicht treffen, er kann – weil im Endergebnis richtig – getrost weiter von der Annahme ausgehen, dass, wenn Kinder vorhanden sind, der längerlebende Ehepartner bei gesetzlichem Güterstand die *Hälfte* erbt. Die andere Hälfte wird unter den Kindern aufgeteilt.

Sind *keine* Kinder vorhanden, leben aber noch die Eltern des Erblassers oder ein Elternteil oder Geschwister des Erblassers oder deren Kinder, dann erbt der Ehepartner die Hälfte sowie wiederum *zusätzlich* ein Viertel Zugewinnausgleich, also insgesamt drei Viertel. Das restliche Viertel fällt an die vorerwähnten Verwandten.

Bei gesetzlicher Erbfolge kann der längerlebende Ehepartner noch eine Überlegung ganz anderer Art anstellen, die für ihn vorteilhaft bzw. zweckmäßig sein kann: Er könnte die Erbschaft *ausschlagen* und stattdessen den sogenannten „Kleinen Pflichtteil" (das ist der Pflichtteil ohne Berücksichtigung des fiktiv unterstellten Zugewinns von einem Viertel) und *zusätzlich* den Zugewinnausgleich aus dem *real erwirtschafteten* (also nicht etwa schematischen) Zugewinn verlangen.

Beispiel: Der Ehemann stirbt, ohne ein Testament gemacht zu haben. Er wird beerbt von seiner Ehefrau und seinen beiden Kindern. Im Verlauf der Ehe hatte der Verstorbene einen Zugewinn von 100.000 € erzielt. Im Nachlass befinden sich nur diese 100.000 €, kein sonstiges Vermögen. Die Ehefrau hat keinen Zugewinn erzielt. Somit erbt sie aufgrund gesetzlicher Erbfolge 50.000 € und die beiden Kinder je 25.000 €. Schlägt sie die Erbschaft aus, dann kann sie die Hälfte des effektiven Zugewinns verlangen, also 50.000 €. Außerdem steht ihr als „kleiner Pflichtteil" ein Achtel an dem um den Zugewinnausgleich reduzierten Nachlass zu (ein Achtel aus 50.000 €). Sie bekäme also noch mal 6.250 €, somit insgesamt 56.250 € anstatt 50.000 €, wenn sie die Erbschaft annehmen würde.

Eine ganz andere Frage natürlich bleibt es, ob der längerlebende Ehepartner von einer derartigen (auf rein materialistischen Erwägungen beruhenden) Möglichkeit Gebrauch machen will oder es doch lieber beim „Normalfall" belässt und die Erbschaft annimmt.

Der Vorteil einer Ausschlagung der Erbschaft bei gleichzeitiger Geltendmachung des Kleinen Pflichtteils sowie des (effektiv entstandenen) Zugewinns könnte ferner darin bestehen, dass man mit den Kindern (oder sonstigen Verwandten des verstorbenen Ehepartners) nicht in einer *Erbengemeinschaft* leben und die Mühe und den eventuellen Ärger einer Auseinandersetzung dieser Erbengemeinschaft nicht auf sich nehmen muss. Auch hat man dann die Gewissheit, niemals für die *Schulden* des verstorbenen Ehepartners zu haften, deren wahre Höhe sich womöglich erst zu einem späteren Zeitpunkt herausstellt.

Ist der Ehepartner nicht gesetzlicher, sondern *testamentarischer* Erbe geworden oder ist er überhaupt nicht Erbe geworden, beispielsweise infolge Erbverzichts, Erbunwürdigkeit, Enterbung, oder weil er (wie im vorhergehenden Beispiel dargelegt) die Erbschaft *ausgeschlagen* hat, dann gibt es keinen schematischen erbrechtlichen Zugewinn. Der längerlebende Ehepartner kann dann aber den *konkret berechneten* güterrechtlichen Zugewinnausgleich verlangen. Außerdem: *Neben* der Hälfte des Zugewinns steht dem Ehepartner, der nicht Erbe geworden ist, der *Pflichtteil* am Vermögen des verstorbenen Ehepartners zu (sofern nicht Erbunwürdigkeit oder Pflichtteilsverzicht vorliegt), wobei sich der Pflichtteil dann konsequenterweise nur aus dem Erbteil *ohne* schematische Erhöhung von einem Viertel errechnet („Kleiner Pflichtteil"). Neben Kindern des verstorbenen Ehepartners beträgt dieser Pflichtteil ein Achtel, neben Eltern oder Geschwistern ein Viertel.

Der „Große Pflichtteil" spielt nur dort eine Rolle, wo der Ehepartner zwar nicht total enterbt ist, ihm aber durch → Verfügung von Todes wegen *weniger* zukäme, als eben der „Große Pflichtteil" ausmachen würde. In diesem Fall steht ihm ein sogenannter *Pflichtteilsrestanspruch* (auch *Zusatzpflichtteilsanspruch* genannt) zu, der sich aus der um den schematischen Zugewinn erhöhten Erbquote errechnet. Allerdings entfällt logischerweise dann die Möglichkeit, zusätzlich Zugewinnausgleichsansprüche geltend zu machen.

Alternativ könnte der längerlebende Ehepartner auch in einem solchen Fall auch das ihm Zugewandte *ausschlagen*. Er behielte dann die Möglichkeit, Zugewinnausgleichsansprüche geltend zu machen und *zusätzlich* den „Kleinen Pflichtteil". Der längerlebende Ehepartner wird sich genau überlegen müssen, welchen Weg er wählt. Ist kein oder nur geringer Zugewinn gemacht worden, wird er der Geltendmachung des „Großen Pflichtteils" den Vorzug geben. Ist hingegen erheblicher Zugewinn gemacht worden, wird er besser fahren, wenn er das ihm Zugewandte *ausschlägt*, so dass er dann zwar nur den „Kleinen Pflichtteil" geltend machen kann, er andererseits aber die Möglichkeit der Geltendmachung des Zugewinnausgleichs behält.

Beispiel: Der Ehemann hatte unter Umgehung seiner Ehefrau testamentarisch seine vier Kinder zu Erben eingesetzt. Seiner Ehefrau hatte er durch Vermächtnis ein Wohnrecht an einem der vererbten Häuser eingeräumt. Der Nachlass, der einen Wert von 2 Mio. € hat, war vom Erblasser während der Ehe erworben worden, so dass er voll in dessen Zugewinn fiel. Die längerlebende Ehefrau hingegen hatte keinen Zugewinn erzielt. Nimmt die Ehefrau das Vermächtnis in Form des Wohnrechts an, dann stünde ihr ein *Pflichtteilsrestanspruch* zu, der auf den „Großen Pflichtteil" gerichtet wäre. Der „Große Pflichtteil" (die Hälfte des erhöhten gesetzlichen Erbteils) beliefe sich bei einem Nachlass von 2 Mio. € auf 500.000 €. Den Wert ihres Wohnrechts müsste sie sich darauf freilich anrechnen lassen, so dass sie als Pflichtteilsrestanspruch die Differenz zwischen dem Wert des Wohnrechts und jenen ihr zustehenden 500.000 € geltend machen könnte. Schlägt die Ehefrau hingegen das ihr zugewandte Wohnrecht aus, dann behält sie den Anspruch auf Zugewinnausgleich, der sich im hier gewählten Beispiel auf 1 Mio. € beläuft, nämlich die Hälfte des vom Mann erzielten Zugewinns. Außerdem stünde ihr noch ein Pflichtteilsanspruch zu, der sich wiederum aus der Hälfte ihrer gesetzlichen Erbquote ergibt, diesmal allerdings nur aus der Hälfte von einem *Viertel* („Kleiner Pflichtteil"), weil im Falle des Ausschlagens die schematische Erhöhung der Erbquote nicht stattfindet. Ihr Pflichtteilsanspruch beträgt somit ein Achtel. Dieses Achtel wiederum errechnet sich *nicht* aus dem ursprünglichen Nachlasswert von 2 Mio. €, sondern nur aus 1 Mio. €, weil die Erfüllung des Zugewinnausgleichs eine *Nachlassverbindlichkeit* ist, folglich diese 1 Mio. € vom Nachlasswert abgezogen werden müssen, bevor der Pflichtteil berechnet wird. Dennoch würde die Ehefrau im gewählten Beispiel durch Ausschlagung des Wohnrechts und stattdessen Geltendmachung des Zugewinns und ferner des „Kleinen Pflichtteils" bei weitem besser fahren, als durch Annahme des Wohnrechts und Geltendmachung des „Großen Pflichtteils", bei dem sie sich den Wert des Wohnrechts auch noch anrechnen lassen müsste.

Ferner: Wenn der verstorbene Ehemann gemeint haben sollte, er könne seiner Frau ein Schnippchen schlagen, indem er sie testamentarisch enterbt und statt ihrer die Kinder oder eine neue Lebenspartnerin zu seinen alleinigen Erben einsetzt, dann geht seine Rechnung möglicherweise nicht auf. Denn durch Geltendmachung des Zugewinnausgleichs plus kleinem Pflichtteil erhält die Frau u. U. mehr, als wenn der Mann sie nicht durch ein Testament enterbt hätte.

Der bei gesetzlicher Erbfolge *schematisierte* erbrechtliche *Zugewinnausgleich* entfällt, wenn zum Zeitpunkt des Todes des Ehepartners die Scheidungsvoraussetzungen vorlagen *und* der verstorbene Ehepartner die Ehescheidung beantragt hatte oder wenn er einem beim Familiengericht gestellten Scheidungsantrag des längerlebenden Ehepartners zugestimmt hatte. In einem solchen Fall steht dem längerlebenden Ehepartner lediglich ein *Zugewinnausgleich* zu, der sich aus dem effektiv erwirtschafteten Zugewinn des verstorbenen Ehepartners errechnet. Dieser Zugewinnausgleichsanspruch besteht also auch dann, wenn beim Tod des anderen Ehepartners zwar ein Scheidungsverfahren anhängig war oder sogar schon durchgeführt wurde, die Ehe aber noch nicht rechtskräftig geschieden war.

(Siehe auch →Annahme und Ausschlagung der Erbschaft, →Gesetzliche Erbfolge, →Pflichtteil)

Namens- und Sachregister

Abfindungsanspruch der Erben eines Gesellschafters 104
Abgrenzung zwischen Erbe und Vermächtnisnehmer 219
Ablieferungspflicht bei Testamenten 69, 187
Abschichtung 13, 74
Abwicklungsvollstreckung 195
Adoption 14–15
Adoption Minderjähriger 15
Adoption Volljähriger 15
Adoptionsantrag 14
Aktienbezugsrechte als Bestandteil des Nachlasses 78
Aktivvermögen des Nachlasses 113
Alleinerbe 72
Altenheim, Altersheim 118
Ältestenrecht 123
Amtliche Verwahrung des Testaments 189
Amtsermittlungsgrundsatz 136
Amtsgerichte als Nachlassgerichte 136
Anerbenrecht 122
Anfechtung der Annahme oder Ausschlagung der Erbschaft 20
Anfechtung des Ehegattentestaments 64
Anfechtung des Erbvertrages 95
Anfechtung des Testaments 16
Anfechtungsfrist (Testament) 18
Annahme als Kind, siehe Adoption 15
Annahme der Erbschaft 19
Anstandsschenkungen 159, 168, 227
Antiquitäten im Nachlass 223
Anwartschaft bei Erbverträgen 96
Anwartschaft des Schlusserben 47, 61
Anwartschaft, Anwartschaftsrecht des Nacherben 230
Arglistige Täuschung 18
Aufgebotseinrede 116
Aufgebotsverfahren 116
Auflage 26
Aufrechterhaltungswillen 67
Ausgleich für Pflegeleistungen 29
Ausgleich von Vorempfängen 28–29
Ausgleichsgeld bei Übertragungsverträgen 234
Ausgleichsgeld, Ausgleichszahlung 50
Auskunft über den Nachlass 30, 157
Auskunftspflicht der Miterben über Vorempfänge 29

Auskunftspflicht der Miterben untereinander 33
Auskunftspflicht des Erben (Pflichtteil) 157
Auskunftspflicht des Erbschaftsbesitzers 32
Auskunftspflicht des Hausgenossen 32
Auslegung des Testaments 34
Auslegungsregeln 35
Ausschlagung der Erbschaft 19
Ausschlagung der Erbschaft durch Pflichtteilsberechtigte 22
Ausschlagung des Vermächtnisses 20
Ausschlagungsfrist (Erbschaft) 20, 114, 192
Ausschlagungsrecht als höchstpersönliches Recht 179
Ausschluss von der Erbfolge 71
Ausstattung 28
Aussteuer 28
Auswahlvermächtnis 219

Banken als Testamentsvollstrecker 194
Bankkonto im Todesfall 36
Bedingte Nacherbfolge 54
Bedrohung des Erblassers 18, 93
Beeinträchtigungsabsicht des Erblassers 61, 97
Beerdigungskosten 38, 113
Befreite Vorerbschaft 229
Befreiung von der Erbschaftsteuer 84
Behindertentestament 176
Berliner Testament 45

Beseitigung der Bindungswirkung durch Ausschlagung 61
Bestallung des Testamentsvollstreckers 196
Bestattung 38–39
Bestattungskosten 38, 113
Betreuung 199
BGB-Gesellschaft 103
Bindungswirkung des Erbvertrags 95
Bindungswirkung nach dem Tod eines testierenden Ehepartners 60
Bonner Quart 111, 237
Böses Erwachen (bei Übertragungsverträgen) 233
Böses Erwachen (nach Eheschließung) 63
Briefe als Testament 188
Bruchteil des Vermögens (Auslegungsregel) 219
Bürgermeister, Nottestament 142
Büste des Erblassers 27

Cäsar (100–44 v. Chr.) 186
Cicero (106–43 v. Chr.) 186
Computergeschriebenes Testament 188

Danaergeschenk 231
Datumsangabe im Testament 45, 188
Dauervollstreckung 195
DDR-Erbrecht 40
Denkmalpflege bei der Erbschaftsteuer 88
Depotverträge zugunsten Dritter 173

Digitaler Nachlass 40
Divers als Geschlechtsbezeichnung 41
Dreimonatseinrede 115
Dreißigster 41
Dreizeugentestament 143
Drittes Geschlecht 41
Dürftigkeit des Nachlasses 42
Dürftigkeitseinrede 42

Ehe für alle 43
Eheähnliche Lebensgemeinschaft 140
Ehebedingte Zuwendung 167
Ehegattentestament 44
Ehepartner als gesetzliche Erben 110
Eherecht und Familienrecht für jedermann 199, 222
Ehescheidung und Erbfall 66
Eidesstattliche Versicherung 159
Eigeninteresse des Erblassers 62
Einkommensteuer des Erblassers 70
Einrede der Dürftigkeit des Nachlasses 42
Einrede der Verjährung 215
Einstimmigkeitsprinzip 74
Eintritt des Erbfalls 69
Eintritt des Nacherbfalls 230
Eintrittsklausel im Gesellschaftsvertrag 105
Einzelunternehmen als Nachlassgegenstand 210
Einziehung des Erbscheins 93
Eltern des Erblassers als gesetzliche Erben 109

Enterbung 71
Enterbung in guter Absicht 162
Entlassung des Testamentsvollstreckers 196
Entmündigung 199
Entziehung des Pflichtteils 162
Erbausgleich, vorzeitiger 139
Erbe (Definition) 72
Erbengemeinschaft 73
Erbersatzanspruch 139
Erbfall 69
Erbfallschulden 113
Erbfolge 76, 108
Erblasser (Definition) 77
Erblasserschulden 113
Erbquoten 77
Erbrecht des Adoptivkindes 15
Erbrecht des Ehepartners bei Gütergemeinschaft 112
Erbrecht des Ehepartners bei Gütertrennung 110
Erbrecht des Ehepartners bei Wahl-Zugewinngemeinschaft 112
Erbrecht des Ehepartners bei Zugewinngemeinschaft 110
Erbrecht des nichtehelichen Kindes 138
Erbschaft (Definition) 78
Erbschaftsannahme 19
Erbschaftsausschlagung 19
Erbschaftsbesitzer 32
Erbschaftskauf, Erbschaftsverkauf 80
Erbschaftsteuer 197
Erbschaftsteuer, Steuerbefreiung 84
Erbschaftsteuertabelle 90
Erbschein (Definition) 91

Erbschleicher 118, 198
Erbunwürdigkeit 93
Erbvertrag 94
Erbverzicht 98
Erbverzicht im Übertragungsvertrag 235
Ergänzung des Testaments 190
Erhaltung des Nachlasses 137, 226
Erhaltungskosten bei Vorerbschaft 228–229, 231
Erlassvermächtnis 220
Erpressung des Erblassers 18
Ersatzerbe, Ersatzerbschaft 98
Ersatzerbenregelung 49
Ersatztestamentsvollstrecker 194
Ersatzvermächtnisnehmer 219, 221
Erschöpfungseinrede 116
Europäische Erbrechtsverordnung 99
Europäisches Nachlasszeugnis 100–101

Falsche Partnerwahl 53
Familienheim bei der Erbschaftsteuer 86
Feststellung der Vaterschaft 140
Firmenbeteiligungen im Nachlass 78
Formvorschriften bei Testamenten 188
Fortsetzungsklausel 104
Frankfurter Testament 204
Freibeträge bei der Erbschaftsteuer 89
Freistellung des längerlebenden Ehepartners 52
Freiwillige Gerichtsbarkeit 76
Fricke, Weddig 199, 222
Friedhof, Friedhofsordnung 38–39

Gedenkmesse 27
Gegenständlich beschränkte Testamentsvollstreckung 195
Gehorsamsklausel 48
Geldentwertung 165
Geliebtentestament 141, 174
Gemeinschaftlicher Erbschein 92
Gemischte Schenkung 166
Gerümpelwurf 42
Gesamtrechtsnachfolge 76
Geschwister des Erblassers als gesetzliche Erben 109
Gesellschaft des Bürgerlichen Rechts 103
Gesellschaftsrecht und Erbrecht 103
Gesetzliche Erbfolge 108
Gesetzliches Erbrecht des Adoptivkindes 109
Gesetzliches Erbrecht des nichtehelichen Kindes 138
Gesetzliches Vermächtnis 223
Gewinnbeteiligung bei Lebensversicherung 128
Gleichstellungsgeld bei Teilungsanordnung 182
GmbH 103
GmbH-Anteil als Nachlassgegenstand 213
Grabpflege 27, 38
Grabpflegevertrag 38
Großeltern des Erblassers als gesetzliche Erben 110

Namens- und Sachregister

Großer Pflichtteil des Ehepartners 155, 239
Grundvermögen 49, 51
Güterstand der Ehepartner (erbrechtliche Konsequenzen) 110
Gütertrennung 110
Gutgläubiger Erwerb vom Vorerben 227

Haftung des Erben 113
Haftung des Testamentsvollstreckers 197
Handelsgeschäft im Nachlass 117
Handelsgesellschaft 51
Haushaltsgegenstände, Haushaltsgeräte 223
Hausrat bei der Erbschaftsteuer 87
Haustiere als Erben 118
Heimaufsichtsbehörde, Genehmigung von Verfügungen 121
Heimgesetz 118, 175
Heimträgertestament 118
Hergabe für Hingabe 174
Hinterlegung des Testaments 189
Höchstpersönliche Rechte 78
Höfeordnung 122
Höferecht 122

Immobilienvermögen 49, 51
Indexierung 29
Indexierung beim Pflichtteilsanspruch 160, 165
Internationales Erbrecht 124
Inventarisierungspflicht des Testamentsvollstreckers 197

Inventarverzeichnis 117

Jastrowsche Klausel 48
Jüngstenrecht 123
Juristische Person 72

Kapitalbildende Lebensversicherung 127
Kauf einer Erbschaft 80
Kinderdank ist Seltenheit 232
Kleiner Pflichtteil des Ehepartners 155, 238
Kommanditanteil als Nachlassgegenstand 213
Kommanditgesellschaft (KG) 103, 107
Konkubinat 141
Kraftloserklärung des Erbscheins 93
Kunst im Nachlass 126
Kunstgegenstände bei der Erbschaftsteuer 88
Kürzungsrecht des Erben bei Vermächtnissen 220

Landesfiskus 21, 109
Lebenshaltungskostenindex 160, 165
Lebenspartnerschaft 127
Lebenspartnerschaftsgesetz 127
Lebensversicherung 127
Lebensversicherung bei Ehescheidung 68
Lebzeitiges Eigeninteresse 62, 97
Legat, siehe Vermächtnis 221
Lesung von Gedenkmessen 27
Letztwillige Verfügung (Definition) 215

247

Linkspartei 174
Liquidationsgesellschaft 103
Liquiditätsschwierigkeiten des Erben 47, 221
Luther, Martin und Käthe 189

Manuskript (als Bestandteil des Nachlasses) 27
Märker, Klaus 199, 222
Mehrdeutiges Testament 34
Mietverhältnis im Todesfall 70
Motivirrtum 17–18

Nacherbenvermerk im Grundbuch 226
Nacherbenvollstreckung 195
Nacherbschaft, Nacherbe 225
Nachfolgeklausel im Gesellschaftsvertrag 105
Nachlasserbenschulden 113
Nachlassgericht, Kompetenzen und Zuständigkeiten 135
Nachlassinsolvenz 42, 114
Nachlasskonto 36
Nachlasspfleger, Nachlasspflegschaft 136
Nachlassspaltung 125
Nachlassverwalter 115
Nachlassverwaltung 42, 114–115
Nachlassverzeichnis durch den Vorerben 228
Nachvermächtnis 219
Nasciturus 72
Neffen und Nichten des Erblassers als gesetzliche Erben 109
Negatives Testament 71

Nettowert des Nachlasses 159
Neufassung des Testaments 188, 190
Nichteheliche Lebensgemeinschaft 94, 140
Nichteheliches Kind 138
Nichten und Neffen des Erblassers als gesetzliche Erben 109
Niederstwertprinzip 165
Nießbrauch bei Übertragungsverträgen 232
Nießbrauchsvermächtnis 220, 229
Notarielles Testament 187
Noterbenrecht 200
Nottestament 142
Nottestament, beschränkte Gültigkeitsdauer 143

Oderkonto 37
Offene Handelsgesellschaft (oHG) 103, 107
Öffentlicher Glaube des Erbscheins 93
Öffentliches Testament 187
Onkel und Tanten des Erblassers als gesetzliche Erben 110
Ordnungen (bei gesetzlicher Erbfolge) 109
ordre public 124
Ort und Datum des Testaments 45, 188
Örtliche Zuständigkeit des Nachlassgerichts 136
Ostmann (Gewürzhersteller) 68
Otto, Christian 199, 222

Patientenverfügung 145
Patientenverfügung des Minderjährigen 148
Patientenverfügung Schriftform 148
Personal des Krankenhauses 143
Personengesellschaft als Nachlassgegenstand 211
Personengesellschaften 103
Pflege des Erblassers 29
Pflegefall 46
Pflegeverpflichtung bei Grundstücksübertragungen 166, 233
Pflichtteilsanspruch 153
Pflichtteilsanspruch (Fälligkeit) 153
Pflichtteilsanspruch (Rechtsnatur) 153
Pflichtteilsanspruch (Stundung) 153
Pflichtteilsanspruch (Verjährung) 153
Pflichtteilsanspruch (Verzinsungspflicht) 153
Pflichtteilsberechnung 159
Pflichtteilsberechtigte (Personenkreis) 154
Pflichtteilsbeschränkung in guter Absicht 162
Pflichtteilsentziehung 161–162
Pflichtteilsergänzungsanspruch 163
Pflichtteilsergänzungsanspruch gegen den Beschenkten 171
Pflichtteilsrestanspruch 154–155
Pflichtteilsverzicht 98
Pflichtteilsverzicht im Übertragungsvertrag 235
Pkw im Nachlass 223
Privatschriftliches Testament 187

Rechenschaftspflicht des Testamentsvollstreckers 198
Rechtsanwälte als Testamentsvollstrecker 194
Regelerbteil 110
Risikolebensversicherung 127
Römisches Imperium 186
Rückforderungsrecht bei Übertragungsverträgen 233
Rücktrittsrecht beim Erbvertrag 95

Schematischer Zugewinn 111, 237
Schenkung auf den Todesfall 173
Schenkungen durch den Vorerben 229
Schenkungen zum Nachteil der Pflichtteilsberechtigten 163
Schenkungsversprechen, Formerfordernis 173
Schicksalsschläge 46
Schlusserbe 46
Schmerzensgeld, Schmerzensgeldansprüche 78
Schreibhilfe für den Erblasser 45
Schusswaffen im Nachlass 236
Schutz des Nacherben 226
Schwiegerkinder 46
Seetestament 143
Seniorenheim, Seniorenstift 118

Sicherheitsleistung durch den Vorerben 228
Sicherung des Nachlasses 135–136
Sintflut, nach mir die 108
Sippschaft, Deyn 187
Sittenwidrigkeit des Testaments 174
Sonderrechtsnachfolge 107, 212
Soziale Netzwerke 40
Sozialhilfeempfänger als Erbe 176
Sprachgebrauch des Erblassers 34
Statistisches Bundesamt 29, 160, 165
Sterbebett als Ort der Testamentserrichtung 19, 142
Steuerberater als Testamentsvollstrecker 194
Steuerklassen bei der Erbschaftsteuer 89
Steuerschulden 70, 78
Steuertabelle zur Erbschaftsteuer 90
Stiftung als Erbe 72
Stille Gesellschaft im Unternehmertestament 208
Stundung des Pflichtteilsanspruchs 153
Stundung des Vermächtnisanspruchs 221
Substanz des Vermögens, Erhalt durch den Vorerben 228
Surrogation bei Vor- und Nacherbfolge 228

Tanten und Onkel des Erblassers als gesetzliche Erben 110

Täuschung, Bedrohung, Erpressung des Erblassers 18, 93
Teil-Erbschein 92
Teilungsanordnung 181
Teilungsplan durch das Nachlassgericht 76
Teilungsverbot 51, 182
Teilungsversteigerung 183
Testament des Heimbewohners 118, 175
Testamentarische Änderung des Bezugsrechts 131
Testamentsänderung 57, 190
Testamentsanfechtung 16
Testamentsauslegung 34
Testamentsergänzung 190
Testamentseröffnung 192
Testamentserrichtung 186
Testamentsvollstreckung 192
Testamentsvollstreckung zur Sicherung einer Auflage 27
Testierfähigkeit 198
Testierfreiheit 174, 199
Totenfürsorge 201
Typenzwang bei der Testamentserrichtung 190

Übergabevertrag, Übertragungsvertrag 232
Überschuldung des Nachlasses 42
Übertragung von Immobilien 232
Unbenannte Zuwendung 167
Undank-Klausel bei Übertragungsverträgen 233
Universalsukzession 76, 103
Unrichtigkeit des Erbscheins 93

Unterhaltsanspruch als Nachlassverbindlichkeit 78
Unternehmensnachfolge 203
Unternehmensverkauf durch den Testamentsvollstrecker 205
Unternehmertestament 202
Unterschrift bei Testamenten 45, 188
Unverbrauchbare Sache 165
Unverständliches Testament 34
Unwiderrufliche Bezugsberechtigung 131
Unwirksamkeit des Ehegattentestaments bei Scheidung 66
Urheberrechte als Bestandteil des Nachlasses 78

Verbraucherpreisindex 29
Vereinsamung des Erblassers 198
Vererben mit warmer Hand 231
Verfehlungen des Kindes 53
Verfügung von Todes wegen (Definition) 215
Verfügungsverbote des Vorerben 226
Vergütung des Testamentsvollstreckers 198
Verjährung im Erbrecht 215
Verjährungseinrede 215
Verkauf der Erbschaft 80
Vermächtnis (Definition) 217
Vermächtnisnehmer (Rechtsstellung) 218
Vermittlungsverfahren durch das Nachlassgericht 76
Verschaffungsvermächtnis 221

Verschuldung des Pflichtteilsberechtigten 162
Verschwendungssucht des Pflichtteilsberechtigten 162
Versicherter (bei Lebensversicherung) 127
Versicherungsnehmer (bei Lebensversicherung) 127
Versorgungsfreibetrag bei der Erbschaftsteuer 89
Vertrag zugunsten Dritter 173
Verwaltung des Nachlasses 73
Verwaltungsvollstreckung 195
Verzettelung des Nachlasses 49, 181
Vollmacht über den Tod hinaus 93, 221
Vor- und Nacherbschaft 225
Vor- und Nachvermächtnis 219
Voraus 223
Vorausvermächtnis (Definition) 224
Vorempfänge 28–29
Vorkaufsrecht der Miterben 74, 80
Vorsorgeverfügung 145
Vorweggenommene Erbfolge 231
Vorzeitiger Erbausgleich 139

Waffen im Nachlass 236
Wahl-Zugewinngemeinschaft 112
Wechselbezügliche Verfügunge 57
Weichende Erben 122
Weichende Erben im Unternehmen 207
Widerruf des Testaments 190

251

Widerruf wechselbezüglicher Verfügungen 58
Widersprüchliches Testament 34
Wiederverheiratung 53
Wiederverheiratungsklausel 53
Wilde Ehe 141
Wille des Erblassers 34
Wohnrecht als Vermächtnisgegenstand 220
Wohnrecht bei Übertragungsverträgen 232
Wohnung des Erblassers 70
Wortlaut des Testaments 34

Zehnjahresfrist bei der Erbschaftsteuer 91
Zehnjahresfrist bei der Pflichtteilsberechnung 169
Zugewinnausgleich im Erbrecht 237
Zugewinnausgleichsforderung als Nachlassverbindlichkeit 156, 240
Zugewinngemeinschaft 110, 237
Zusatzpflichtteil 154–155
Zwangsversteigerung 75
Zweiseitiger Erbvertrag 94